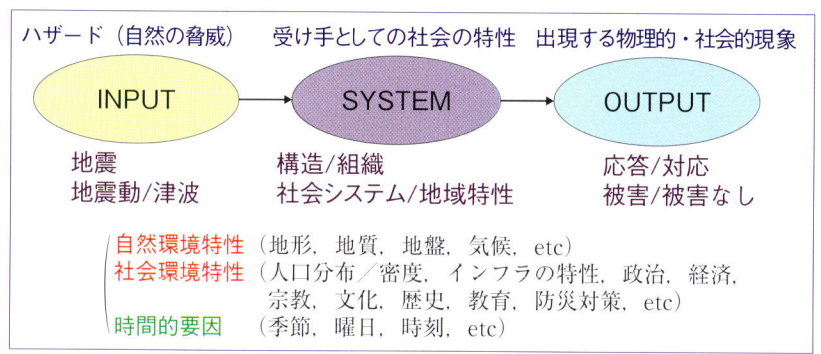

図2-2 災害発生のメカニズム

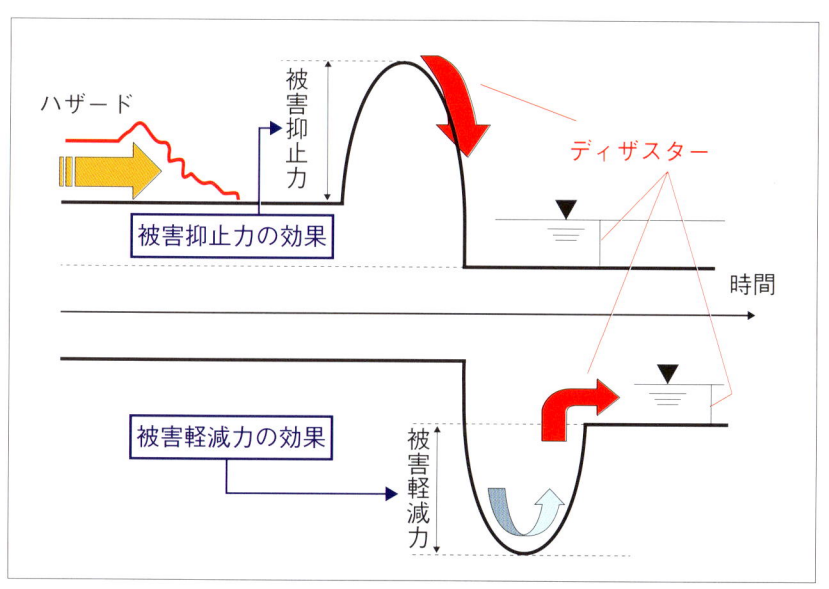

図2-3 被害抑止力と被害軽減力の効果

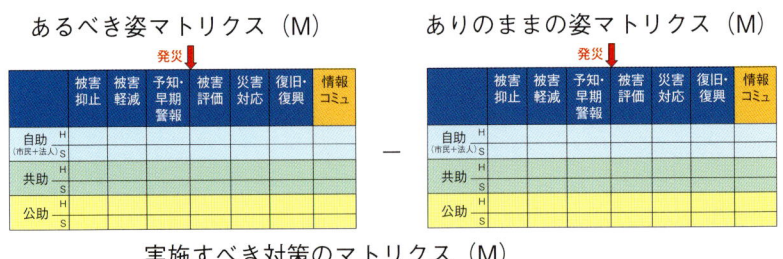

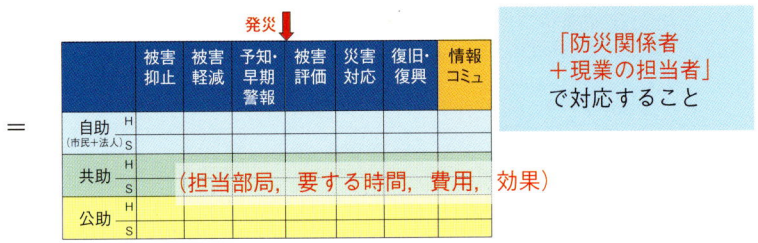

(a) 実施すべき対策マトリクス（M）の求め方

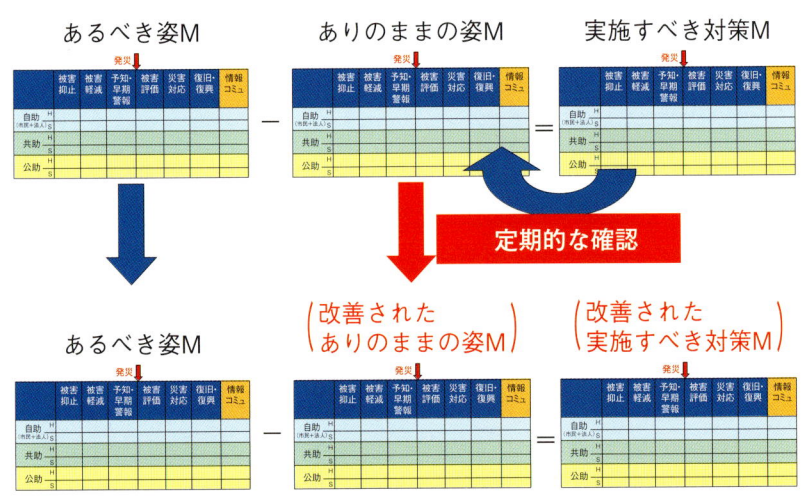

(b) 総合的な防災計画の立案と効率的な実施のためのPDCAサイクル

図4-4　総合的な防災対策の立案と効率的な実施のための方策

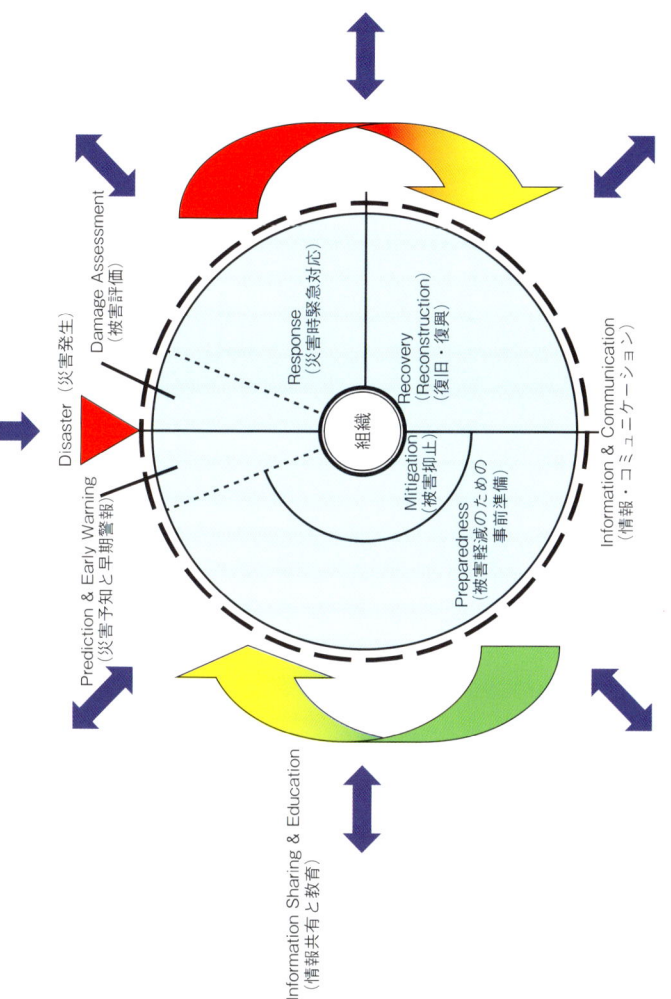

図4-5 災害対応の循環体系(Disaster Life Cycle)

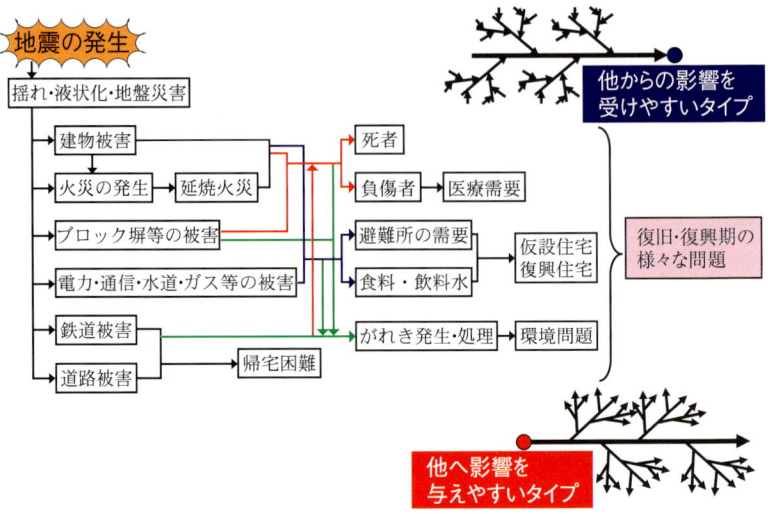

図6-3　被害の連鎖

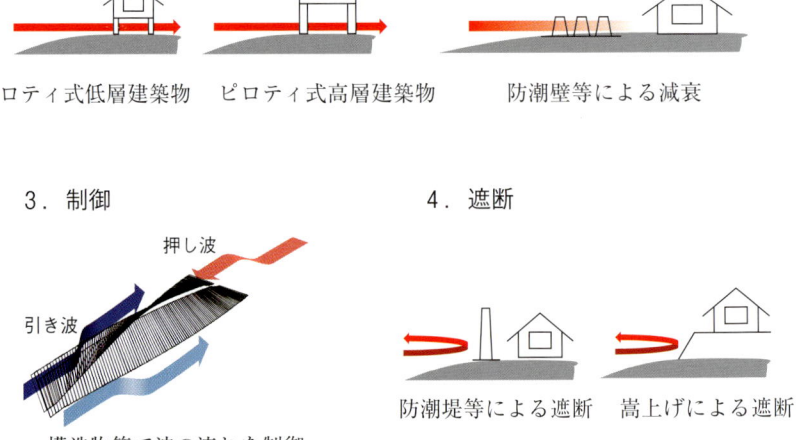

図7-4　津波被害を抑止するための方法[(6)]

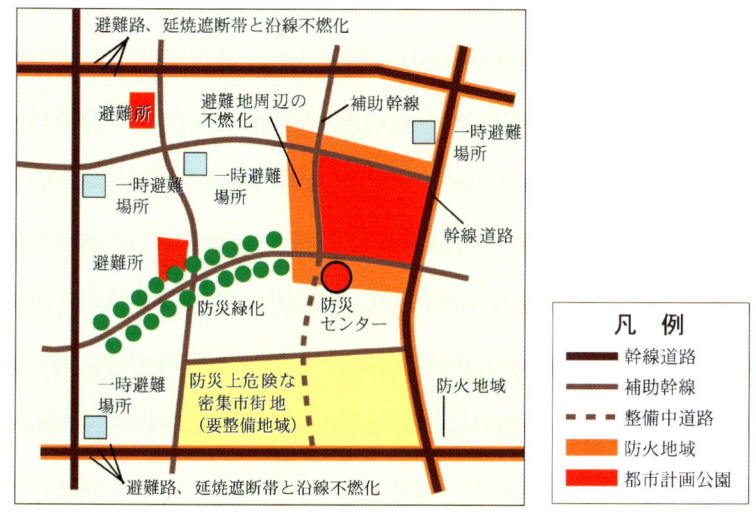

図8-9 防災都市構造のイメージ（国土交通省資料を修正）

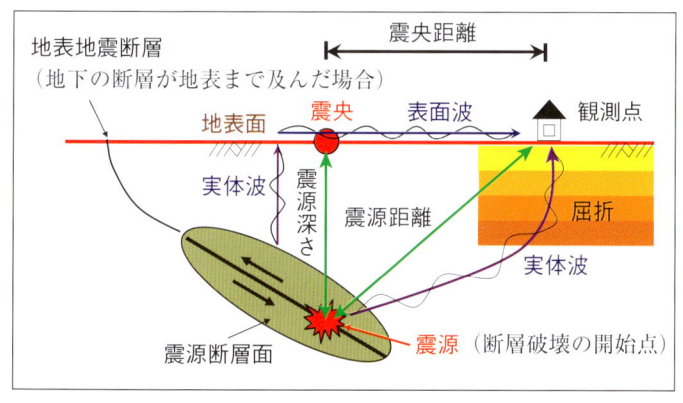

図9-4 地震断層と地震動

		地震動の決定要因 (他の2つを固定して考える)		
		b1 Mが大きければ	b2 震源距離が長ければ	b3 軟らかければ
地震動の重要な性質	a1 最大振幅	大きくなる	小さくなる	大きくなる
	a2 主要動の継続時間	長くなる	長くなる (ただし振幅は小さくなるので被害は一般に減る)	長くなる
	a3 周波数特性	低周波が増える	低周波が増える (高周波成分が減衰するので)	低周波が増える

図9-7　地震動の重要な性質と決定要因

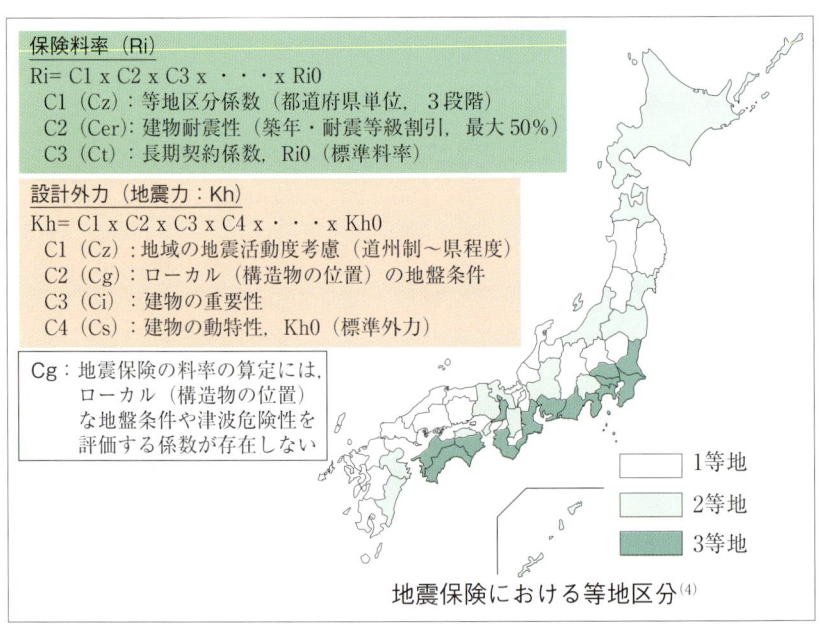

保険料率 (Ri)
Ri= C1 x C2 x C3 x ・・・ x Ri0
 C1 (Cz)：等地区分係数（都道府県単位，3段階）
 C2 (Cer)：建物耐震性（築年・耐震等級割引，最大50％）
 C3 (Ct)：長期契約係数，Ri0 (標準料率)

設計外力（地震力：Kh）
Kh= C1 x C2 x C3 x C4 x ・・・ x Kh0
 C1 (Cz)：地域の地震活動度考慮（道州制～県程度）
 C2 (Cg)：ローカル（構造物の位置）の地盤条件
 C3 (Ci)：建物の重要性
 C4 (Cs)：建物の動特性，Kh0 (標準外力)

Cg：地震保険の料率の算定には，ローカル（構造物の位置）な地盤条件や津波危険性を評価する係数が存在しない

1等地
2等地
3等地

地震保険における等地区分[4]

図9-11　保険料率と設計外力の関係

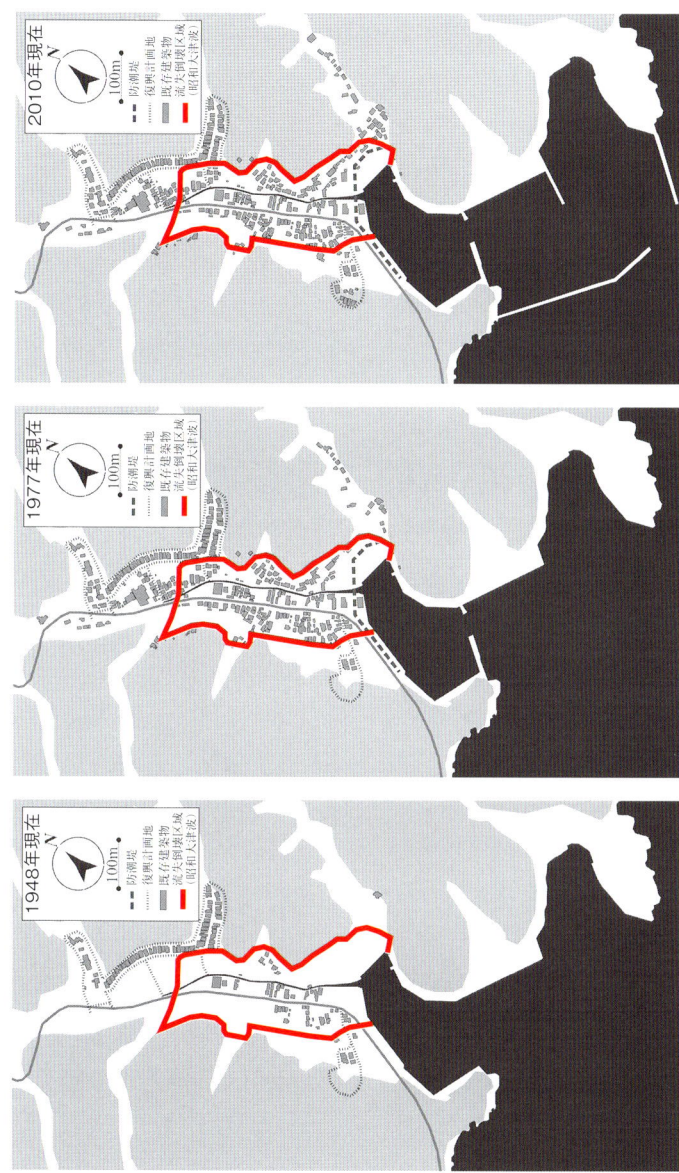

図13-7 昭和三陸大津波後の旧鵜住居村両石における住宅立地の変遷[7]

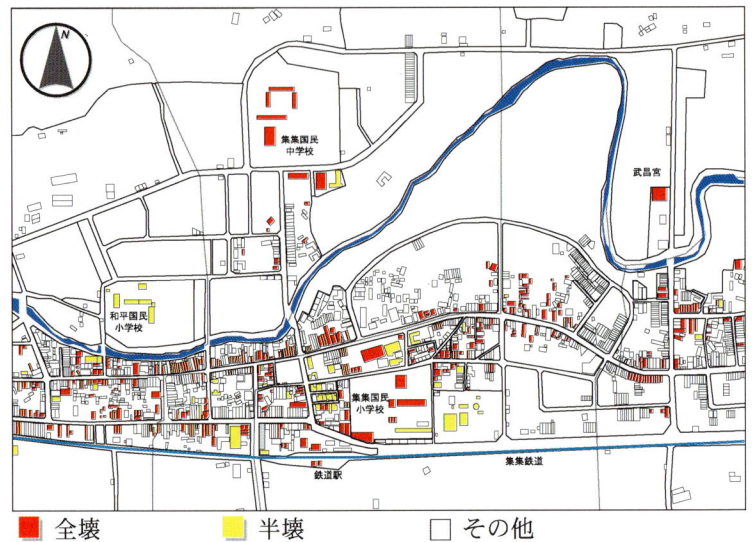

図13-1 集集鎮の被災状況（1999年9月—被災直後）

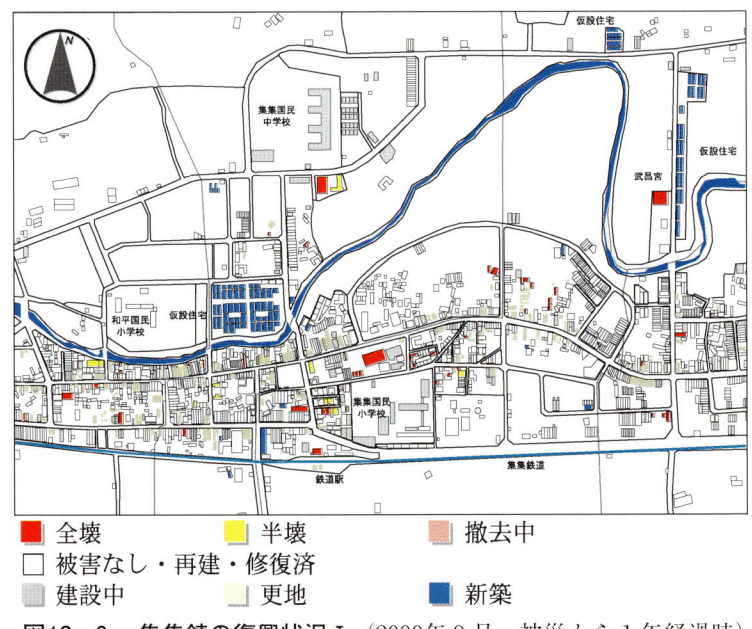

図13-2 集集鎮の復興状況Ⅰ（2000年9月—被災から1年経過時）

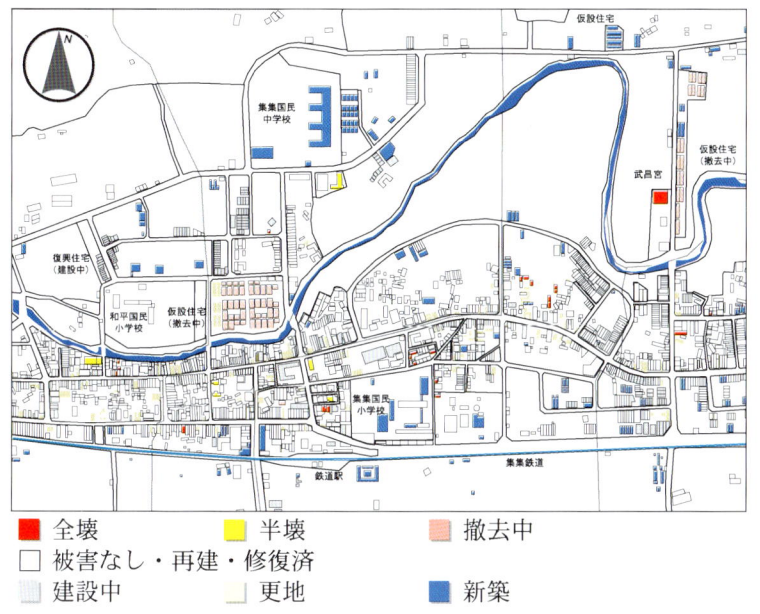

図13-3　集集鎮の復興状況Ⅱ（2002年8月―被災からおよそ2年11カ月経過時）

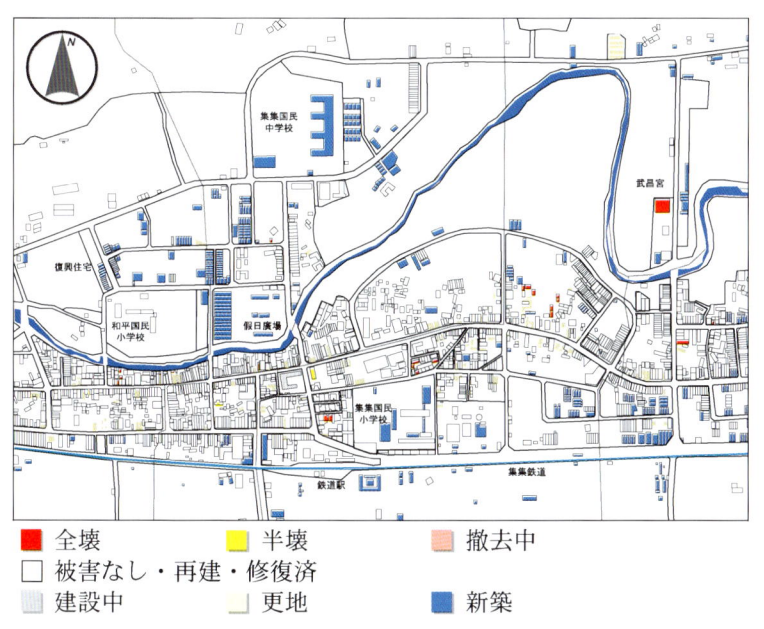

図13-4　集集鎮の復興状況Ⅲ（2004年12月―被災からおよそ5年3カ月経過時）

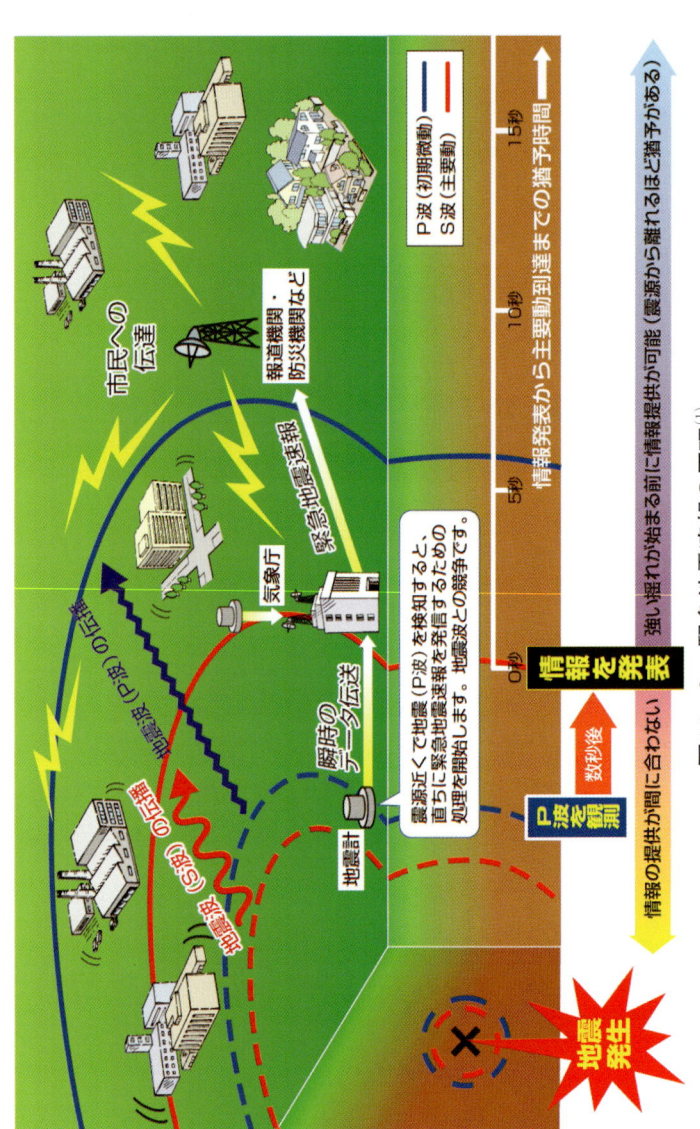

図14-3 緊急地震速報の原理[1]

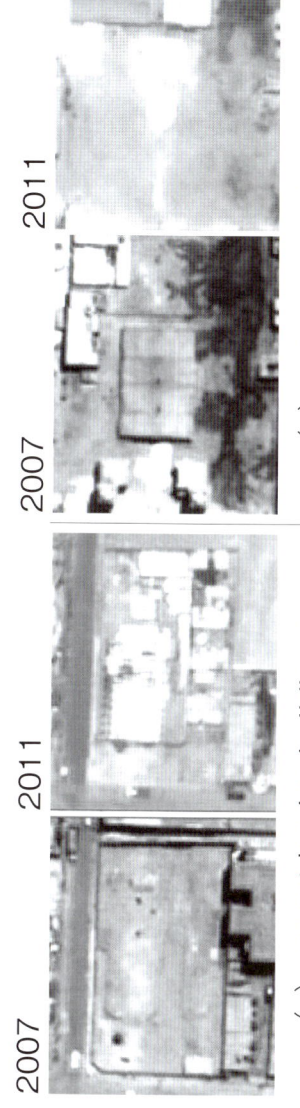

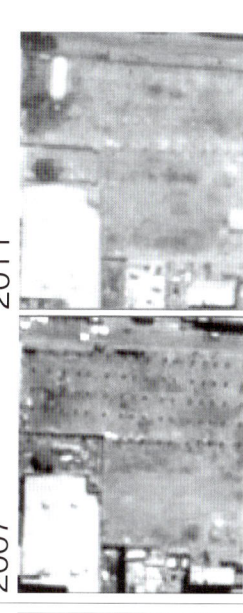

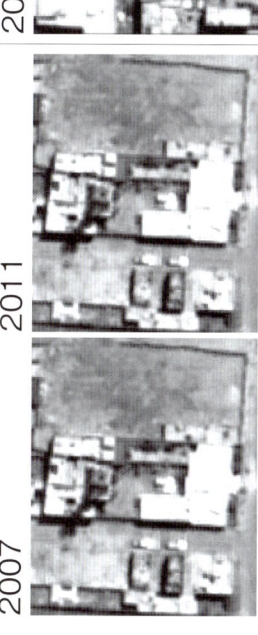

2007
2011
(a) vacant land to building area
2007
2011
(b) building area to building area
I. Buildings as of 2011
2007
2011
(c) building area to vacant land
2007
2011
(d) vacant land to vacant land
II. Empty as of 2011

図14－4　2007年ペルー地震後のピスコの街の変化[2]

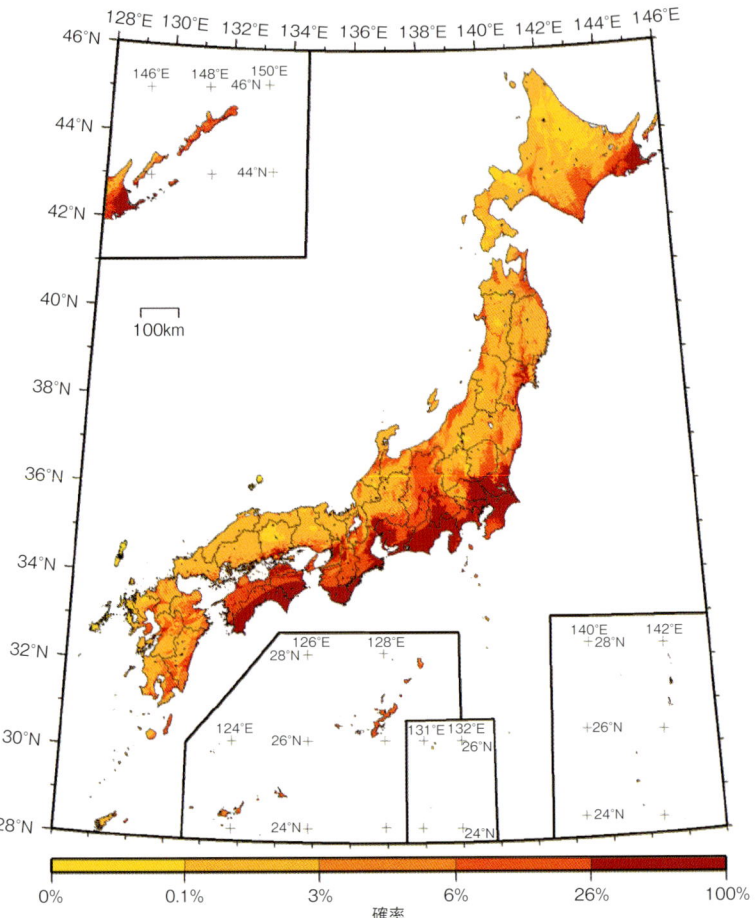

図15-1　今後30年間に震度6弱以上の揺れに見舞われる確率の分布[1]
（2014年版）

地域と都市の防災

目黒公郎・村尾　修

地域と都市の防災（'16）
©2016　目黒公郎・村尾　修

装丁・ブックデザイン：畑中　猛

s-63

まえがき

　わが国は，四方を海に囲まれ，国土の8割以上が森林に覆われた山地で占められ，豊かな自然と海の幸・山の幸に恵まれた島国である。また国土の大半が温帯に属し，各地で四季折々の風物詩を楽しむことができる。そうした諸条件の中で，温泉や海辺の景観など自然の恩恵を受け，わが国の文化や生活様式が育まれてきた。その一方でわが国は，地震，津波，火山噴火，台風，水害など，多種多様な災害が多発する災害大国でもある。恵み豊かで景観の美しい国土と，多発する災害は表裏一体の関係にあり，また多発する自然災害は，わが国の地理的，地形的，気象的諸条件や都市構造の特徴を理由としている。

　災害大国であるわが国では，過去の多くの災害から学び，防災力を向上させてきた。しかし災害は進化する。紙と木で建築物を造ってきたわが国の都市では，1960年代まで延焼火災が多発し，その対策が都市防災上の重要な課題であった。また重工業が発達し，都市の空間構造が大きく変わった戦後の高度経済成長期には，産業災害と呼ばれるコンビナート爆発や地下街での災害なども多発し，我々が対応すべき新たな災害が生まれた。1995年兵庫県南部地震に端を発する阪神・淡路大震災は，高度にシステム化された現代の都市を襲った災害であった。地震によって派生する津波以外の様々な災害事象が引き起こされ，神戸を中心とした阪神・淡路地域に壊滅的な被害を与えた。

　上に述べた状況を踏まえ，私たちは2008年度から「都市と防災」を開講してきた。そこでは，主に近代化された「都市」を対象とし，わが国における防災対策の歴史，各種災害の事例，そして災害マネジメントを構成する七つの対策の中から，被害抑止対策，被害軽減のための事前準

備，都市の復旧と復興，情報とコミュニケーションなどに焦点を絞って講義を行った。この「都市と防災」は2013年度まで開講されたが，その期間中の2011年3月11日に，わが国観測史上最大のモーメントマグニチュード Mw9.0 の東北地方太平洋沖地震が発生した。震源域は岩手県沖から茨城県沖にかけて幅約200km，長さ約500kmにおよび，日本列島に甚大な複合災害「東日本大震災」をもたらした。東日本大震災は，これまで防災力を向上させるべく取り組んできた日本社会にさらなる課題を突きつけたのである。

　本講義「地域と都市の防災」は，東日本大震災から学ぶべき教訓も踏まえ，「都市」のみならず「地域性」にも対象を広げ，展開していく。また前講義「都市と防災」と比べ，災害マネジメントのサイクルの中の被害抑止策に若干の重みをおいている。理由は長期的，総合的な防災対策を考えていくうえで，これが特に重要で効果的な対策であるからである。とはいえ，災害対策の基本は本質的に変わらないので，前講義と重複する部分もある。この点は，あらかじめご了承願いたい。

　防災対策は担い手の違いから「自助，共助，公助」に分けられる。その主体は，自助が個人と法人，共助はそのグループやコミュニティ，公助は国，都道府県，市町村などの行政である。わが国の少子高齢人口減少社会を前提にすると，公助の占める割合は今後ますます小さくなっていく。したがって，自助と共助を如何に強化していくかが今後の防災を考えていくうえで重要なポイントとなる。防災の基本は，発災時の様々な状況を踏まえたうえで，時間経過に伴って，自分の周辺で何が起こるのかを正しく具体的にイメージできる人を増やしていくことである。本書では，この能力を「災害イマジネーション」と定義している。効果的な防災対策は，高い災害イマジネーションに基づいた「現状に対する理解力」と「発災前後の各時点において適切なアクションをとるための状

況判断力と対応力」があってはじめて実現する。いうまでもなく正確な災害状況のイメージには，多様な災害の発生メカニズムとその対策の理解，法制度をはじめとする災害を取り巻く環境の理解が不可欠である。また災害の舞台となる地域あるいは都市の特徴の理解も必要なので，本講義では都市の成り立ちや，都市の成長に伴う災害の進化についても学んでいく。

　自然現象としての台風や地震の発生を阻止することはできない。しかし適切な対策によって，災害の影響を軽減することは可能である。長期的に真に防災に貢献し，地域住民に説明責任を果たすことのできる対策や制度を実現する環境，受講生の皆さんが将来受ける被害を最小化できる地域と都市の環境を実現するために，一緒に勉強しましょう。

2016年3月
目黒公郎
村尾　修

目次

まえがき　　目黒公郎・村尾　修　　3

1　講義概要とわが国の災害　　目黒公郎・村尾　修　　11
1．はじめに　11
2．日本の国土と災害　13
3．「地域と都市の防災」の意義と目的　14
4．講義の概要　15
5．防災対策の基本としての災害イマジネーション　17
6．目黒メソッド　18
7．目黒巻　29

2　地域社会と都市防災　　村尾　修・目黒公郎　　32
1．地域と都市　32
2．都市の安心と安全　35
3．都市と災害　39

3　災害法制度の変遷と防災体制　　村尾　修・目黒公郎　　50
1．江戸と東京の近代化の歴史と災害の特徴　50
2．災害の教訓と都市防災に関する法制度の変遷　57
3．災害対策基本法の目的と概要　61
4．防災行政の責任と体制　63

5．防災計画　66
　　6．災害応急対策　66
　　7．災害復旧・復興対策　68

4 防災対策の基本と災害対応の循環体系
　　　　　　　　　　　　　　　　| 目黒公郎・村尾　修　71
　　1．わが国における自然災害の歴史　71
　　2．災害対応の循環体系と総合的な防災対策の必要性　72
　　3．災害対応の循環体系（Disaster Life Cycle）　79
　　4．災害を記録し，教訓として活かす　84

5 気象災害とその対応　　　　　　| 目黒公郎　88
　　1．世界中で発生している気象災害　88
　　2．気象災害が起こる背景　88
　　3．風水害の概要　91
　　4．台風と洪水災害の対策　94
　　5．土砂災害とその対策　105
　　6．風水害を減らすには　111

6 地震災害とその対応　　　　　　| 目黒公郎　112
　　1．わが国における地震災害　112
　　2．地震はなぜ起きるのか？　119
　　3．地震災害の特徴　121
　　4．兵庫県南部地震から学ぶこと　123

7 津波災害とその対応　　村尾　修・目黒公郎　133

1．日本における津波災害　133
2．津波のメカニズム　138
3．津波災害の特徴　142
4．津波防災対策　145

8 延焼火災とその対応　　村尾　修・目黒公郎　153

1．わが国の都市大火　153
2．江戸時代における火災の文化と戦後の大火　155
3．都市大火のメカニズム　159
4．延焼火災の対策　162
5．都市計画的規模での延焼火災対策の取り組み　163

9 土木・建築構造物の安全性　　目黒公郎　170

1．被害抑止力と構造物対策の関係　170
2．構造物としての安全性　171
3．構造物の地震に対する安全性　177
4．構造物の耐震設計　188
5．構造物の耐震設計と地震保険の関係　191

10 建築物の免震構造　　和田　章　194

1．地震と建物　194
2．建築構造の考え方　195
3．免震構造の考え方の変遷　197
4．免震構造の概要と特徴　202
5．免震構造建築の事例　205

11 建築物の制振構造　　和田 章・村尾 修　209

1. 制振構造の背景と考え方の経緯　209
2. 寺田寅彦の「鎖骨」　210
3. 制振構造の仕組み　212
4. 制振構造の事例　215
5. 先進技術を集めた東京スカイツリー　217
6. 免震構造と制振構造　219
7. 都市の耐震設計　221

12 被害軽減のための事前準備
　　　　　　　　　　　村尾 修・目黒公郎　223

1. 被害軽減のための事前準備の概要　223
2. 被害軽減のための事前準備の理論　225
3. 被害軽減のための事前準備の事例　227
4. ソフト防災としての備え　237

13 都市における災害と復興　　村尾 修　238

1. 復興都市のアイデンティティ　238
2. 都市の復興モニタリング　244
3. 社会システムを変革する復興の意義　252
4. 事前復興計画　255

14 情報とコミュニケーション
村尾 修・目黒公郎　258
1．災害対応における情報とコミュニケーションの意義　258
2．災害対応の循環体系における情報と伝達　259
3．近年における災害対応のための情報技術　265
4．災害報道から見た東日本大震災からの教訓　269
5．リスク・コミュニケーションと情報公開　274

15 災害文化とこれからの都市防災
村尾 修・目黒公郎　276
1．災害文化と都市　276
2．21世紀の都市防災　281
3．今後，我々が求められること　287
4．まとめ　289

索　引　291

1 | 講義概要とわが国の災害

目黒公郎・村尾 修

《本章の学習目標&ポイント》 わが国は，その地球科学的な立地特性から，地震や火山，台風など，多種多様な災害が多発する災害大国であり，歴史的に甚大な被害を受けてきた。そうした過去の災害経験に学び，技術開発と社会制度の充実を図ることで，災害に強い環境を実現させ，世界の経済大国になった。その一方で，2011年に発生した東日本大震災は，地域や都市における防災上の課題を改めて浮き彫りにした。本章では「地域と都市の防災」を考えることの意義と目的，そして講義の概要と全体構成について紹介する。また，適切な防災対策を講じるうえで欠くことのできない「災害イマジネーション」の意味とその重要性について説明する。

《キーワード》 災害のデパート，自然災害の障害と恵み，防災技術，地域と都市，災害イマジネーション，目黒メソッド・目黒巻

1. はじめに

20世紀に入り，世界の各地で近代化が進み，人類が長い年月をかけて育んできた高度な文明の恩恵を受けるようになった。その結果，いわゆる「都市」と呼ばれる場が多く生まれ，21世紀に入った現在も都市化は急速に進んでいる。国連の報告[1]によると，1950年には農村人口の4割程度にすぎなかった都市人口が，2005年から2010年の間に逆転し，2050年には農村人口の2倍に達すると推計されている。すなわち，およそ93億人の世界人口の2／3が「都市」と呼ばれる利便性の高い空間で生活することになるのである。

さて，こうして生まれた近代化，文明化，都市化された場所であれば，過去に不可能だった様々な問題が解決されているように思われる。たしかに，インターネットの普及により，リアルタイムで世界中の情報が入手できるようになった。またスマートフォンなどの普及により，場所を選ばず，仕事もこなせるようになった。しかし，災害はどうであろうか。
　2010年1月にはハイチでMw7.0(注)の地震が発生し，20万人とも30万人とも言われる死者を出した。2011年3月には三陸沖でMw9.0の地震（東北地方太平洋沖地震）が発生し，津波や福島第一原子力発電所事故を伴う東日本大震災を引き起こした。この災害による死者・行方不明者は2万1,000人を超える(2)。2013年11月には超大型台風ヨランダ（アジア名：ハイエン）がフィリピンの島々を襲った。死者は6千人を超え，レイテ島の最大都市タクロバンの多くの構造物に被害をもたらした。
　このように，世界中で近代化あるいは都市化が進んでも，災害の頻度や被害量は一向に減少しているとは思えない。いや，むしろ増えているようにも思えてしまう。その要因として，次の二つが挙げられる。一つは，都市化による社会システムの複雑化である。連携したシステムが複雑さを増せば増すほど，脆弱な部分の破綻がシステム全体に及ぼす可能性が高くなる。それは高度なシステムを持つ都市と災害の関係についても言える。もう一つは，地球温暖化の影響である。地球の温暖化は，気候変動に大きな影響を与えており，それが近年の異常気象や，多発する台風やハリケーンなど，強風を伴う熱帯低気圧の原因ともなっている。
　私たちはこうした地球環境と都市環境の中に生きている。情報技術や輸送技術の発展により，過去よりも実質的に小さくなった世界における，様々な連携の中で生活を営んでいる。社会が世界規模の連携によって成り立っている21世紀では，地域性を考慮した防災，あるいは国・地域・都市の相互の連携を考慮した防災の考え方がますます重要になってく

（注）Mw（モーメントマグニチュード）：マグニチュードは便宜的な量であり，過去に様々な算出方式が使われてきた。Mwは，大規模な地震でも適切に表現できる指標である。

る。こうした背景の中で，本講義「地域と都市の防災」を論じていく。

2. 日本の国土と災害

　わが国は恵み豊かで景観の美しい国土を有しているが，その一方で災害のデパートと呼ばれるほど，地震や火山，洪水や土砂災害，都市火災など，多種多様な災害が多発する国でもある。この二つの特徴は表裏一体の関係にあり，いずれもわが国の地理的，地形的，気象的諸条件と関係が深い。

　例えば，わが国で地震や火山災害が多発する理由は，国土が地震，火山活動が活発な環太平洋変動帯に存在し，複数のプレート境界上に位置しているためである。これは同時に，景観豊かで農業にも適した国土が形成された理由にもなっている。台風，豪雨，豪雪などの気象災害が多発する理由としては，

① わが国が北半球のユーラシア大陸の東端に位置し，周辺が海に囲まれていること

② 地球が太陽の周りを回る公転面に対して地球の自転軸が23.4度傾いているために生まれる四季があり，それによって降雨が集中する時期があること

③ 短い急峻な河川が多く，平時と洪水時の水量の差が著しく大きいこと

④ 洪水危険地域内に存在する人口と資産が非常に多いことなど

が挙げられる。そしてこれらの理由の多くも，わが国の魅力ある国土形成の重要な要素になっている。さらにわが国では都市大火も多く発生してきたが，これは都市部における人口密度や建物棟数密度の高さと，建物の多くが木造であることによる。

人は経験から学ぶものである。わが国は過去の多くの災害から多くのことを学び，防災力を向上させてきた。戦後の復興と高度経済成長を遂げた科学技術力もわが国の防災力の向上に大きく貢献した。こうして生まれたわが国の防災技術や体制は，世界に誇ることのできるわが国の優れた特長の一つになっている。しかし，その一方で，2011年3月11日に端を発する東日本大震災では，現代日本の地域社会に未だ多くの防災上の課題が残されていることも露呈した。

　都市災害とは，日々進化し続ける都市を映した鏡のようなものであり，いつの時代もその時代に見合った防災の知識が必要である。本講義「地域と都市の防災」では，地域および都市を災害から守るための考え方について，近年の実例を踏まえつつ学んでいく。

3.「地域と都市の防災」の意義と目的

　21世紀を迎えた現代において，我々が日常的に体感している現実空間にしろ，インターネットを通じた仮想空間にしろ，一人の人間あるいは一つの自治体は，ほとんどの場合，何らかの形で外部とつながっている。そうした社会環境で発生する災害を考えた場合，従来のように単独の地区，都市のみならず，より大きな空間単位を念頭においた防災への取り組みが重要な意味を持ってくる。

　例えば，市町村と県の連携の問題がある。東日本大震災では多くの自治体が被災したが，津波と火災により壊滅的な被害を受けた大槌町もその一つである。町長をはじめとする課長以上の職員も津波に呑み込まれ，自治体としての災害対応機能不全に陥った。災害対策基本法では，災害発生時に国や県が被災自治体を支援できることになっているが，それは被災自治体からの要請を前提としていたため，対応が遅れた。

現代社会における防災を考える際に必要なもう一つの視点として「地域性」が挙げられる。従来は，行政区分である自治体単位の災害対応の仕組みが検討されてきた。しかし，行政界にとらわれない「地域」としての性質である「地域性」を取り扱った方が，防災上都合が良い場合も少なくない。例えば，地震保険料率の算定や耐震設計にも利用される地域別係数などは，そうした地域としての地震性状に応じて定められたものであるし，広域避難場所と各地の避難距離の関係も行政界を超えて検討した方が良い場合もある。

　本講義「地域と都市の防災」を開講する目的は，地域と都市という視点から，災害大国日本に住んでいる皆様に，災害になるべく遭わないための災害回避法と，やむを得ず遭遇した場合にその影響をなるべく受けないための方法を理解していただくことにある。そして，ここで得られた知見を日頃から実践していただくことにより，わが国が将来受ける災害を最小化することにある。この目的を達成するために最も重要なことは，社会を構成する様々な立場の人々が，それぞれに「災害イマジネーション力」を向上することである。本講義では，都市と災害との関係，都市災害の特徴，わが国の防災体制，各種災害の発生メカニズムと対策，様々な防災対策を通じての目的や効果について学ぶが，これらはいずれも，最終的に「災害イマジネーション」を向上するためのものと考えていただきたい。

4．講義の概要

　本講義は，以下のとおり全15回で構成され，四つの部に区分される。
第１部　総論：地域と都市の防災体系
　　　第１回　講義概要とわが国の災害

第2回　地域社会と都市防災
　　　第3回　災害法制度の変遷と防災体制
　　　第4回　防災対策の基本と災害対応の循環体系
第2部　地域・都市災害の事例：災害発生のメカニズムとその対応
　　　第5回　気象災害とその対応
　　　第6回　地震災害とその対応
　　　第7回　津波災害とその対応
　　　第8回　延焼火災とその対応
第3部　被害抑止：被害を最小化する取り組み
　　　第9回　土木・建築構造物の安全性
　　　第10回　建築物の免震構造
　　　第11回　建築物の制振構造
第4部　各論：災害対応に必要な各要素
　　　第12回　被害軽減のための事前準備
　　　第13回　都市における災害と復興
　　　第14回　情報とコミュニケーション
　　　第15回　災害文化とこれからの都市防災

　まず第1部は総論であり，ここでは後に続く講義を理解するための基礎知識と防災の体系について包括的に学ぶ。ここで，「ハザード（自然の脅威）」や「バルネラビリティ（脆弱性）」といった都市リスクを考えるうえで重要な用語や，災害管理をするうえで必要な「災害対応の循環体系（Disaster Life Cycle）」の考え方について習得する。

　第2部では，気象災害，地震災害，津波災害，延焼火災を対象に，それぞれの災害の発生メカニズムと対策を，過去の事例を通じて習得する。

　第3部は，「災害対応の循環体系」の中の「被害抑止（Mitigation）」に焦点を当てている。ここでは，構造物の安全性に関する基本的概念と

重要性，構造物の耐震設計の歴史，耐震構造の基本的知識や最新技術について学んでいく．

最後に第4部では，「災害対応の循環体系」の中の「被害軽減のための事前準備（Preparedness）」による防災対策と，都市における被災と復興の意義，情報とコミュニケーションについて学習する．そして最後に，長い年月をかけて培われてきた災害文化と21世紀の都市防災について考えていく．

5. 防災対策の基本としての災害イマジネーション

本講義で「地域と都市の防災」についていろいろと学んでいくが，これらを通じて特に理解して欲しいのは，適切な防災対策を講じていくうえで不可欠な「災害イマジネーション」の重要性である．そして実際にこの能力を身につけ，向上させていただくことである．災害イマジネーションとは，発災からの時間経過の中で自分の周辺で起こる災害状況を具体的にイメージできる能力である．効果的な防災対策は，「災害状況の進展を適切にイメージできる能力」に基づいた「現状に対する理解力」と「発災前後の各時点において適切なアクションをとるための状況判断力と対応力」があって初めて実現する．

人間は，イメージなくして，ある状況に対する適切な心がけや準備などは絶対できない．現在の防災上の問題は，社会の様々な立場の人々，すなわち，政治家，行政，研究者，エンジニア，マスコミ，そして一般市民が，災害状況を適切にイメージできる能力を養っておらず，この能力の欠如が最適な事前・最中・事後の対策の具体化を阻んでいる点にある．

防災の基本である災害状況を正確にイメージする能力の向上のため

に,「目黒メソッド」と呼ばれる災害イメージトレーニング法やこれを簡略化した「目黒巻」などがある[3]。

6. 目黒メソッド

(1) 目黒メソッドとは

　目黒メソッドとは,災害発生時の季節や天気,曜日や時刻などの条件を仮定したうえで,発災からの時間経過の中で自分の周りに起こる事柄を具体的に考えて抜き出し,現在の自分が抱えている問題点や,発災後の時間経過の中で自分のすべき活動を,理解するトレーニング法である。このようなトレーニングで,災害イマジネーション力を身につけると,災害時に自分が直面する状況がわかるので,その状況をなるべく改善するためにはどうしたらよいのか,現在の問題点の把握から,発災までの時間を活用して適切な事前対策を講じることが可能となる。また発災時には,自分が直面する将来の状況を時間先取りで理解できるので,災害後の状況に応じた適切な対応をとることにより,受ける障害を最小にすることが可能である。結果として総合的な防災力が向上する。

　目黒メソッドは様々な災害のイマジネーション力の向上のために提案されたものであるが,ここでは話を単純化するために,地震災害を例に説明する。

(2) 目黒メソッドの実施法

　目黒メソッドでは,〔表1-1〕のような表を使う。まずは縦軸に,自分の平均的な1日の時間帯別の生活パターンを記入する。例えば,何時に起床して,朝の支度をして,朝食の後,○○を使って駅まで行って,△△線で◆◆分かけて通勤して,午前中,会社では□□の仕事をして,

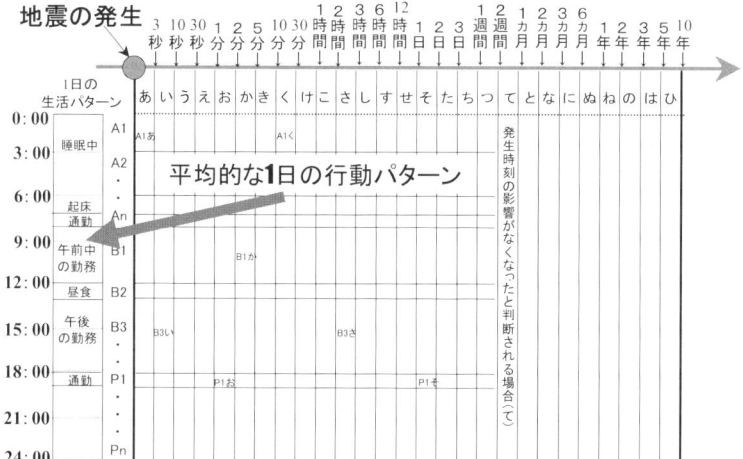

表1-1 目黒メソッドで用いる表

昼食は……，そして何時に床につく，という具合に1日の生活パターンを詳細に記載する。

この時，住んでいる地域や会社周辺の環境，住家や会社の耐震性，立地条件や屋内の家具の構成や配置，家族構成や各メンバーの時間帯別の居場所や生活パターンなども考える。

各生活パターンの時間帯に，兵庫県南部地震のような揺れを伴う地震が，あなたを襲ったと仮定する。地震発生からの経過時間を示す横軸に沿って，「3秒後，10秒後，1分後，2分後，……，○時間後，……，○日後，……，○週間後，……，○カ月後，……，○年後，……，10年後」まで，それぞれのマス（たとえば，A1あ，B1あ，………とか）に，自分の周辺で起こると考えられる事柄を一つひとつ書き出していく。

最初は何が起こるのか想像もつかない人がほとんどだ。災害時の状況を適切に書き出せたと思っている人でも，実はまったく認識不足なこと

を平気で書いていることも多い。防災の担当者でも平気でおかしなことを書いてしまう。

　ある自治体の防災関係者は，電車での通勤途上で地震に襲われた30秒後の状況として次のような記載をした。

　「激しい揺れで電車が止まった。窓から外を見ると多くの家が壊れ，あちらこちらから煙が見えた。自分は車内のパニックを抑える行動をした……」

　みなさんどう思いますか。「防災の専門家として落ち着いた行動で，いいじゃないですか」という話になる。でも，本当ですか？

　冷静に考えてください。震度6強クラスになると電車は脱線する。震度7になると，客室部が台車からはずれて，転倒する場合もある。

　日常の満員電車で，運転手がちょっと急ブレーキをかけただけで，どんなことが車内で起こるだろうか。押されて転んだり，もう少しで将棋倒しになるほど危険な状況になることを，多くの人は経験している。しかし，こんな状況でも電車の外から見ている人にとっては，車内で大変なことが起こっているようには全く見えない。では，満員電車が脱線したり，客室が台車からはずれて転倒したりするような状況では，車内ではどんな事態になっているのか。のんきに「窓から外を見れば……」などと言っている場合ではないことは明らかだ。

　しかし，防災関係者も含めて，今の私たちの災害状況をイメージする能力はこの程度なのだ。

　あなたが街角を歩いていた時に地震が起こったらどうだろうか。割れたガラスが大量に降ってくるかもしれない〔写真1-1〕。コンサートホールにいたらどうか。人がいっぱいで真っ暗な状態で，照明が落ちてくることもある。図書館や本屋さんで本棚の間で本を探していたらどうか。〔写真1-2〕の本屋さんでは，手前から奥に向かって設置されている本

第1章　講義概要とわが国の災害

写真1-1　アーケードの屋根を破って落ちてきたビルのガラス

写真1-2　棚から落下した本の山（奥の棚からはあまり落ちていない）

棚に入っていた本はのきなみこぼれ落ちているが，写真奥の壁に取り付けられた本棚の本はあまり落ちていない。私たち専門家は，この本棚や本の様子を見て，なぜこのようになったのかすぐわかる。少なくとも予想がつく。みなさんは，その理由がわかるだろうか。

　小学校をはじめ中学校や高校など，学校の校舎には〔図1-1〕のような建物が多い。このような建物では，A方向とB方向とではどちらのほうが一般的に大きく揺れるだろうか。建物全体を見ると，A方向のほうが長いので，多くの方はB方向に大きく揺れると答える。しかし，実際は違う。建物のC-C断面を見てみると，学校建築では，廊下をどちらに置くかは別にして，教室を図のように区切って使うことがほとんどだ。そうすると壁の量はB方向のほうがはるかに多くなる。だから，学校建築では一般にA方向のほうが大きく揺れる。

　では，〔図1-2〕のような，ひな壇状の土地の場合はどちらの方向がより揺れるだろうか。これはA方向がよく揺れる。多くの場合，B方向にはずっと土地がつながっているが，Aの一端は自由端になっているからだ。こういう場所に揺れやすい向きで家を造ったらどうなるか。揺れやすい方向に家具やキャビネットなどを置いたらどうなるか。

　このように地震に襲われた場合，建物や土地，室内の揺れる方向などを理解し，状況を具体的にイメージできるようにしておかないと，いざという時の対応がうまくいかず，大変なことになってしまう。また私たちは日常的にいろいろな場所に行くとともに，いろいろな役割を果たしたり，演じたりしている。発災時に自分のいる場所やその時の自分の立場で，自分の周りで起こる出来事や自分のすべき行動が大きく変わることの理解も非常に重要だ。

　〔表1-2〕の目黒メソッドの表で黒く塗っている時間帯は何を意味するのか？地震の後は高い確率で停電するので，この黒色の時間帯は，真

学校建物(RC建物)では

図1-1　建物の揺れる方向を知る

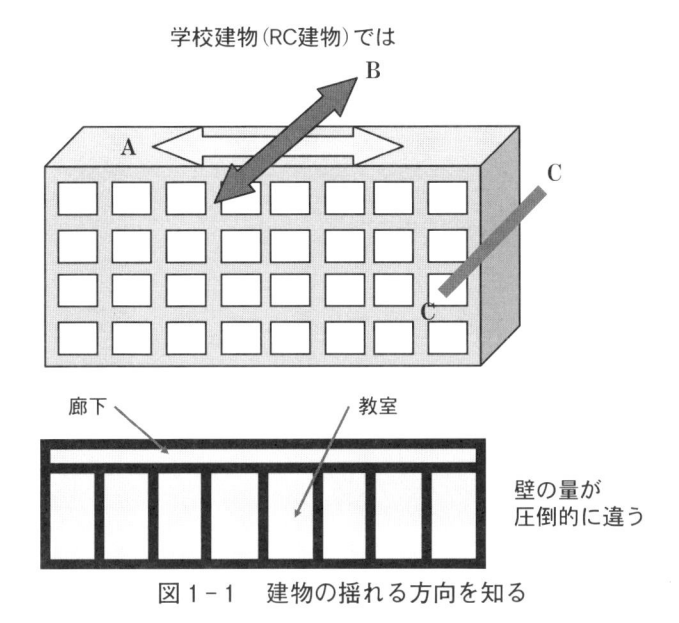

廊下　教室

壁の量が圧倒的に違う

ひな壇状に土地を整形した場所では

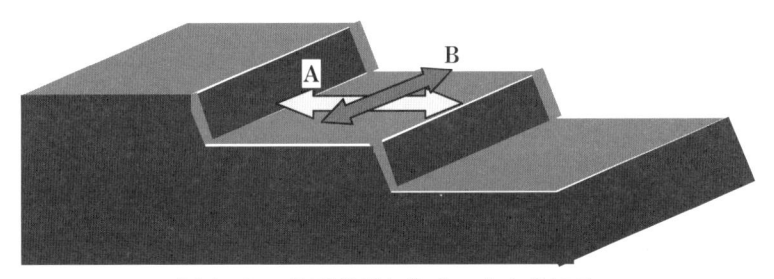

図1-2　地面の揺れやすい方向を知る

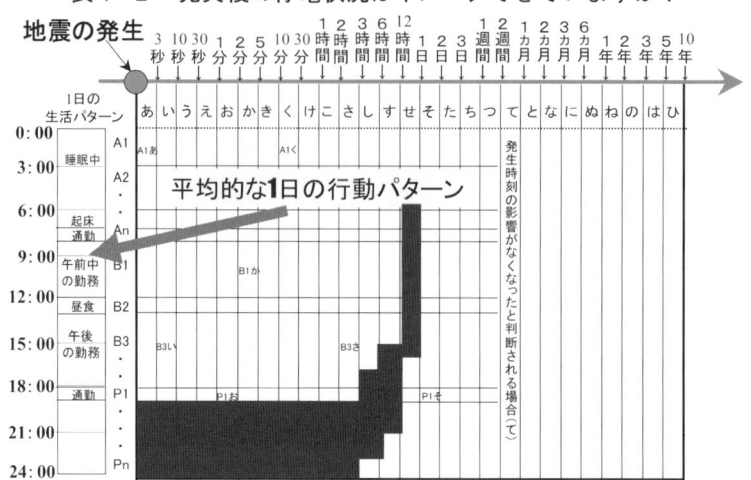

表1-2 発災後の停電状況はイメージできていますか?

っ暗な状況の中で行動しなければならないことを示している。しかし，照明のない状況をイメージして記載できない。しかも余震が頻発する中での活動であるが，こんな簡単なことにも気づかない人は多い。

(3) 目黒メソッドの目的と意義

ここで紹介した目黒メソッドには次のような目的がある。
① 徹底した当事者意識
② 個人が有する二面性（多面性）の理解
③ 「健常者＝潜在的災害弱者」の意識
④ 自分の死後の物語を考えることの重要性
⑤ 極端なケースを想定することによるイマジネーションの展開

次に目黒メソッドの具体的な活用の仕方を紹介する。

① 徹底した当事者意識

　この作業を通じてまず認識してもらいたい点は，地震の発生時刻によって自分の周辺で起こる事柄が大きく変わることだ。そして季節や天候によって状況がさらに大きく変化してしまうことである。

　季節や天候を変えて，この方法を行うことにより，条件によって大きく変化する事柄，それほど変化しない事柄がわかってくる。自分が置かれている立場，しなくてはならない事柄が具体的に見えてくる。

② 個人が有する二面性（多面性）の理解

　目黒メソッドで特に大切な点は，自分の生活を強く意識して考える点である。目黒メソッドを通して，自分の持つ「社会的な顔と私的な顔」，「つくってあげる側ともらう側」，「情報を出す側と受ける側」などの多面性に気づく。自分は「守ってもらう側」と考えている大多数の市民が，例えば家庭の若い主婦が，家に子どもと自分しかいない時間帯に地震に襲われれば，自分が「守る立場」にならざるを得ないことを実感する。

③ 「健常者＝潜在的災害弱者」の意識

　通常，災害弱者とか災害時要援護者とは，お年寄りや子ども，妊婦さんや赤ちゃん，日常的にハンディのある方，あるいは日本語によるコミュニケーション能力の低い外国人などを指す。しかし，それだけで十分だろうか？　健常者である私たちも簡単に災害弱者になってしまう。2回，3回と目黒メソッドをやってもらえる人には，次のような質問をする。

　「あなたは，メガネをしているね。君はコンタクトレンズですか？　そのメガネやコンタクトレンズが揺れの中で紛失して被災屋内の中でスペアが見つからない。そういう条件で今度は記入してください。君は右腕を骨折したという条件で，君は左足をくじいてしまったという条件で記入してください。」

通常，「自分はお年寄りや妊婦さんとは違う健常者だ」と思いがちである。しかし，目黒メソッドを正しく行うと，自分は健常者だという意識しかない人が，まったく違う状況に置かれることに初めて気づく。つまり，防災においては，健常者が常に健常者であるとは限らないのだ。健常者イコール潜在的災害弱者という意識でイメージすることが必要だ。そうすると，見えてくる世界がまったく変わる。福祉対策と防災対策を併せて進めることの大切さや合理性などにも気づく。

④ **自分の死後の物語を考えることの重要性**

さらに，不幸にして自分が亡くなってしまったという状況ではどうか？目黒メソッドでは，自分が死亡する状況では，そこで物語を止めるのではなく，周りの人々が自分の死をどう受け止め，その後の人生を過ごすのかを考える。すると否応なしに，自分の周辺の人々への感謝と自分が死んではいけない存在であることが強く意識される。この感覚が得られると，人は「防災に備えなさい」などと言われなくても，自分でできる対策をしっかり考え，それを実施するようになる。

⑤ **極端なケースを想定することによるイマジネーションの展開**

日常の決まりきった生活を続けていると想像の幅は次第に狭くなっていくものである。災害時を想定しようとしても，そうした状況ではイマジネーションに限界が出てくる。それを打開して，災害イマジネーションを展開するために，例えば一般市民であれば正月だとか旅行先で大地震が発生した状況であるとか，自治体職員であれば市長選挙日の前日の状況などを考えてみると良い。今まで認識していなかった事柄に気づくはずである。

（4）次の災害までの時間がわかると

これまで行った一連のシミュレーションを通して，地震発生後の時間

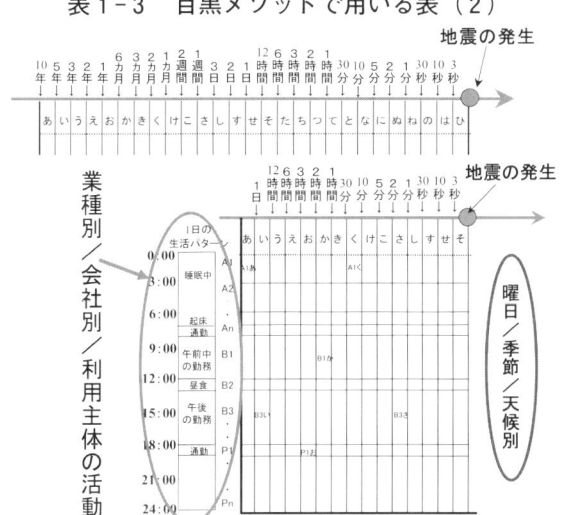

表1-3 目黒メソッドで用いる表（2）

の経過に伴ってどのような出来事が自分の周囲で起こるのかをイメージする能力がつくと，今度は次の地震までの時間が与えられた場合に，その時間をどうやって有効に使えばいいかがわかってくる。つまり，〔表1-1〕では地震の発生から始まる時間軸を用意したが，これとは矢印の向きが逆の時間軸を用意して考える〔表1-3〕。そうすると，「10年，5年，…，○年，…，○カ月，…，○週，…，○日，…，○時間，…，○分，…，10秒，3秒」と地震発生までの時間が与えられた際に，それぞれの時間をどう活用することで，将来自分が直面する地震の影響を最小化できるかがわかる。地震多発国のしかも地震学的に活動度の高い時期を迎えているわが国において，地域別にこのような作業をしておくことの重要性を強調したい。

〔表1-3〕で，数十秒以下になった場合にどう対応すればよいのか。この時間帯が本講義の中で，後に取り上げる「緊急地震速報」が活用で

きる時間帯だ。多くの自治体の防災パンフレットには，依然として「グラッときたら火の始末」などと書いてあるものが多いが，これは正しくない。激しい揺れが「グラッときたら」火は消さなくていい。もちろん状況的に消すことが可能であれば消したほうが良いが，現在では多くの電気やガスのコンロは，揺れを感じたら勝手に消えるようになっている。余裕があれば，コンロ上の鍋ややかんを流し台のシンクの中に移動させ，コンロから滑り落ちたり，中身がこぼれたりする危険性を回避する方がよっぽど重要である。無理に火を消そうとして，動いてけがをしたり，やけどを負うことのほうが危険だ。グラッときた時に，無理していろいろなことをしなくていいすべを，事前に考えておくことが重要である。しかし，多くの防災担当者ですら災害イマジネーションが十分にあるわけではないので，そういう大切なことを説明できないのだ。

　緊急地震速報が活用できる直前の短い時間を有効に活用するには，この速報の持つ可能性と限界を理解したうえで，どこで何をしている時の何秒であれば何に使えるのかを具体的に考え，これを事前に繰り返し訓練し，いざという時に行動に移せる状態にしておくことがポイントである。例えば，家族で，今2秒の時間があったら何ができるか，5秒であれば，10秒であれば，寝ている時間帯であったらどうか，と徹底的に具体的な対処法を議論し，実践していくことだ。

　このような検討と訓練を繰り返すほどにわかることは，緊急地震速報を有効に活用するためには，建物の耐震性の向上や家具転倒防止などの事前対策を実施しておくことが不可欠であること，さらに緊急地震速報の活用では防ぎようのない災害状況に対する理解である。つまり，緊急地震速報の理想的な利用法とその効果は，この情報が市民に真剣に防災のことを考えるきっかけを提供し，これが市民の災害イマジネーションの向上を実現する。そしてその結果として，5年後，10年後には，弱い

建物の建て替えや耐震補強が格段に進み，ハード・ソフトの両面で，真に災害に強い人とまちが実現し，将来の地震被害を劇的に軽減する，というものである．

　緊急地震速報には，（直接的，間接的）×（プラス，マイナス）の4種類の効果がある．先に述べた「5秒あれば，10秒あれば，何ができるか」的な利用は直接的プラス効果を狙うもの，理想的な利用法として説明したものは間接的プラスの効果に属するものである．避けるべき利用法は，パニックなどを引き起こす直接マイナス効果と，緊急地震速報が根拠のない安心情報として認識され，事前の防災対策の推進が阻害される間接的マイナス効果である．なお，緊急地震速報の活用に関する詳細な説明は，文献[4]を参照されたい．

7．目黒巻

　「目黒メソッド」は災害イマジネーションを向上させるうえで大きな効果を持つが，一方で一般の方々が最初に取り組むにはハードルが高い．そこで目黒メソッドを簡便化して作成したのが「目黒巻」〔図1-3〕であり，これを用いたワークショップ（WS）が「目黒巻WS」である．

　目黒巻は，保育園や幼稚園，小学校や一般家庭などでの活用を主目的として開発されたが，一般の会社等で，自社の防災上の課題の抽出や解決策の具体化のためにも広く使われている．目黒巻は自分で条件を設定して，災害時の様子を，自分を主人公とした物語として書いていくものである．細長い紙の上に経過時間に沿って物語を書き込むので，巻物状になるため「目黒巻」と呼ばれている．

　目黒巻を書き進める過程で，現状の問題点が認識されるとともに，様々な疑問点が出てくる．さらにみんなが書いた目黒巻を並べると，同

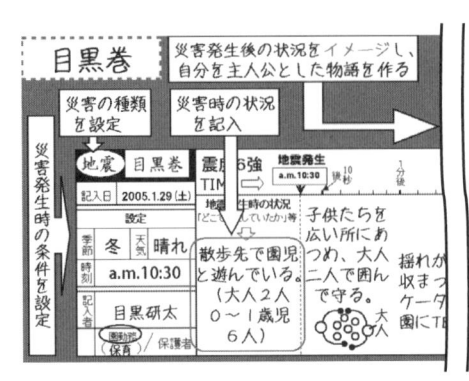

図1-3　目黒巻の例（左）と活用法（右）

じ時間帯での各人の内容が比較でき，認識のずれや相互連絡の難しさなどを発見することができる。これらをみんなで話し合ったり，調べたりすることから，具体的な防災対策が始まる。

　どうすれば，自分の物語がハッピーエンドになるのかを考えることがポイントだ。事前に，直後に，そしてその後の時間経過の中で何をすれば，物語がどう変わるのか。事前対策の重要性が認識されるとともに，事後対応力も身につく。関係者で条件を変えながらやってもらうことで，個人個人の，そして組織としての防災力を高めることが可能となる。学期や季節に合わせて，学年が変わった時，引っ越した時，遠足や修学旅行の前に旅先を対象として，それぞれのタイミングで実施すると効果的である。

引用文献

（1）国連経済社会局：国連世界都市化予測2011年版（2011），http://esa.un.org/unup/index.html
（2）総務省消防庁：平成26年9月10日　平成23年（2011年）東北地方太平洋沖地震（東日本大震災）について（第150報），http://www.fdma.go.jp/bn/higaihou/pdf/jishin/150.pdf，2014.9.
（3）目黒公郎『間違いだらけの地震対策』旬報社，194p，2007.10.
（4）目黒公郎・藤縄幸雄『緊急地震速報　―揺れる前にできること―』東京法令出版，277p，2007.9.

2 | 地域社会と都市防災

村尾　修・目黒公郎

《本章の学習目標&ポイント》　人々の生活基盤としての地域社会や地域コミュニティ，そしてこれらを組み合わせて形成される都市は，人々が安心して生活できる環境整備のためにつくられてきた。この都市の歴史を振り返り，安らぎの場としての都市の意味を考える。さらに，現在我々の生活環境を脅かす都市災害の特徴についても触れ，地域のリスクを定義づけるハザードと脆弱性の関係，および都市防災の概要について習得する。

《キーワード》　地域，都市，安らぎの場，都市防衛，自然災害，事故災害（産業災害），都市災害，都市の災害リスク，ハザード（自然の脅威），脆弱性，災害は進化する，都市防災，災害の連鎖，レジリエンス

1. 地域と都市

(1) 地域とは

「地域」という言葉は，誰でも使ったことがある大変身近な言葉である。しかし，その使われ方は多様であり，その言葉の使われる文脈や話し手と聞き手の経験に応じて，その意味も異なってくる。『建築大辞典（第2版）』（彰国社）と『最新地理学用語辞典改訂版』（大明堂）には，次のように定義づけられている。

【地域[1]】 area, region, zone　①活動，機能，空間などの同質性，一体性によって範囲づけられた土地。類似語として地区，区域，地帯な

どがある。②社会経済面において，有機的に結びついた計画対象範囲のことで，一般に都市より広い範囲を指す。⇒ちいきけいかく　③土地利用を合理的にするために，一定の法的規制を受ける土地の範囲。

【地域[2]】region, area　環境・景観・空間などと並ぶ地理学の基本概念の一つ。日常用語としては，地表の一部を一般的に指すことが多いが，地理学用語としては，単に地表の一部というにとどまらず，何らかの意味のある指標によって抽出された地表の一部を指して用いる。一方面積規模に関しては，日常用語としてはかなり狭い範囲を含意する傾向があるのに対して，地理学用語としては大は大陸規模から小は1小学校区程度まで，広狭さまざまな範囲を指すことが可能である。

また「地理学辞典[3]」には，「地域を単なる任意の区域の広がりとせず，個性的な内容を有する広がりとして理解されている」とある。防災を考慮した地域性について考えてみると，この解釈がしっくりくる。

災害対策基本法（第二条十）には，都道府県・市町村の「相互間地域防災計画」も位置づけられてはいるが，基本的には「一定地域に係る防災に関する計画（地域防災計画）」は都道府県や市町村などの行政単位で作成することになっている。しかしながら災害は，人間が定めた行政界単位で襲うわけではなく，地勢や気候といった自然的な要因，産業特性，および社会基盤特性などの社会的な要因により特徴づけられることの方が多い。一方で，その災害に備える具体的な対策は，都道府県はもとより，単一市町村内でも地盤や地形，人口分布などが異なるので，より小さなエリアを単位として計画立案され，実施される。よって，「地域」の大きさは，自治体を単位とする行政の大きさや行政界によって区分される空間とは異なる空間単位と考えるべきである。すなわち，本書では，

「地域」を対象とする災害現象やその対策を講じるうえで適切な境界とサイズを有する空間的な広がりと定義し，以降の話を進めることとする。

（2）都市とは

次に「都市」について考えてみたい。「都市」と聞いて，何をイメージするだろうか。渋谷や新宿歌舞伎町のように人で賑わう繁華街，ニューヨークのような摩天楼の高層ビル群，あるいは高度なシステムで制御されているネットワーク社会など，人によって様々な答えが返ってくるだろう。「都市」という言葉の中には，山村部と対比した場合の生活の場としての都市，自然と対比した場合の人工的環境としての都市，人が密集して集まっている都市空間，「○○市」のように行政界を示す場合の都市など，使用目的によって多様な意味が含まれており，一概に定義することは難しい。『建築大辞典』によると，「都市」とは「政治，商業，工場などの第二次，第三次産業を基盤として，生活および活動を密度高く営んでいる一定の領域」であり，「発生的には，主として農業が余剰生産物の産出を可能にした時点で，経済的基盤を外部に仰ぎ，専ら消費的な集住形態として成立した」ものである[1]。これまでに，時代や文化に応じて「都市」は様々に定義づけられてきたが，現代では以下のような点を都市の条件として挙げることができよう。

　①一定規模以上の人口
　②人口密度の高さ
　③第二次産業および第三次産業人口の高さ
　④独立した行政機能

高度に情報化・近代化した現代では，世界中の多くの地域が都市化している。本講義では「都市」を厳密に定義することは避け，このような

様相を持つ都市（あるいは地域）を対象とした「都市防災論」を進めていく。

2. 都市の安心と安全

（1） 安らぎの場としての都市
　古来，文明が開化した地域では都市が建設されてきた。地域や時代，あるいは世界観や文化が変わろうとも，世界の各地には固有の地勢と風土があり，それらに適応させながら建築と社会基盤施設がつくられ，都市が形成され，社会が営まれてきた。こうして築かれてきた都市では，その統治形態にかかわらず，人々が居住し，労働するために，安心して暮らせることが大前提であった。では，ここで言う都市の「安心」とはどのようなものが挙げられるのであろうか。本講義では，精神的安心，都市防衛としての安心，災害から身を守る安心を取り上げよう。

（2） 精神的安心
　まずは精神的安心である。世界の各地で定住するようになった人々は，それぞれの言語と世界観の中で独自の文明を築いていった。そのような時代に，異なる言語を使い，奇妙な振る舞いをする他の民族がどれほど異質に映ったことであろうか。逆に，同じ言語を話し，同じ世界観・宗教観を持ち，同じ生活様式を持つ部族が，集まって住まうことにどれほどの安心感を覚えていたであろうか。同じような世界観を持つ部族が集まって住み，一つの都市を築いた時，その都市はその世界観を反映したものになっていた。そこには独自の気候と風土から生み出される建築材料と，材料に合った建築工法があり，その結果視覚的に調和のとれた建築群が生まれた。また，建築の表層や都市空間の平面形態には，その地

域独自の世界観・宗教観が反映されていった。長安をはじめとする中国の都市では、山と水に囲まれた風水思想が反映され、これは、日本の平城京や平安京の都市づくりにも影響を与えた〔図2-1〕。インドの釈迦（ゴータマ・シッダールタ）を開祖とされる仏教は、釈迦の死後、その遺骨を納めるために8か国の王に分けられ、各国で仏舎利礼拝の塔、ストゥーパ（卒塔婆）が建立された〔写真2-1〕。それらはさらに再分配され、思想の伝播とともに塔の形も、盛り土から覆鉢型や基壇のある塔へと変化し、やがては日本の古都でも見られる三重塔や五重塔になっていった。これらの仏塔は仏教寺院の象徴として、また都市の景観と安泰の象徴として位置づけられた。

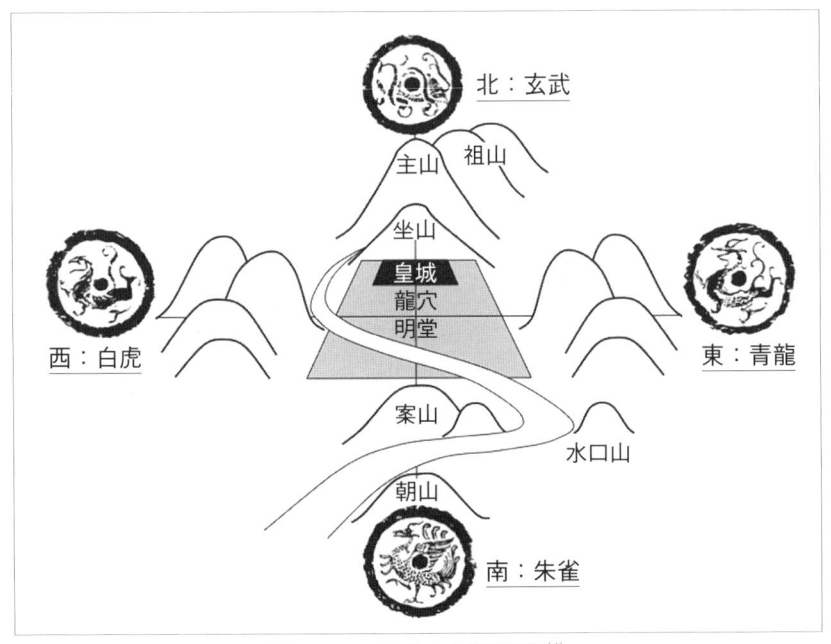

図2-1　風水の地形構造[(4)]

写真2-1　ゴールにある寺院のストゥーバ（スリランカ）

　ヨーロッパの各都市に見られる教会と十字架もキリスト教的世界観を都市に反映したものである。また広大な砂漠で生まれたイスラム教世界では，光と陰の明確なコントラストをつくる大自然の中に幾何学形態の都市をつくり，砂漠の民は緑と水のオアシスに平穏を求めた。

（3）都市防衛の歴史
　第二は外敵から身を守る「都市防衛」としての安心である。都市や国

家は歴史上，周辺国と戦い勝利を収めることにより，その勢力範囲を拡大してきた。そのため，都市の囲郭は外敵からの攻撃や進入を防ぐ機能を持たねばならず，囲郭が破られることは居住者の安心を脅かすことを意味していた。今から3,000年前，春秋戦国時代の中国の諸国では，都市を防衛するために，国境線に防御壁を築き始めた。それはやがて万里の長城と呼ばれるまでに拡大し，秦の始皇帝の時代を経て，明の時代に完成した。これは中国大陸という広大な土地を防衛するための先人の知恵であった。また「すべての道はローマに通ず」というように古代ローマでは，ローマン・ウォールと呼ばれる壁に守られた道路網により植民地とローマが結ばれ，安全が保障された地帯が築かれていた。

　都市防衛の仕方は，各時代の戦い方すなわち武器の進化と密接に関係していた。中世ヨーロッパでは天然の要塞としての山城を築き，それらはやがて古城都市として発展する。10世紀になると堀や城壁に囲まれ，防衛のための装置も仕掛けられた人工的な城が建設された。14世紀になると火薬や大砲による攻撃から守るための都市が建設されるようになった。そこでは死角をつくらない城郭や陵堡の形態が取り入れられ，大砲の移動が容易になるよう道路網も計画された。大砲の飛距離の増加に伴い，防衛すべき都市の領域も拡大していくことになる。

　以上述べてきたように，都市を防衛するために取り入れられてきた機能は，現在世界中で見られる各地の都市空間に多かれ少なかれ影響を与えている。しかしながら，近世までに取り入れられてきた防衛のための都市デザインは，その後の戦艦や戦車の時代になると意味が希薄になっていく。そして1945年の広島・長崎への原子力爆弾の投下によって，物理的な都市防衛が困難な時代になったことを思い知らされたのである。

　三つめに挙げられるのは，災害から身を守る安心であるが，これについては次節で述べる。

3．都市と災害

　1961年にWHO（世界保健機関）により都市住環境における健康的な人間的基本生活要求を満たす条件として，「安全性（safety）」，「保健性（health）」，「利便性（convenience）」，「快適性（amenity）」の四つの理念が挙げられた。すなわち，現代において災害による脅威から都市を守ることは，都市に住むための基本的な理念として位置づけられたのである。

（1）災害の定義と種類

　現代において，都市がさらされている脅威の一つに災害がある。日本では1959（昭和34）年9月の「伊勢湾台風」を契機に，1961年10月に災害対策基本法が施行された。災害対策基本法では，災害を「暴風，豪雨，豪雪，洪水，高潮，地震，津波その他の異常な自然現象または大規模な火事もしくは爆発その他その及ぼす被害の程度においてこれらに類する政令で定める原因により生ずる被害」と定義づけている（災害対策基本法第2条1）。ここで言うその他の異常な自然現象とは，冷害，干害，雹害，霜害，旋風などの気象災害，地すべり，山崩れ，がけ崩れ，土地の隆起や沈降などの地盤変動を指している。また政令（災害対策基本法施行令第1条）で定める原因とは，放射性物質の大量の放出，多数の遭難者を伴う船舶の沈没，その他の大規模な事故であり，具体的にはガス漏れなどの漏洩や，船舶水没・航空機墜落といった交通災害などがある。これらの災害は自然災害と事故災害（産業災害）に区分され，日本の災害対策の根幹となる防災基本計画では，自然災害としては地震災害，風水害，火山災害，雪害が，事故災害（産業災害）としては海上災害，航空災害，鉄道災害，道路災害，原子力災害，危険物等災害，大規模火災，

林野火災が位置づけられている。自然災害の多くは，遠い昔から人々の生活を脅かしてきた伝統的な気象災害であり，それらは立地・気勢・風土と関連し，生活と密接にかかわってきた。自然災害とは，異常な自然外力（ハザード）によって国土，身体，財産が被害を受けることである。

表2-1　災害の種類[5]

大項目	小項目
風水害	洪水，強風，豪雨，高潮，台風，前線，低気圧，竜巻，高波，浸水，湛水
異常気象	長雨，旱魃，乾燥，濃霧，冷害，寒波，熱波
雪・氷・雷	豪雪，雪崩，吹雪，凍結，落雷，雹
地盤変動	山崩れ，崖崩れ，土石流，地滑り，陥没，隆起，落石，落盤
地震	前震，余震，群発地震，断層，液状化現象，津波
火山	火砕流，溶岩流，火山泥流，火山弾，火山灰，噴気，海底火山
爆発	ガス爆発，蒸気爆発，粉塵爆発，破裂，爆破
火災	大火，放火
漏洩	ガス漏れ，流出，流失，放出
中毒	食中毒，アルコール中毒，被爆，ガス中毒，酸欠，その他
崩壊破壊	崩壊，破壊，転倒，飛来落下
故障	停電，システム
交通災害	自動車，鉄道，船舶，航空機，二輪車
その他災害	群集災害，動物災害，医療災害，飢饉，疫病
公害	汚染，地盤沈下
ヒューマンエラー・人身災害	山岳遭難，おぼれ，熱傷，感電，薬傷，傷害
その他	犯罪，戦争

（災害情報センターデータベース）

一方,事故災害(産業災害)とは工業や技術が発達したことによる人為的要因によるものが大きい。自然災害も事故災害も生活を取り巻く人工的環境が時代とともに変化することにより発生してきた災害であり,時代とともにリスクが増大してきたという側面がある。その他に,従来,災害とは別の概念であったテロなどの犯罪・戦争,ヒューマンエラー,鳥インフルエンザ,地球温暖化による異常現象や環境破壊なども「都市災害」へと発展する可能性があり,広義には災害ととらえることもできる。NPO法人災害情報センターでは,災害を〔表2-1〕のように分類している。

(2) 災害のメカニズム

　台風は通常災害と関連して認知される。しかし,台風そのものは熱帯低気圧であり,台風が来たとしたとしても,そこに人が住んでいなければ災害と呼ばれる状況にはならない。地震や台風そのものは地球の物理的現象の一つに過ぎないのである。

　災害現象は,「インプット(input)→システム(system)→アウトプット(output)の関係」で考えると理解しやすい〔図2-2〕。インプットは自然の脅威(災害発生の潜在的要因となるもの:ハザードという)であり,地震災害では地震や津波そのもの,洪水災害では降雨量がこれに相当する。システムは自然環境特性(地形,地質,地盤,気候など)と社会環境特性(人口分布/密度,インフラや建物の特性,政治,経済,文化,宗教,歴史,伝統,教育,防災対策など)によって特徴づけられる地域特性や社会システムと呼ばれる対象地域の特性である。アウトプットは物理的・社会的応答で,これがある閾(しきい)値を超えると初めて被害(ダメージ)や災害(ディザスター)となる〔図2-3〕。対象地域の地域特性が決まると次に重要性を増すのは,時間的な要因である。

ハザード(自然の脅威)　受け手としての社会の特性　出現する物理的・社会的現象

INPUT → SYSTEM → OUTPUT

地震　　　　　構造/組織　　　　　　応答/対応
地震動/津波　　社会システム/地域特性　被害/被害なし

⎧ 自然環境特性（地形，地質，地盤，気候，etc）
⎨ 社会環境特性（人口分布／密度，インフラの特性，政治，経済，
⎪ 　　　　　　　宗教，文化，歴史，教育，防災対策，etc）
⎩ 時間的要因　（季節，曜日，時刻，etc）

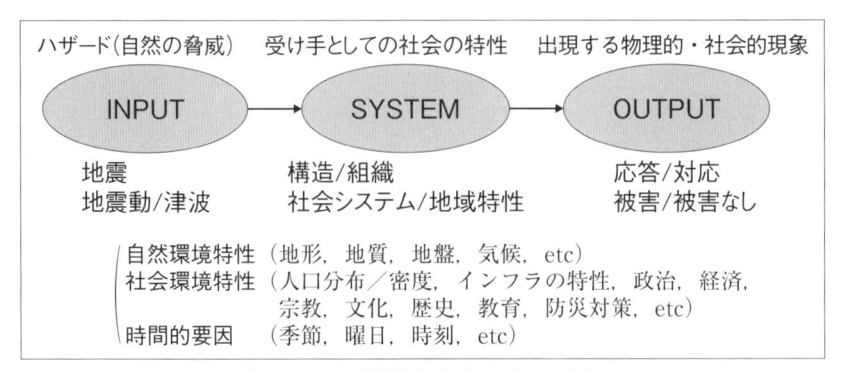

図2-2　災害発生のメカニズム

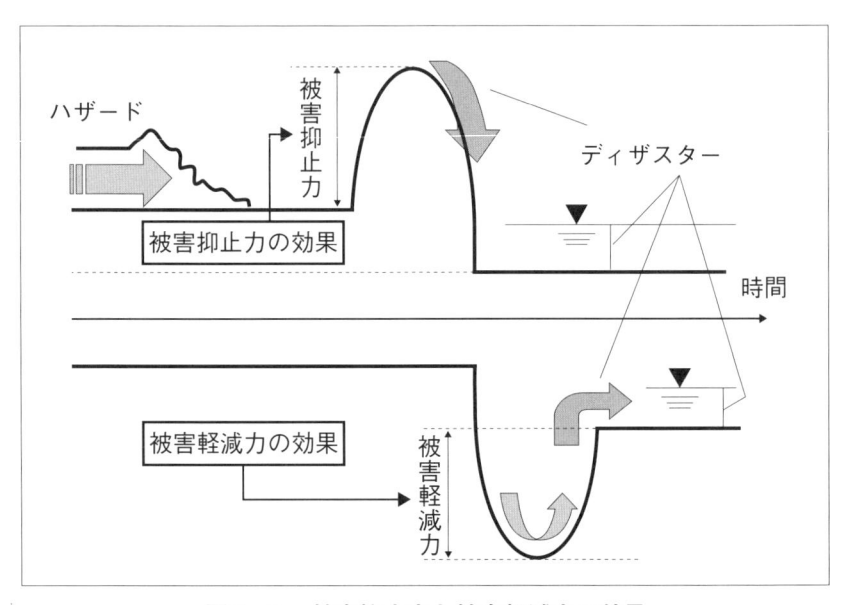

図2-3　被害抑止力と被害軽減力の効果

発災の季節，曜日，時刻によって，災害の様相は大きく変化する。

都市リスク（urban risk）はハザード（hazard）と脆弱性（vulnerability）の積として表すことが可能である。

ハザードは自然現象なので，一般に人間がこれを阻止することはできないが，建物の壊れやすさなどシステムに潜む社会の脆弱性（バルネラビリティ）を低くすることでその影響を軽減することが可能である。つまり，火山噴火を止めるとか，地震を起こさせないことは無理だが，対象地域が有する脆弱性の改善で災害に強い（災害レジリエンスの高い）社会を実現することができる。

よく「災害は進化する」と言うが，これはインプットとしてのハザードが変化（進化）しているのではなく，人間がシステムとしての地域特性を変えてきたことで，アウトプットとしての被害や災害が大きく変わった（進化した）ものである。

例えば，〔図2-4〕のように，大自然に囲まれた地域Aと現代技術の粋を集めた大都市の一つ地域Bに，それぞれ震度7クラスの強い揺れを伴う地震が発生したとする。地域Bは阪神・淡路大震災のように大災害に発展する可能性が高い。しかし地域Aでは，地割れ等が起きるものの，その上に建物はなく，被害が拡大する可能性は低い。また地域Bではちょっとした出来事，例えばネズミが地下のケーブルをかじっただけで情報ネットワークの一部が故障し，都市のシステム全体が破綻するという可能性もある。このようにハザードが同じでも，都市の状態によって災害の様相は変わる。すなわち都市災害とは，ハザードが都市という鏡に投影されたものと考えることができる。

ところで，なぜ，日本のように災害が頻発する地域に多くの人々が住んでいるのであろうか。それはハザードが対象地域に住む人々に災害という障害を及ぼす一方で，恵みを与えてくれる存在でもあるからである。

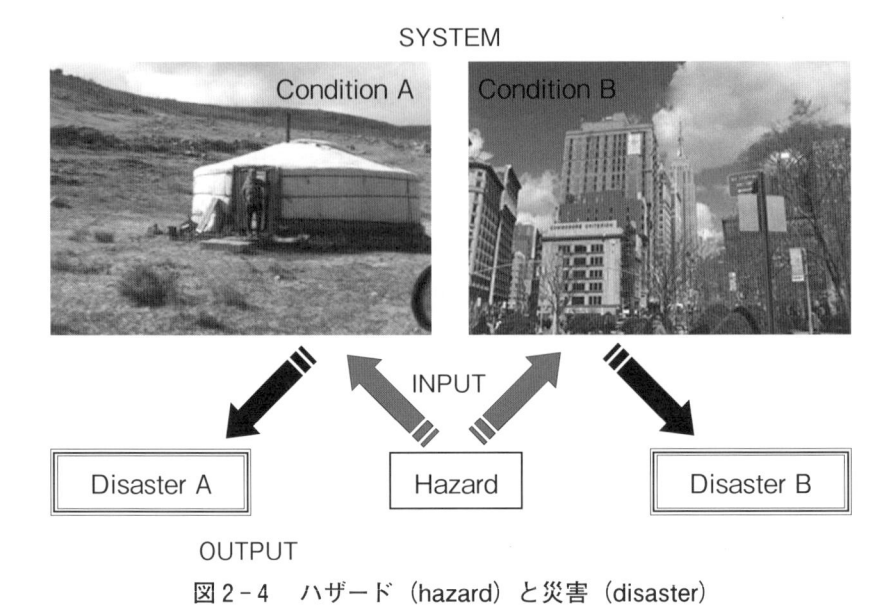

図2-4 ハザード（hazard）と災害（disaster）

火山は噴火によって被害を及ぼすが，一方では温泉や地熱を提供し美しい風景は観光資源になっている。集中豪雨も治水さえできれば，農業にも産業にも重要な水資源として活用される。すなわち，〔図2-5〕に示すように，社会システムの信頼性（レジリエンス）を高くすることができれば，あるいは脆弱性（バルネラビリティ）を低くすることができれば，ハザードが及ぼすマイナスの社会現象としての被害や障害の割合を減らし，プラスの社会現象としての恩恵の割合を増やすことができる。これは，自然災害だけに限らず，人工的環境に由来する事故災害（産業災害）にも当てはまる。安全性が高く，環境負荷の低い自動車（信頼性の高いもの）は物流上もドライブを楽しむうえでも大きな恩恵を人々に与えるが，一方で安全性が低く，環境負荷の大きな自動車は，交通事故

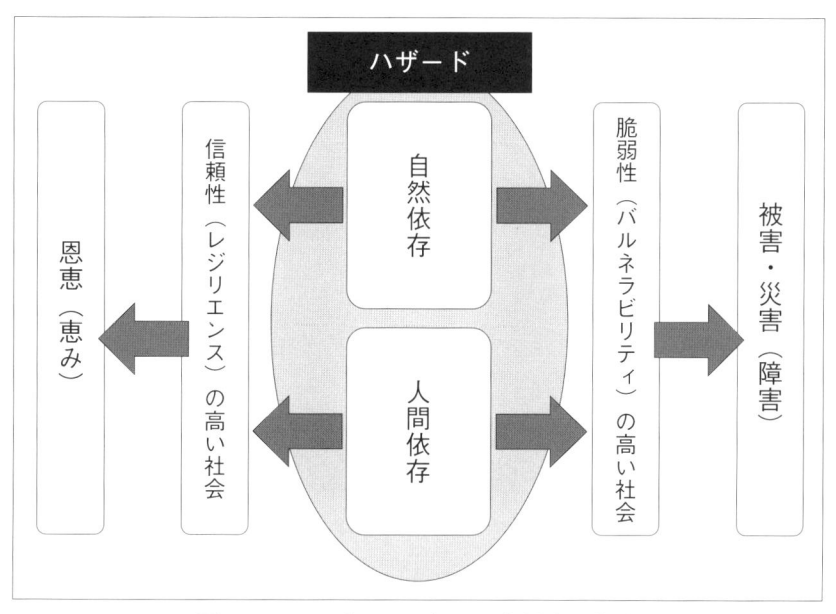

図2-5　ハザードがもたらす恩恵と災害

や環境汚染という障害を私たちに与えてしまう。

すでに説明したように災害は，システムとしての地域特性によって大きく変化するので，都市災害の様相は都市の成長とともに変化する。これが「災害の進化」である。

都市で発生する災害を河田[6]は都市化災害，都市型災害，そして都市災害の三つに分類している。

① 都市化災害：都市人口が急激に増加し，社会資本の整備が特に空間的に未整備，不十分なために起こる災害。
② 都市型災害：都市化に伴う市街地の拡大はほぼ終わったものの，社会基盤施設の安全性が不十分だったり，古くなったりしたために起こる都市の災害。

③ 都市災害：外力と被災形態との因果関係が未然にわからない災害であって，人的・物的被害が巨大となる災害。

本講義では，上記のように細かに分類せず，都市で発生するこれらの災害を総称して「都市災害」と呼ぶことにする。

(3) 都市災害の事例
1) 1970年天六ガス爆発事故

「都市災害」という用語がマスコミで初めて用いられたのは，1970年4月8日に大阪府大阪市北区天神橋六丁目で発生した天六ガス爆発事故であった。この事故により，死者79名，負傷者420名，家屋全半焼26戸，家屋損壊336戸の被害が発生した。地下鉄延長工事現場で露出したガス

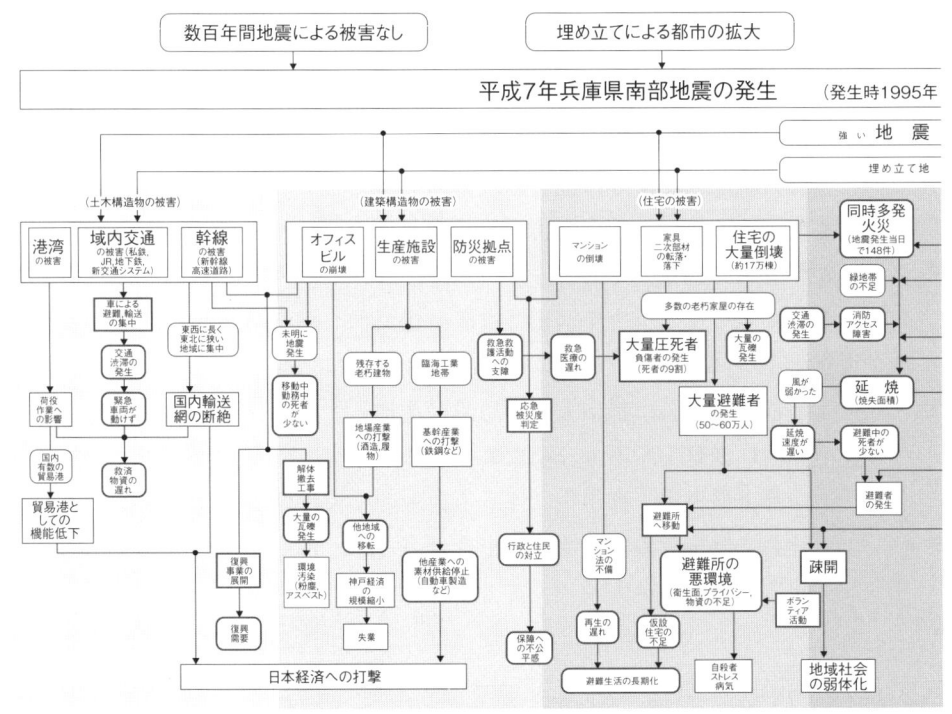

図2-6　阪神・淡路大震災の被害連鎖（株式会社小堀鐸二研究所）[7]

管から都市ガスが噴出し、大爆発が起き、長さ200mにわたり覆工板が飛散した。この事故は、被害者のほとんどが一般通行人であったこと、被害者の数が多かったことから社会的に大きな注目を集め、高度経済成長期の都市開発が生んだ都市型災害として位置づけられた。

2）1984年世田谷ケーブル火災

1984年11月16日の朝、東京都の世田谷電話局前の地下洞道内で火災が発生した。火は17時間燃え続け、220mにわたってケーブルを焼損させた。その結果、火災による死者・負傷者はなかったものの、管内の加入電話、公衆電話、専用線の一部が不通となり、また区役所、警察、消防等公共機関、金融機関等のオンラインが停止するなど、社会生活に多大な影響を与えた。高度情報化が進んだ都市の脆弱性を象徴する事故とな

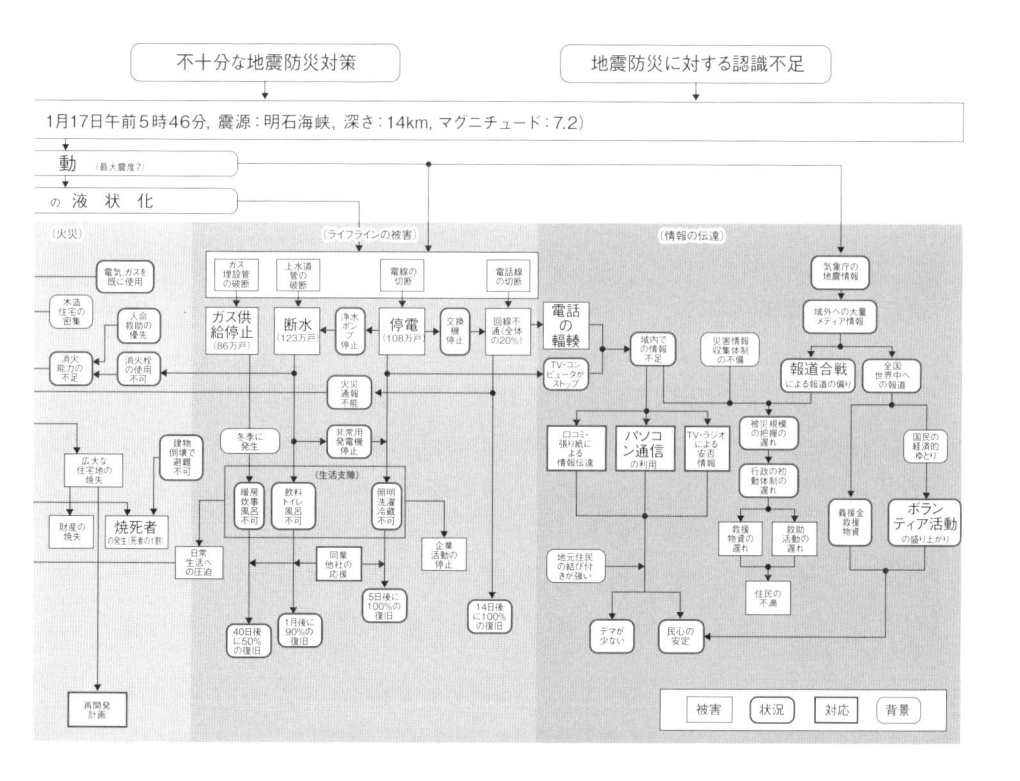

った。

3）1995年兵庫県南部地震（阪神・淡路大震災）

　1995年1月17日に発生した兵庫県南部地震（M7.3）^(注)により，死者5,502名（直後2週間以内の直接死），住家全壊104,906戸，住家半壊144,274戸，出火285件などの被害が発生した（いずれも，2003年12月25日現在，総務省消防庁発表）。〔図2-6〕はこの阪神・淡路大震災の複雑な連鎖構造を示している。まず，地震の発生により揺れが生じ，埋め立て地等では液状化が発生する。表層地盤で生じた揺れは土木構造物や建築構造物を破壊し，それが主たる人的被害の要因となる。建物の揺れや被害は出火の原因となり倒壊した木造建物は各地で延焼火災を促す。また構造物の被害はネットワーク化したライフラインにも影響を与え，機能不全となったライフラインは地震直後の救命救助作業，復旧作業，避難生活にも負の影響を与える。このように地震動による構造物の被害が，長期にわたり社会に様々な影響を及ぼす流れを「災害の連鎖」と言う。この災害の連鎖はやがて地場産業や日本の経済にも波及する。この地震による「震災関連死」は931名にものぼったが，典型的な都市災害の様相を示している。

（4）都市の防災と減災

　村上（1986）[8]によると，出版物に「防災」という言葉が使われるようになったのは，昭和10年に発行された『普及講座・防災科学』（岩波書店・全6巻）であり，「都市防災」という言葉が使われ始めたのは1959年の伊勢湾台風の後であった。台風の被害を減らすために，防風，防水，防潮など総合的な対策が必要であり，それらを総称して都市防災という言葉が生まれた。災害対策基本法では「防災」を「災害を未然に防止し，災害が発生した場合における被害の拡大を防ぎ，及び災害の復

（注）M（気象庁マグニチュード，Mgと表すこともある）：日本において地震情報として使用されているマグニチュード。

旧を図ること」と定義づけている．ゆえに，本来の「防災」は，災害を未然に防ぐ対策という漢字の持つ意味だけではなく，影響の拡大防止のための災害対応や復旧までがその対象であり，現在良く使われている「減災」の意味も含まれているのだが，誤解されている部分も少なくない．

引用文献

（1） 『建築大辞典（第2版）』彰国社，1993
（2） 浮田典良編『最新地理学用語辞典（改訂版）』大明堂，2002
（3） 日本地誌研究所編『地理学辞典（増補版）』二宮書店，1981
（4） 村尾修『建築・空間・災害―リスク工学シリーズ10』コロナ社，2013
（5） 災害情報センター研究会：オンライン利用ユーザーズ・ガイド，1995
（6） 河田恵昭『都市大災害』近未来社，1995
（7） 鹿島SEEHM研究会：今も進行する大震災，ロングロード―地震被害の低減を目指して―阪神大震災を考える，鹿島技術研究所他，1995
（8） 村上處直『都市防災計画論 ― 時・空概念からみた都市論』同文書院，1986

参考文献

・「百科事典マイペディア電子辞書版」，日立システムアンドサービス，2005
・加藤晃・竹内伝史編著『新・都市計画概論』共立出版，2004
・尾島俊雄『安心できる都市』早稲田大学出版部，1996
・内閣府：わが国の災害対策，2002
・佐藤武夫・奥田穣・高橋裕『災害論』，科学論・技術論双書3，勁草書房，1964
・科学技術振興機構：失敗知識データベース，http://shippai.jst.go.jp/fkd/Search
・日本自然災害学会『防災事典』築地書館，2002
・林春男『率先市民主義 防災ボランティア論講義ノート』晃洋書房，2001

3 | 災害法制度の変遷と防災体制

村尾 修・目黒公郎

《本章の学習目標＆ポイント》 都市の進展や時代の変遷によって，災害の様相はどのように変化してきたのだろうか。また災害を体験し，社会はどのように防災の法制度を整えてきたのだろうか。日本の首都として位置づけられてきた江戸と東京の近代化の歴史を振り返り，時代ごとの災害の特徴から，災害の発生により進展してきた法制度の変遷について学ぶ。また現在のわが国の防災組織の構造を理解し，中央政府から市町村にいたるわが国の防災体制の基本と東日本大震災後の課題について学ぶ。

《キーワード》 江戸，明暦の大火，享保の改革，東京，関東大震災，東京大空襲，伊勢湾台風，防災法制度，災害対策基本法，中央防災会議，防災計画，災害から学ぶ，災害の進化

1. 江戸と東京の近代化の歴史と災害の特徴

都市は時代とともに成長し，そこで発生する都市災害の様相も変化する。すなわち災害は時代を映し出す鏡と言える〔図2-4〕。日本の近代化の過程の中で発生した災害も例外ではなく，時代ごとに固有の様相を示している。ここでは江戸と東京に焦点を当て，日本の近代化とそれに伴う災害の特徴および災害を通じての都市の変化について述べていく。

(1) 江戸と東京の時代区分

〔表3-1〕に江戸時代から現代に至るおよそ400年間を対象に，江戸と東京の都市災害の特徴と都市の計画という視点からの時代区分を示

表3-1　江戸と東京の都市計画の視点からの時代区分

① 江戸・明治・大正期
　江戸時代：　　　　　　　　　1600-1867
　　a．明暦の大火以前（-1657）　b．明暦の大火後（1657-）　c．享保の改革後
　　　　　　　　　　　　　　　　　　　　　　　　　　　　　　　　　　　（1720-）
　明治時代：　　　　　　　　　1868-1912
　大正時代（関東大震災まで）：1912-1923

② 関東大震災から終戦
　昭和恐慌期：　　　　　　　　1923-1931（震災復興）
　軍事体制期：　　　　　　　　1931-1945（防空都市計画）

③ 終戦と高度経済成長
　終戦占領期：　　　　　　　　1945-1950
　経済回復期：　　　　　　　　1950-1955
　高度経済成長期：　　　　　　1955-1970
　都市問題発現期：　　　　　　1970-1980

④ 現代
　生活躍動期：　　　　　　　　1980-1986
　バブル経済期：　　　　　　　1986-1990
　平成不況期：　　　　　　　　1990年代（兵庫県南部地震）
　21世紀：　　　　　　　　　　2000年代（新潟県中越地震・東北地方太平洋沖地震）

す。

　およそ270年間続いた江戸時代は，「火事と喧嘩は江戸の花」と言われるほど火災の多い時代であった。多発する火災に対応するために，都市防火対策の基礎がこの時代にできたと言える。ここでは江戸時代で最も被害の大きかった明暦の大火（1657年）の前後と，町火消が制度化された享保の改革（1720年）を境に江戸時代を区分した。

　江戸から明治に時代が移った後，東京はその歴史の中で壊滅的な被害を2回受けている。それは1923年の大正関東地震による大震災（これを一般に関東大震災と呼ぶ）と1945年の東京大空襲であり，この二つの壊

滅は東京の都市計画を考えるうえで大きな契機となっている。また戦後の東京は戦災復興を経て，高度経済成長期に入り，1964年の東京オリンピックに向けて新幹線や高速道路，地下鉄といった都市基盤が整備された。しかし高度経済成長を支えた近代化の裏では，公害や交通渋滞など，新たな都市問題が影を潜めており，1970年代になるとそれらが発現してくる。そして，バブル景気に突入し，成熟化社会を迎えることになる。ここで用いた四つの区分はこのような理由による。

（2）江戸・明治・大正期（不燃と防火の時代）

　1457年に太田道灌により江戸城が築城され，1590年には徳川家康により，この地が関東の中心として定められた。1600年の関が原の戦いに勝利を収めた家康は，1604年に江戸の大改造に着手し，その後の1657年に発生した明暦の大火による再建事業などを経て，江戸は成長していった。18世紀の初頭には人口が100万人を超え，ロンドンと並ぶ世界最大規模の都市に発展している。

　こうして江戸時代に現代の東京に至る都市の基盤が築かれていくのだが，大正時代までは木造の屋敷や庶民の家が密集していた。それらは紙（障子や襖）と木でつくられた建築であったため，江戸では多くの大火が発生した。江戸三大大火と言われている1657年の明暦の大火（振り袖火事），1772年の明和の大火（行人坂の火事），1806年の文化の大火（芝車坂の火事）をはじめとして，江戸時代265年間で，延焼距離15町（約1.6km）以上に及ぶ大火が89回も発生していた[1]。

　1601年（慶長6年）の大火の後，幕府は屋根を茅葺から板葺にするよう命じ，また瓦葺も普及していったが，地震の際に，それらの落下が原因で死傷者も出たため，明暦の大火後には瓦葺が禁止された。また火災の主な原因が放火とされていた時代でもあり，防火対策といえば不審者

を取り締まることが中心であった。

　江戸の火災対策が進むのは，1657年の明暦の大火の後である。明暦の大火の後，江戸の防災都市化を目指して都市改造が行われた。まず武家屋敷を郭外に移転させ，馬場や薬園などによる延焼遮断帯が設置された。大名の屋敷などが移転するに伴い江戸の都市は拡大し，残された跡地は幕府御用地や避難所に変わり，また明地や土手を伴う火除地や広小路などの空地が防火を目的として整備されるようになった。

　明暦の大火の後には，ハード面の整備とともに，定火消と呼ばれる幕府直轄の消防活動が制度化された。それが享保の改革（1720年）によって町人にまで拡大し，町ごとに人材が整えられるようになった。これは現在の自主防災組織につながるものである。

　明治時代に入ってからは，銀座地区で二度の大火（1869年と1872年）が発生している。中でも銀座大火と呼ばれる1872年2月26日の大火は，銀座一円が焼失するという大規模なものであった。明治政府はこの地を西洋風の街並みに変えようと，火災から間もない3月2日に銀座を煉瓦街にするという計画を公示した。その内容は道路の拡幅・改良と家屋の不燃化（煉瓦造および石造）であり，1877年に実現した。この結果，銀座は日本一の繁華街となる基盤を築くことになる。これは災害が契機となり都市が変貌していく一つの好例である。

　江戸，明治，大正期にはこうした都市大火が各地で頻繁に発生した。この時代，都市大火は都市防災上の大きな課題であった。しかし，時代とともに都市の近代化が進み，鉄筋コンクリートによる建築が可能になると，銀座で実施されたような都市の不燃化が徐々に進められていった。

　その結果，江戸，明治，大正時代に頻発していた都市大火も1960年代には激減する。1976年に，山形県の酒田で発生した酒田の大火（焼失面積22.5ha）が最後で，それ以降は都市大火と呼ばれるものは発生してい

ない。その理由としては，道路整備や不燃化の進展など市街地の防災性能が向上したこと，エネルギー源が電気などに転換したことや消防力が強化したことなどが挙げられる。

（3）関東大震災から終戦にかけて

　1923年に発生した大正関東地震により，10.5万人以上が死亡（行方不明を含む）し，首都圏は壊滅的な被害を受けた。その後のおよそ20年間は震災復興と戦前・戦時期に対応した都市計画が進められた。

　震災復興計画は，後の首都圏の都市基盤に大きな影響を与えることとなるが，そのうちの一つに震災復興公園が挙げられる。震災復興公園は，隅田，浜町，錦糸町の3大公園と，小学校と隣接した52の復興小公園から成り，防災用緑地および地域コミュニティの拠点として位置づけられた。また，江戸時代から続いていた町割りも土地区画整理事業により変更され，靖国通りや昭和通りなどの幹線道路や隅田川にかかる橋梁が架け替えられた。さらに震災により不足した罹災者向け住宅供給事業を目的として設立された同潤会による鉄筋コンクリート造のアパートは，都市型集合住宅居住形式を提供したという点で評価された。

　1935年以降は，戦争に突入していく時代の流れを反映して，都市計画は軍事色の濃いものへと変わっていった。1937年に防空法が制定されると，「防空」が第一条に挙げられ，緑地の確保が論じられるようになった。そして，市街地の連担（区画をまたいで建築物や街区がつながっていること）を防止し，空襲の被害を小さくすることと，防空戦闘機の基地となることを目的とした防空空地や防空空地帯が指定された〔図3-1〕。しかし，1945年の東京大空襲により都区部の28％が失われてしまった。

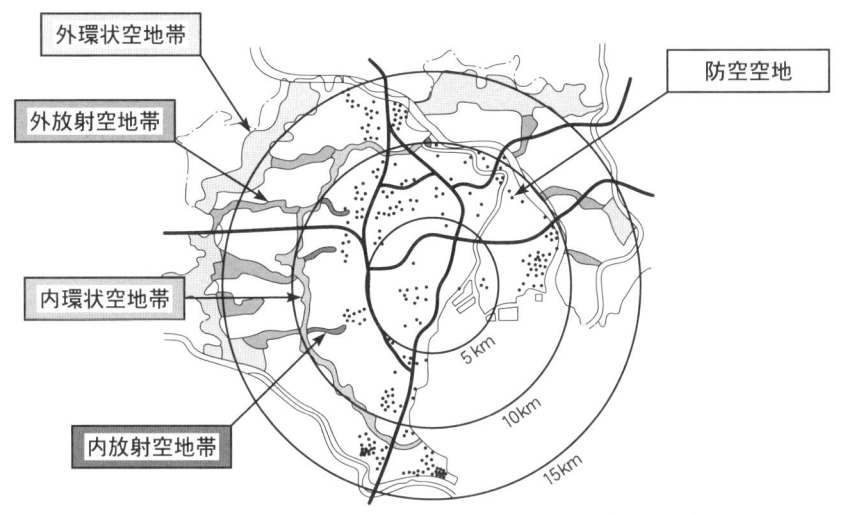

図3-1　東京防空空地および空地帯計画（1943年）

（4）終戦と高度経済成長

　終戦後の1945年12月には「戦災復興計画基本方針」が定められ，①復興計画区域，②復興計画の目標，③土地利用計画，④主要施設，⑤土地整理，⑥疎開跡地に対する措置，⑦建築，⑧事業の施行，⑨復興事業費などの内容が盛り込まれた。翌1946年には東京戦災復興都市計画が発表されたが，GHQの賛同を得られず，事業の要となる土地区画整理事業は大幅に縮小されてしまった。

　しかし1950年には朝鮮戦争により日本の鉱工業生産は急速に拡大し，「新長期経済計画（1957年）」，「国民所得倍増計画（1960年）」が発表され，日本経済は高度経済成長期に突入する。そして，1964年の東京オリンピック開催に合わせ，都内の都市基盤整備は急ピッチで進められていった。丸の内線の開通，羽田 - 浜松町間のモノレール開通，首都高速道路の建設，東海道新幹線の開通などである。

この1964年の東京オリンピックの後，わが国の戦災復興と高度経済成長を世界に示すもう一つの大イベントが開催される。1970年の大阪万博である。「人類の進歩と調和」をテーマに豊かな未来の生活を示唆する様々な技術が紹介されたが，その一方で成長に沸く都市の裏に潜む問題も浮き彫りになってきた。大阪万博で幕を開けた70年代，都市部の交通渋滞や大気汚染など，公害，エネルギー危機などの問題が浮き彫りになってきたのである。

　戦後から70年代にかけて，日本は世界に類を見ない急成長を遂げることになるが，この時期には工業化社会特有の産業災害も見られるようになってきた。例えば，1964年に川崎市で発生した爆発火災，1974年の岡山県倉敷市の重油タンクによる大規模汚染事故，1975年の四日市灯油石油タンクの火災などが挙げられる。これらの災害は，木造住宅密集による都市大火が減少したかたわら，都市の近代化と社会の重工業化の中で生まれた災害であった。

(5) 現代

　1980年代に入り，わが国は成熟化社会に突入する。そして第二次産業中心から第三次産業中心へと産業構造は変化し，重工業地帯であった東京湾周辺も浦安やお台場のようにサービス産業中心の土地利用への転換が図られた。産業構造の転換とともに，ネットワーク化が進み，都市はより複雑なシステムへと移り変わっていった。

　この時代の変化とともに，都市のネットワーク化が引き起こすこれまでとは異なる複合的な都市災害も見られるようになった。8万9,000回線が不通となった1984年の世田谷ケーブル火災や，江戸川を航行中のクレーン船が架線を切断し，139万世帯に影響を与えた2006年8月の首都圏大規模停電などは，まさに複合化した現代社会ならではの災害であろ

う。また1995年兵庫県南部地震は，複雑なシステムを持つ現代都市を襲った複合的な大震災であった。

　21世紀に入り，2004年に発生した新潟県中越地震では高齢者や子供を中心に68名が死亡した。被災した山間部は，山崩れや土砂崩れによる鉄道や道路の分断により，孤立した状態となり，都市化した現代における中山間地集落での課題が浮き彫りになった。また国内観測史上最大のMw9.0を記録した東北地方太平洋沖地震は，東日本を中心としてわが国の多くの地域に影響を与え，住宅地における液状化や過疎化の進む地方都市の復興，エネルギー政策など，多くの課題を投げかけている。

2．災害の教訓と都市防災に関する法制度の変遷

（1）災害から学ぶ

　前節では，江戸時代から現代にいたる各時代の都市の特徴，災害を契機とした都市づくりの動き，そして各時代の社会背景と関連した都市災害の特徴について概観した。各時代には固有の社会事情があり，それが物的環境としての都市をつくりあげ，素因と誘因が掛け合わされて，その時代固有の災害がもたらされてきたことがわかる。さらに被災した地では，災害を契機として，新たな都市づくりやまちづくりが進められ，都市が成長してきたという側面も窺える。その一方で，災害という負の遺産は，被災した都市を復興過程の中で変えるだけではなく，防災に関する新たな法制度を生み出したり，改正したりする役割も果たしてきた。

　ここでは，わが国においてこれまでに発生してきた災害が，どのように法制度を変えてきたのかを見ていく。

（2）都市防災に関する法制度の変遷

〔表3-2〕は戦後の災害対策の沿革[2]であり、災害対策に関する主な法制度と契機となった災害の関係が示されている。以下に特に重要な事例を示す。

1）災害救助法

災害救助法は、災害直後の応急的な生活の救済などを定めた法律であり、罹災者の保護と社会の秩序の保全を図ることを目的としている。これは複数の県が被災地となった1946年の南海地震（津波）の際に、当時の罹災救助基金法の問題（基準価格の取り方が府県により異なり、また府県の基金だけでは賄いきれないなど）が浮き彫りになったことから、制定された法である。この災害救助法が制定されたことにより、日本赤十字の主要業務に災害救援が位置づけられるようになった。

2）災害対策基本法

災害対策基本法は、わが国の災害対策の基本となる法律である。わが国ではその地勢から土砂に起因する災害が多発しており、治水の歴史は弥生時代に遡ると言われている。戦国時代には武田信玄が、信玄堤を設け、洪水対策を行っていた。

江戸時代には治水・治山と関連する土木技術が発達し、明治時代に治水三法と呼ばれる河川法（1896年）、砂防法（1897年）、森林法（1897年）が制定され、各地で国や都道府県による砂防事業が実施された。その後も消防法（1948年）、水防法（1949年）、海岸法（1956年）など、多くの災害関連の法律が生まれたが、それらは災害のつど、必要に応じて制定されたものであり、①他の法律との間に十分な調整がない、②整合性・総合性・計画性に欠ける、③災害関係事務が縦割りで責任の所在が不明確、などの問題があり、総合的な法制度として機能しているとは言えなかった。関東大震災以来最大の被害（1959年時点で）を出した伊勢湾台

表3-2　防災法制度・体制の歩み[(2)]

契機となった災害	災害対策に係る主な法制度	防災計画・体制等
1940年 1945（昭和20年）・枕崎台風 1946（昭和21年）・南海地震 1947（昭和22年）・カスリーン台風 1948（昭和23年）・福井地震	47・災害救助法 49・水防法	
1950年 1959（昭和34年）・伊勢湾台風	50・建築基準法	
1960年 1961（昭和36年）・豪雪 1964（昭和39年）・新潟地震	60・治山治水緊急措置法 61・災害対策基本法 62・激甚災害に対処するための特別の財政援助等に関する法案 ・豪雪地帯対策特別措置法 66・地震保険に関する法律	61 防災の日創設 62 中央防災会議設置 63 防災基本計画
1970年 1973（昭和48年）・桜島噴火 ・浅間山噴火 1976（昭和51年）・東海地震発生可能性の研究発表（地震学会） 1978（昭和53年）・宮城県沖地震	73・活動火山周辺地域における避難施設等に関する法律 　（→昭和53年，活動火山対策特別措置法） 78・大規模地震対策特別措置法	79（東海地震）地震防災計画
1980年	80・地震防災対策強化地域における地震対策緊急整備事業に係る国の財政上の特別措置に関する法律 81・建築基準法 一部改正	83 防災週間創設
1990年 1995（平成7年）・兵庫県南部地震（阪神・淡路大震災） 1999（平成11年）・広島豪雨 ・JCO臨界事故	95・地震防災対策特別措置法 ・建築物の耐震改修の促進に関する法律 ・大規模地震対策特別措置法一部改正 96・特定非常災害の被害者の権利利益の保全等を図るための特別措置に関する法律 97・密集市街地における防災地区の整備の促進に関する法律 98・被災者生活再建支援法 99・原子力災害対策特別措置法	95 防災基本計画全面修正 　防災とボランティアの日等創設
2000年 2000（平成12年）・東海豪雨 2004（平成16年）・新潟・福島豪雨等 2004（平成16年）・新潟県中越地震	00・土砂災害警戒区域等における土砂災害防止対策の推進に関する法律 01・水防法一部改正 02・東南海・南海地震に係る地震防災対策の推進に関する特別措置法 03・特定都市河川浸水被害対策法 04・日本海溝・千島海溝周辺海溝型地震に係る地震防災対策推進に関する特別措置法 05・水防法一部改正 ・土砂災害警戒区域等における土砂災害防止対策の推進に関する法律の一部改正 ・建築物の耐震改修の促進に関する法律一部改正 06・宅地造成等規制法一部改正	01 内閣府設置 03 東海地震対策大綱 　東南海・南海地震対策大綱 　東南海・南海地震防災対策推進基本計画 04 東南海・南海地震防災対策推進基本計画 05 東海地震の防災推進戦略 　東南海・南海地震の地震防災戦略 　首都直下地震対策大綱 06 日本海溝・千島海溝周辺海溝型地震対策大綱 　日本海溝・千島海溝周辺海溝型地震防災対策推進基本計画 　首都直下地震の地震防災戦略 　災害被害を軽減する国民運動の推進に関する基本方針 08 日本海溝・千島海溝周辺海溝型地震の地震防災戦略 09 中部圏・近畿圏直下地震対策大綱
2010年 2011・東北地方太平洋沖地震（東日本大震災）	11・東日本大震災復興基本法 ・津波防災地域づくりに関する法律 13・災害対策基本法一部改正 ・港湾法改正 ・地区防災計画制度施行 14・住宅の品質確保の促進等に関する法律等に基づく住宅性能表示制度に関する告示改正	11 防災基本計画修正 14 地震保険料率の見直し

風では，事後対応中心であった災害対策の問題が浮き彫りとなり，災害予防や復旧・復興を含めた総合的な立法の必要性が指摘され，2年後の1961年に災害対策基本法が制定された。その結果，予防，応急，復旧・復興の対策相互の有機的連携，災害対策の総合的・計画的な運用が行われるようになった。

3）新潟地震（1964年6月16日）**と地震保険**

1964年の新潟地震の際には，地震による建物被害は火災保険での補償の対象となっておらず，罹災者救済策として役立たなかったことから，地震保険創設に対する社会的要望が高まり，1966年から地震保険に関する法律が制定され，それが実現した。

4）兵庫県南部地震（1995年1月17日）

1995年の兵庫県南部地震に端を発する阪神・淡路大震災は，大都市を襲った戦後最大規模の都市災害であった。この災害では，老朽化した木造住宅の倒壊をはじめとする建物の甚大な被害による多数の死傷者，安全と言われていた社会基盤施設の甚大な被害などが見られ，消防力の連携や国の緊急即応体制，地方公共団体の広域連携，災害情報の収集と伝達など，様々な面での問題点が指摘された。その結果，耐震改修促進法や地震防災対策特別措置法の制定，災害対策基本法の一部改正，大規模地震対策特別措置法の一部改正，密集市街地における防災街区の整備の促進に関する法律の制定，被災者生活再建支援法の制定など，災害関連法制度に大きな変化が見られた。

5）新潟県中越地震（2004年10月23日）

2004年の新潟県中越地震では，1万7,000棟の建物が全半壊した。その後2006年に耐震改修促進法が改正され，建物の耐震化率を1998年推計値である75％から，2015年には90％にする目標が設定された。また宅地を中心に多くの地盤災害が生じたことから，造成された宅地等の安全性

を確保するため宅地造成等規制法の一部が改正された。

6）東北地方太平洋沖地震（2011年3月11日）

　2011年の東北地方太平洋沖地震が引き起こした東日本大震災は，兵庫県南部地震以上の甚大な被害をもたらすとともに，その被災範囲は北海道から本州南部および四国にも及ぶ広範囲なものであった。また原子力発電施設の事故も発生し，複合的な未曾有の災害となった。この大震災への対応のために，同年6月には東日本大震災復興基本法が公布・施行された。これは，東日本大震災からの復興のための資金の確保，復興特別区域制度の整備，東日本大震災復興対策本部の設置，および復興庁の設置に関する基本方針を定めたものである。

　また，この大震災で直面した様々な経験を教訓として，大規模広域災害に対する即応力の強化，大規模広域災害時における被災者対応の改善，教訓の伝承と防災教育の強化や多様な主体の参画による地域の防災力の向上などを考慮した災害対策基本法の改正などが行われた。その結果，防災分野の最上位計画となる防災基本計画が修正された（平成23年12月27日）。また同日，「津波防災地域づくりに関する法律」が成立・施行された。

3．災害対策基本法の目的と概要

（1）災害対策基本法成立の経緯

　前節で述べたとおり，1961年の災害対策基本法成立前は，多くの災害に関する法律はそのつど必要に応じて制定されたものが多く，また他の法律との関係の考慮が不十分で，防災行政は十分な効果を挙げることができなかった。1934年の室戸台風，1945年の枕崎台風と並び，昭和の三大台風と呼ばれる伊勢湾台風は1959年9月に紀伊半島に上陸し，5千人

を超える死者・行方不明者を出した。この災害を契機としてわが国における防災体制の不備（防災上の配慮を欠いた都市開発，水防体制の未整備，警報伝達システムの未整備等）が指摘され，総合的かつ計画的な防災行政体制が求められた。その結果成立したのが「災害対策基本法」であり，以下のように，災害対策全体の体系化を図り，総合性，計画性を与えることを目的として制定された。災害対策基本法は，わが国の災害対策の基本となっている。

> （目的）
> 第1条　この法律は，国土並びに国民の生命，身体及び財産を災害から保護するため，防災に関し，国，地方公共団体及びその他の公共機関を通じて必要な体制を確立し，責任の所在を明確にするとともに，防災計画の作成，災害予防，災害応急対策，災害復旧及び防災に関する財政金融措置その他必要な災害対策の基本を定めることにより，総合的かつ計画的な防災行政の整備及び推進を図り，もって社会の秩序の維持と公共の福祉の確保に資することを目的とする。

（2）災害対策基本法の主な内容

　災害対策基本法の主たる内容は，防災責任の明確化，総合的防災行政の推進，計画的防災行政の推進，激甚災害等に対する財政援助，そして災害緊急事態に対する措置である。具体的には，以下の八つの項目により構成されている。
（1）防災責任の明確化（防災に関する責任の所在の明確化）
（2）防災体制（国および地方を通じた防災体制の確立）

（3）防災計画（防災の計画化）
（4）災害予防（災害予防対策の強化）
（5）災害応急対策（災害応急対策の迅速・適切化）
（6）災害復旧（災害復旧の迅速化と改良復旧の実施）
（7）財政金融措置（財政負担の適正化）
（8）災害緊急事態（災害緊急事態における措置）

4．防災行政の責任と体制

（1）防災責任の明確化

　災害対策基本法では，各組織の防災責任については，以下の内容が明記されている。
・国，都道府県，市町村，指定公共機関および指定地方公共機関並びに住民等の責務
・国および地方公共団体の施策における防災上の配慮
・防災に関する政府の措置およびそれらの国会に対する報告
・防災活動（災害予防，災害応急対策，および災害復旧）に関する国と地方公共団体等の権限と責任
・災害応急対策における市町村長の権限の強化（警察官等に対する「出動」の要請，災害を拡大させるおそれのある物件等の所有者等に対する除却等の指示，避難の勧告と指示，警戒区域の設定，応急措置のための物的・人的応急公用負担，自衛隊の災害派遣の要請要求等）

（2）防災体制

　わが国では，総合的な防災行政を推進するために〔図3-2〕のような組織が構造化されている。防災活動の組織化，計画化を図るための総

[国レベル] [National level]
内閣総理大臣 Prime Minister
中央防災会議 Central Disaster Management Council ─ 防災基本計画の策定、実施の推進 Formulation and promoting implementation of the Basic Disaster Management Plans
指定行政機関 Designated Government Organizations ─ 防災業務計画の策定、実施 Formulation and implementation of the Disaster Management Operation Plans
指定公共機関 Designated Public Corporations

[都道府県レベル] [Prefectural level]
知事 Governor
都道府県防災会議 Prefectural Disaster Management Council ─ 都道府県地域防災計画の策定、実施の推進 Formulation and promoting implementation of Local Disaster Management Plans
指定地方行政機関 Designated Local Government Organizations
指定地方公共機関 Designated Local Public Corporations

[市町村レベル] [Municipal level]
市町村長 Mayors of Cities, Towns and Villages
市町村防災会議 Municipal Disaster Management Council ─ 市町村地域防災計画の策定、実施の推進 Formulation and promoting implementation of Local Disaster Management Plans

[住民レベル] [Residents level]

指定行政機関 Designated Government Organizations
24の国の行政機関が指定されています。
24 ministries and agencies

指定公共機関 Designated Public Corporations
独立行政法人の一部、日本銀行、日本赤十字社、NHKなどの公共的機関や電力会社、ガス会社、NTTなど公益的事業を営む法人56機関が指定されています。
56 organizations including independent administrative agencies, Bank of Japan, Japanese Red Cross Society, NHK, electric and gas companies and NTT

図 3-2 わが国の防災体制[(2)]

合調整機関として，国レベルでは内閣総理大臣を会長とする中央防災会議，都道府県レベルでは知事を会長とする都道府県防災会議，そして市町村レベルでは市町村長を会長とする市町村防災会議を設置している。

　また災害発生時には，国レベルで非常災害対策本部および緊急災害対策本部を，都道府県と市町村には災害対策本部を設置することが規定されている。

（3）内閣府と中央省庁

　内閣府は，内閣機能強化の観点から，内閣の重要政策に関する企画立案および総合調整や，内閣総理大臣が担当するのがふさわしい行政事務の処理などを任務とする機関である。防災面では，防災担当大臣（特命担当大臣）と内閣府政策統括官（防災担当）が置かれ，防災行政に係る政府全体の連携を確保し，防災に関する基本的な政策の企画立案，大規模災害発生時の対処に関する各省庁の総合調整等を行うことになっている。また，大災害，重大事故，事件等の緊急事態における政府の危機管理機能を充実強化するため，内閣危機管理監の設置，内閣情報集約センターの設置等の体制強化が図られている。

（4）中央防災会議

　中央防災会議は，総合的な災害対策を推進するための重要政策に関する会議の一つとして内閣府に設置，内閣総理大臣を会長とし，全閣僚と有識者（指定公共機関の長，学識経験者，地方公共団体の長，および実務家等）で構成されている。中央防災会議の役割は以下のとおりである。
・防災基本計画及び地震防災計画の作成及びその実施の推進
・非常災害の際の緊急措置に関する計画の作成及びその実施の推進
・内閣総理大臣及び防災担当大臣の諮問に応じた，防災に関する重要事

項の審議（防災の基本方針，防災に関する施策の総合調整，災害緊急事態の布告等）等
・防災に関する重要事項に関し，内閣総理大臣及び防災担当大臣への意見の具申

5. 防災計画

わが国では，計画的な防災行政を推進するにあたり，以下の防災計画を定めることとなっている。
・防災基本計画：わが国の災害対策の根幹となる各種防災計画の基本となる計画で，中央防災計画が作成する防災分野の最上位の計画。防災に関する総合的かつ長期的な計画を定めるとともに，防災業務計画および地域防災計画において重点を置くべき事項等を明らかにする。
・防災業務計画：防災基本計画に基づき，各指定行政機関および指定公共機関が作成する防災計画。
・地域防災計画：防災基本計画に基づき，都道府県および市町村の防災会議が，地域の実状に即して作成する防災計画。
・地区防災計画：市町村内の一定の地区内の居住者および事業者が共同して行う防災訓練，備蓄，その他の活動に関する防災計画。

6. 災害応急対策

(1) 災害発生時の体制

大規模な災害であって，都道府県の裁量では十分な災害対策を講ずることができないような災害を「非常災害」と言う。非常災害が発生し，かつ国の経済および公共の福祉に重大な影響を及ぼす異常かつ激甚なも

のである場合，内閣総理大臣が閣議にかけて災害緊急事態を布告し，非常（緊急）災害対策本部を設置することができる。

　非常（緊急）災害対策本部は，指定行政機関・指定地方行政機関に指示を出し，かつ総合調整をしながら，現場での対応に当たる。災害が発生した際に直接の被害を受けているのは，被災の現場であり，その応急対策活動は現場を管轄している市町村により実施される。大地震などの面的に広域な災害が発生した場合，被災の現場は複数となり，それに応じて複数の市町村ごとに災害対策本部を設置し，対応に当たることになる。都道府県は都道府県災害対策本部を設置し，複数の市町村対策本部と調整を図りながら支援し，また警察庁，消防庁，海上保安庁による広域的な応援が実施されることもある。また必要に応じて，都道府県知事の派遣要請により自衛隊が災害応急対策活動に従事することもある。一方，都道府県間，そして多くの市町村間では相互応援協定が締結されており，一部の都道府県・市町村で災害が発生した後に，応援協定先から物資や人的資源の協力を受けることになる。

　災害応急対策の具体的な内容としては，避難の勧告または指示，消防，被災者の救難・救助，緊急輸送の確保，公共施設の応急復旧等がある。

（2）被害情報の早期把握と住民への情報提供

　災害時にどのような被害が発生するのかを事前に想定しておくのは非常に重要である。各自治体で実施されている被害想定はその例である。しかし，被害想定に用いられる被害規模は市町村を中心とする自治体が災害対応を検討するために想定されるため，実際の被害規模がそのとおりになるわけではないので，実際の災害発生時には被害の状況を早期に把握する必要が出てくる。わが国では，被害情報の早期把握と住民への情報を提供する手段として，気象庁による緊急地震速報および地震情報，

関係省庁により実施されるヘリコプターによる被災映像情報，市町村・都道府県・指定公共機関・防災関係機関からの被害情報などがある。また，甚大な災害が発生すると，その直後には適切な情報が収集できないことがある。そのような状況下でも初動体制を早期に立ち上げるために，コンピュータ上のデータから被害規模を推定する総合防災情報システム等が整備されている。また情報が円滑に伝達されるように，国の機関を結ぶ中央防災無線網，全国の消防機関を結ぶ消防防災無線網，自治体内の防災機関と住民とを結ぶ防災行政無線網なども整備されている。

7. 災害復旧・復興対策

　災害が発生した後，国および地方自治体は災害復旧・復興を図らなくてはならないが，その際には原型復旧にとどまらず再度災害が発生するのを防止するよう施設や地域の改良復旧に配慮する必要がある。すなわち，元の状態に戻すだけではなく，同じような災害が発生した場合に被害が減少するような対策が求められる。こうした考え方を「より良い復興（Build Back Better）」と言うが，2015年国連防災世界会議で採択された「仙台防災枠組（Sendai Framework for Disaster Risk Reduction）」の中に明記された。

　わが国で行われる災害復旧・復興対策には以下のようなものが挙げられる。
① 災害復旧事業
　被害を受けた公共土木施設，文教施設，厚生施設，農林水産業施設等の復旧は，国により直接あるいは国からの補助を受けて行われる。
② 災害融資
　被害を受けた農林漁業者，中小企業者，低所得者などに対して，通常

よりも緩やかな条件で各種の融資が行われる。

③　災害補償および災害保険

　被災農林水産業者の損失が補償される。また，地震保険制度が設けられている。

④　税の減免等

　被災者に対して，所得税・住民税の軽減，免除，徴収猶予などの措置がとられる。

⑤　地方交付税および地方債

　被災地方公共団体に対して，特別交付税の交付，地方債の許可等の措置がとられる。

⑥　激甚災害の指定

　被害が甚大な災害については「激甚災害」の指定がなされ，災害復旧事業等に対する各種の特例措置がとられる。

⑦　計画的復興の支援

　被災した地方公共団体の復興計画の迅速・的確な作成と遂行に対し，必要に応じ支援が行われる。

⑧　生活再建の支援

　被災者に対して，災害弔慰金，災害障害見舞金および被災者生活再建支援金の支給，災害援護資金並びに生活福祉資金の貸付により，自立的生活再建の支援が行われる。

引用文献

（1）山川健次郎：東京府下火災録，理科會粹第三帙第二冊，東京氣象篇99-114，東京大学，1881
（2）内閣府：日本の災害対策，2011

参考文献

・建設産業調査会『最新建設防災ハンドブック』1983
・東京都：東京の都市計画百年，1994
・越沢明『東京都市計画物語』日本経済評論社，1991
・国土交通省砂防部：日本の砂防　～安全で緑豊かな地域づくりをめざして～，2001
・中央防災会議：今後の地震対策のあり方に関する専門調査会資料，2002
・防災行政研究会編『逐条解説災害対策基本法　改訂版』ぎょうせい，1997
・内閣府：日本の災害対策，2011
・竹内誠，古泉弘，池上裕子，加藤貴，藤野敦『東京都の歴史』山川出版社，1997

4 | 防災対策の基本と災害対応の循環体系

目黒公郎・村尾 修

《本章の学習目標&ポイント》 わが国の自然災害の歴史を通して,災害の記録を蓄積し,教訓として活かすことの重要性を学ぶ。また災害のメカニズム,総合的な災害マネジメント,災害対応の循環体系(Disaster Life Cycle)について学び,防災対策の基本を習得する。
《キーワード》 災害対応の循環体系,被害抑止,事前準備,災害予知,早期警報,被害評価,緊急対応,復旧,復興,自助・共助・公助

1. わが国における自然災害の歴史

第1章で「日本の国土と災害」について触れているが,ここでは死者・行方不明者のデータを踏まえつつ,もう少し自然災害の歴史を振り返ってみたい。

〔図4-1〕にわが国における1945年(昭和20年)以降の年別の自然災害による犠牲者数(死者+行方不明者)を示す。国力を総動員した戦争の後遺症とも言える国土の荒廃と治山治水対策が不十分であった時代〔1945年(昭和20年)から1959年まで(昭和34年)〕は犠牲者1,000人を超える台風災害や地震災害が頻発し,この間の自然災害による年間平均犠牲者数は2,365人であった。しかし,その後の30年間は,高度経済成長による国力の向上と防災対策の推進,またその間に大規模な地震が発生しなかったこともあり,1960年(昭和35年)から1989年(平成元年)の年間平均犠牲者数は307人になる。1990年(平成2年)以降では,阪

神・淡路大震災と東日本大震災が大きく影響し，2013年（平成25年）までの24年間の年間の平均犠牲者数は1,772人となる。ちなみに2つの大震災を除いた場合の平均値は133人である。なお両震災による被害総額は，直接被害のみで，阪神・淡路大震災が約10兆円（当時のGDP比率2.0％），東日本大震災が約17兆円（同3.6％）であり，単体の災害による被害額としては，関東大震災の被害総額（同4割以上）や災害対策基本法設立のきっかけとなった伊勢湾台風の直接被害額（同6.4％）には及ばないが，それらに次ぐ規模の災害である。

次に，1990年（平成2年）以降で，わが国で15人以上の犠牲者を出した自然災害を〔表4-1〕に示す。2004年（平成16年）のスマトラ沖地震（Mw9.1）はわが国で起きた災害ではないが，この地震による津波で40人を超える邦人がタイやスリランカなどで犠牲になったことから参考として加えた。また，過去の自然災害の統計には入っていないので〔図4-1〕には示されていないが，各地で観測史上最高気温を記録した2010年（平成22年）の猛暑では，熱中症による死者が多発した（全国で500人超）ので，これも参考として加えた。

社会の変化に伴い，災害の様相も変化していくが，災害による死者・行方不明者を減らしていくための努力が必要である。では，我々は防災をどのように考えていったら良いのであろうか。

2. 災害対応の循環体系と総合的な防災対策の必要性

（1）総合的な災害マネジメント

第2章で述べたように災害は，ハザードによるインプットが，地域あるいは都市のシステムに影響を与えた結果としてのアウトプットである。そのため災害の特性はハザードを受ける地域特性の影響を大きく受

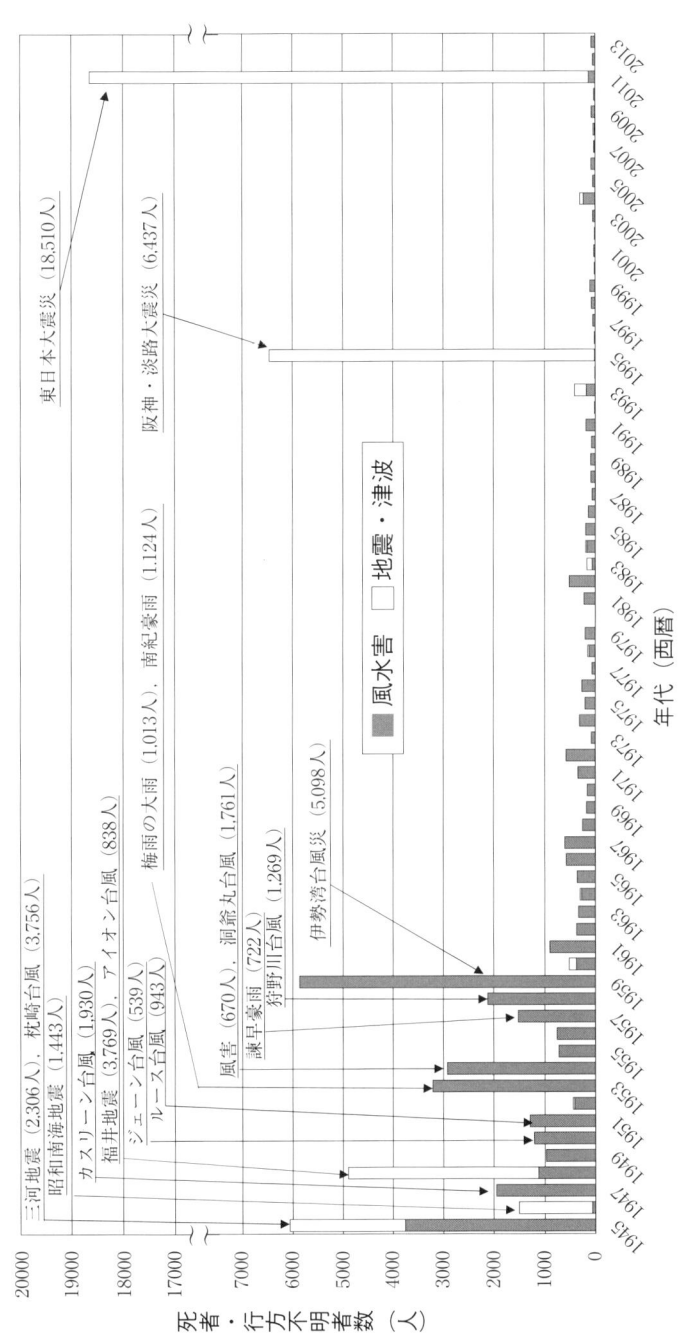

第 4 章　防災対策の基本と災害対応の循環体系

図 4-1　わが国の自然災害による死者・行方不明者数（500人以上の犠牲者を出した災害名を記入）[1]
（理科年表等から作成）

表4-1 わが国で1990年以降に発生した主な自然災害（死者・行方不明者が15人以上）（災害名の前に＊がついているものは，風水害・土砂災害）
（理科年表等から作成）(1)

発生時期	災害名	主な被災地	死者・行方不明者（人）
1990年11月17日～	雲仙岳噴火	長崎県	44
1991年2月	＊強風・大雨	近畿以東	26
8月	＊台風12号による水害	東北以西	16
9月	＊台風19号による風水害	全国（特に，九州，中国，東北）	62
1993年2月	＊強風雨	西日本	24
3月	＊強風雨	徳島沖	29
6月	＊前線大雨	関東以西	21
7月12日	北海道南西沖地震（M7.8）	北海道	230
7月	＊台風4～6号連続襲来による水害	全国	18
8月	＊鹿児島豪雨	西日本など（特に鹿児島県）	79
9月	＊台風13号（超大型）による水害	全国（特に近畿・中部）	48
1995年1月17日	阪神・淡路大震災（M7.3）	兵庫県	6,437
1997年7月	＊前線大雨による水害	全国	26
1998年8月	＊前線大雨による水害	全国	25
1999年6月～7月	＊福岡・広島豪雨・土砂災害	九州（特に福岡）・中国（特に広島）	40
9月	＊台風18号による風水害	全国（特に九州・中国）	36
2001年1月	大雪と強風（寒波等）	近畿以北	45
2003年7月	＊前線大雨	九州	23
8月	＊台風10号	全国	20
2004年7月12日	＊2004年新潟・福島豪雨	東北・北陸（特に，新潟県と福島県）	16
8月26日	＊台風16号水害	全国	18
9月4日	＊台風18号水害	全国（特に中国以西）	47
9月24日	＊台風21号水害	東北以南	27
10月17日～	＊台風23号水害	全国	99
10月23日	新潟県中越地震（M6.8）	新潟県	68
12月26日	スマトラ沖地震・津波（Mw9.1）	インド洋沿岸（タイ・スリランカ等で津波のため邦人が被災）	40以上
12月～翌年3月	豪雪	北陸地方を中心とする日本海側	88
2005年9月	＊台風14号及び前線による水害	九州から本州	29
12月～翌年3月	2006年（平成18年）豪雪	北陸・東北・北海道	152
2006年7月15日	＊集中豪雨	本州（特に長野）	30
10月	＊大雨・強風	四国以東	50
2007年6月～9月	猛暑	全国	66
7月16日	新潟県中越沖地震（M6.8）	新潟県	15
2008年6月14日	岩手・宮城内陸地震（M7.2）	宮城県，岩手県	23
2009年7月	＊集中豪雨	中国・九州北部	35
8月	＊台風9号水害	西日本（特に近畿）	28
2010年6月～7月	＊梅雨前線による大雨	九州・中国・東海	21
6月～9月	猛暑による熱中症被害	全国	500以上
12月～翌年3月	2011年（平成23年）豪雪・寒波	北陸，山陰，東北	131
2011年3月11日	東日本大震災（Mw9.0）	東日本（特に宮城県，岩手県，福島県）	18,510
8月	＊台風12号風水害	九州・四国・近畿（紀伊半島）・東海	94
9月	＊台風15号風水害	九州・四国・近畿（紀伊半島）・東海	19
12月～翌年3月	2012年（平成24年）豪雪・寒波	北海道，東日本～西日本の日本海側	134

ける。ゆえに防災対策は、自然現象としてのハザードの特性の理解に加え、対象地域の人々の特性を含めた地域特性の理解が不可欠である。この観点から総合的な防災対策のあり方について概説する。

最近では「防災から減災へ」などの言葉をよく聞くが、より大きな概念として、「総合的な災害管理（マネジメント）」という考え方がある。これは〔図4-2〕に示す三つの事前対策と四つの事後対策を合わせた七つの対策によって、災害の影響の最小化を目指すものである。

各対策を簡単に説明すると、「被害抑止」は、主として構造物の性能向上と危険な地域を避けて住む土地利用政策によって、被害を発生させない対策。次の「被害軽減」は、被害抑止対策だけでは賄いきれずに発生する災害に対して、事前の備えで影響の及ぶ範囲を狭くしたり、波及速度を遅くしたりする対策。具体的には、対応のための組織づくり、事前の復旧・復興計画や防災マニュアルの整備、日頃からの訓練などだ。三番目は「災害の予知／予見と早期警報」で、ここまでが事前対策である。発災後にまずすべきことは「被害評価」で、被害の種類と規模、そ

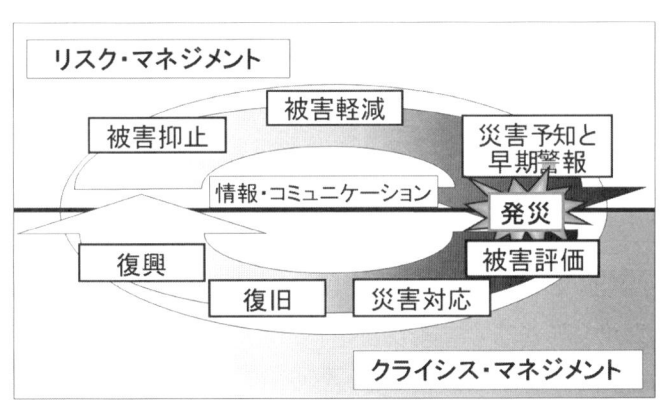

図4-2　総合的な災害マネジメントのあり方

の広がりをなるべく早く正確に把握すること。次がその結果に基づいた「(緊急)災害対応」で，その主な目的は人命救助や二次災害の防止，被災地が最低限持つべき機能の早期回復である。被災地の回復までは対象としていないので，次の「復旧」「復興」が必要になる。「復旧」は元の状態まで戻すことだが，その状態で被災したことを考えれば不十分なので，改善型の復旧としての「復興」が必要となる。「防災から減災へ」の文脈で使われている（狭義の）「防災」は「被害抑止力」を，「減災」は「被害軽減力」と「緊急災害対応」の一部を指しているようであるが，これだけでは不十分である。ちなみに本来の「防災」は，災害対策基本法の第一章（総則）の第二条の二によれば「災害を未然に防止し，災害が発生した場合における被害の拡大を防ぎ，及び災害の復旧を図ること」と定義され，総合的な災害マネジメントに近い。

　前述の七つの対策とその全体にかかわる「情報とコミュニケーション」は，ウェイトの差はあるが，それぞれハード対策（H）とソフト対策（S）が存在し，その担い手には「自助」・「共助」・「公助」に対応する三つの主体がある。すなわち，「個人と法人」，「NPOやNGOを含むグループやコミュニティ」，「国・都道府県・市町村の行政」である。

（2）総合的災害管理マトリクス

　前項で述べた担い手別の各フェーズの災害管理対策は〔図4-3〕のようにマトリクス（これを「総合的災害管理マトリクス（M）」と呼ぶ）として表現できる[2]。

　「総合的災害管理M」に示された諸対策を効率的に実施していくためには，対象とする災害と地域の特性を踏まえて，与えられた時間と予算の中で，各フェーズの対策を適切に組み合わせて確実に実行する必要がある。この具体的な方法を〔図4-4〕を用いて説明する。

発災 ↓

	被害抑止	被害軽減	予知・早期警報	被害評価	災害対応	復旧・復興	情報コミュニケーション
自助 H (市民+法人) S							
共助 H S							
公助 H S							

図4-3　総合的災害管理マトリクス（M）

　総合的災害管理Mとして，防災対策の「あるべき姿」を表す対策Mを描く。これは様々な対策を網羅的に書き出したものとなる。次に，対象地域でこれまでに実施された防災対策を踏まえて，現在の対策状況を表す「ありのままの姿M」を用意する。「あるべき姿M」と「ありのままの姿M」の差分が，これから「実施すべき対策M」の内容となる。この「実施すべき対策M」の各項目に関して，実施担当者（責任部局，実施者），要する予算と時間，達成時の効果を付加する。担当者の選出までは防災関係部局の人だけで概ね可能だが，それ以外は担当する現業部局の人と一緒に行うことが重要だ。この作業の結果として，同じ対策でも対象地域によって，必要経費も時間も，そして効果も大きく異なることが明確になる。同様の作業を対象地域で問題となる各種のハザード（地震，津波，火山噴火，風水害，大規模火災など）に対して実施し，これらを統合すると全体として実施すべき防災対策のメニューが得られる。これと利用可能な資源（予算と時間）を比較し，与えられた条件のもとで最大の効果を実現する対策の組み合わせを選び事業計画化していく。これらのプロセスを複数年度の計画で実践することにより，PDCAの

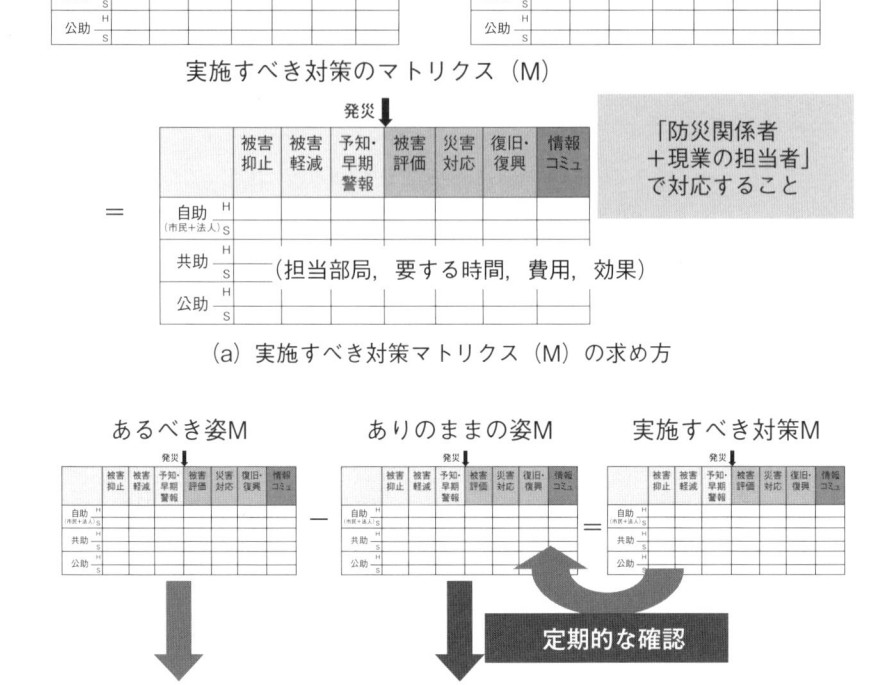

(a) 実施すべき対策マトリクス (M) の求め方

(b) 総合的な防災計画の立案と効率的な実施のためのPDCAサイクル

図4-4　総合的な防災対策の立案と効率的な実施のための方策

マネジメント・サイクルを実行でき，合理的な進捗管理を行うことができる。

　ところで，有限の時間と予算を前提とする防災対策では，その立案や実施には優先づけが必要となり，その指標として，通常はリスクという概念が用いられる。リスクは，第2章で説明したとおり，「ハザード×バルネラビリティ」と表されるが，ここでハザードは「外力の強さと広がり×発生確率」，脆弱性（バルネラビリティ）は「ハザードに曝される地域に存在する弱いものの数」である。結果としてリスクは「起こった時の被害の規模×発生確率」になる。低頻度巨大災害と高頻度中小災害を比較すると，巨大災害では低頻度が効きすぎて相対的にリスクが小さくなることが起こり，その対策が後回しになったりするが，ここには落とし穴がある。リスクの概念で優先順位をつけてもいいのは，「起こった時の災害の規模が対応母体の能力で復旧・復興できるサイズ以下」ということ。国の存続が最重要であれば，わが国の事後対応力で復旧・復興できない規模の災害は起こさないこと，すなわち，発災までの時間を活用した被害抑止対策で発災時の被害を事後対応で復旧・復興できる規模まで減らすことが不可欠である。

3．災害対応の循環体系（Disaster Life Cycle）

（1）災害対応の循環体系における要素

　災害に対処する考え方として，災害対応の循環体系（Disaster Life Cycle）が挙げられる〔図4-5〕。これは，災害発生から直後の対応，復旧・復興，そして次なる災害に備えた対策のように，一連の災害対応マネジメントを周期的な時系列で示したものである。〔図4-5〕は〔図4-2〕をより抽象的に示したものである。

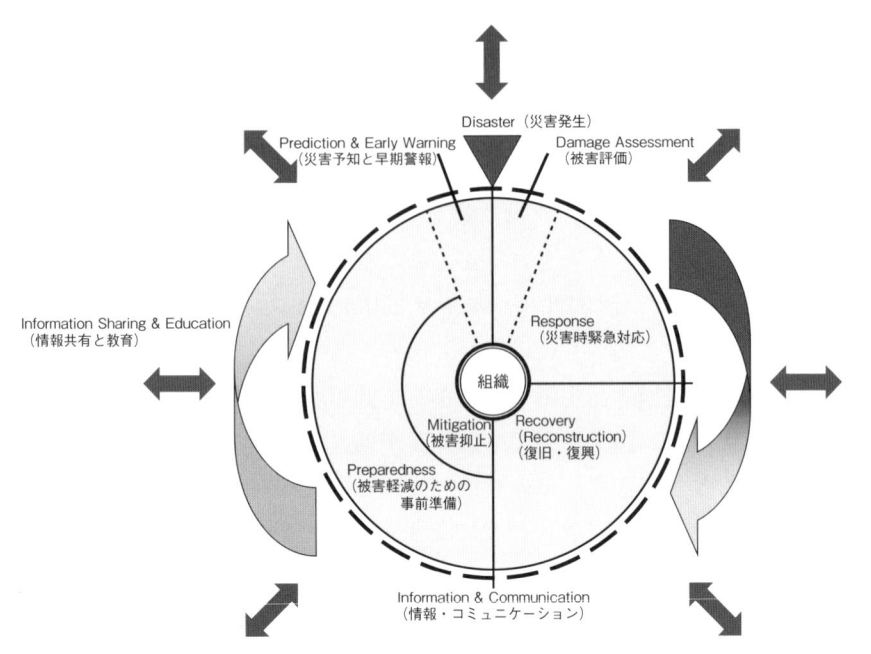

図4-5 災害対応の循環体系（Disaster Life Cycle）

① まず平常時には，次なる災害による被害を技術的・財政的に可能な範囲で抑止するための活動を行う（Mitigation）。これは外力を受けても，被害が出ないようにする取り組みである。
② それと並行して，災害の外力が都市の抑止力を超えて発生した場合に備え，被害をなるべく軽減するための準備を行う（Preparedness）。つまりMitigationで賄えなかった部分を補足する活動となる。
③ また，事前に災害が発生することがわかればそれ相応の対策が立てられるため，災害を予知し，それを警報する仕組みがとられる場合もある（Prediction & Early Warning）。例えば，2007年10月か

ら始まった緊急地震速報や，津波警報などがこれに相当する。
④　外力が都市というシステム系に入力され，それが許容量を超えた時に被害が発生する（Disaster）。
⑤　災害直後には，緊急時の対応をより適切に進めるために，可能な限り早く被害の程度（種類や量とその分布）を把握する必要がある（Damage Assessment）。
⑥　そして，救命・救助活動と二次災害の防止のために緊急時の対応をとることになる（Response）。
⑦　災害直後の緊急時対応がなされた後は，最低限の社会生活レベルを行うために，被害を受けたシステムを復旧させることになる（Recovery）。復旧がなされた後，被害が壊滅的な場合は，新たな都市システムを創るべく復興という過程を経る（Reconstruction）。
⑧　復興は基本的に数年から十数年という時間のかかる長期にわたる過程である。その過程の中で，日常性を獲得し，次なる災害に備える段階に突入する。
⑨　この一連の循環体系の中で，情報とコミュニケーション（外周の点線部分）も欠かせない要素である。情報とコミュニケーションの意義はこの循環体系の各段階に応じて異なるため，有効な災害対策のためにはそれぞれの段階で使い分けていかなくてはならない（Information & Communication）。
⑩　円の中心に位置しているのは，この一連のサイクルを司る当事者（主体）の組織・体制である。
⑪　この一つのサイクルは，特定の空間（組織）単位のものである。ここでの教訓や経験は外部と情報共有されるべきであり，また，外部からも学ばなくてはならない。
この循環体系が災害対策をするうえで基本となるフレームである。以

下にこの体系の中で基本となる四つの要素の定義を示す。

被害抑止【(Damage) Mitigation】
災害の発生を軽減もしくは取り除き，不可避の災害による影響を軽減することを目的とした活動。主に施設や構造物に対して行われる。

被害軽減のための事前準備【Preparedness】
危機が迫っている際または災害発生後の迅速な救命・救助活動，さらには効率的な復旧・復興活動を通じて被害を最小限に抑えることを目的として実施される事前準備。被害軽減のための事前準備には，災害または緊急事態が発生した際の対応計画とその実効力を高めるための作業がある。

災害時緊急対応【Response】
災害発生時あるいは直後に生じる被災者の救命・救助・救援活動。緊急性を伴い，二次災害を事前に防ぎ，復旧活動を促すために行われる。

復旧・復興【Recovery】
災害後の復旧支援と関連した諸活動。復旧・復興の状況は，災害からの再建を目的とした個人的・公的な支援プログラム（仮設住宅の供給，支援金の配布，融資など）と深く関連してくる。広義の復旧・復興をRecoveryと呼ぶが，特に都市の社会基盤および建築など物的環境の再建を表す場合にはReconstructionと呼ぶ。

（2）被害抑止と被害軽減のための事前準備
この一連のサイクルの中で，日頃から災害に備えておくべき二つの要素が被害抑止と被害軽減のための事前準備である。それぞれ対象のウエイトの違いから，前者をハード防災，後者をソフト防災と呼ぶこともある。この違いを理解するために〔図4-6〕を見ていただきたい。

これはハザードを，都市に向かってくる波に例えたものである。海と

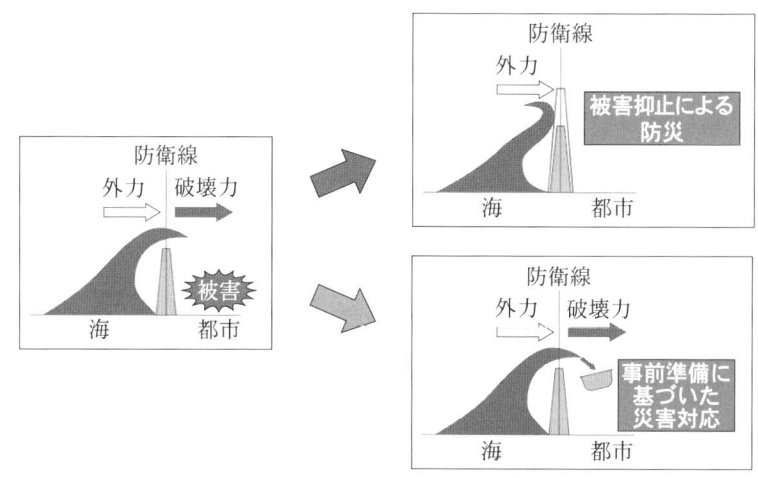

図4-6　被害抑止と被害軽減のための事前準備

　都市の境界線には防衛線としての堤防があり，波は都市から見ると外力である。平常時に押し寄せてくる小さな波ならば堤防よりも低いため，都市に被害を及ぼすことはない。しかし，地震により大津波が押し寄せてきた場合，その波高が堤防を越えてしまうと都市に対する破壊力となり，被害が発生する。将来的にこうした事態を改善するためには二つの方法がある。

　一つは，堤防をより高くつくり，大きな波による被害を抑止する方策である。これが主に構造物によって被害を防ぐ「被害抑止」である。堤防の高さレベルまでの外力に対して，抑止する効果があるが，構造物をつくるための建設費と時間が必要である。またこうした構造物を実現させるためには，地域住民の合意形成も不可欠となる。

　一方，十分な建設費や時間がない場合，あるいは高い堤防の建設に対して十分な合意形成がなされない場合には，発災時の被害を最小限にするための準備をしておくという方策が考えられる。この図では，大きな

波が堤防を越えた際に、都市に入り込もうとする水を事前に用意しておいた器で受け止めるということが示されている。これが「被害軽減のための事前準備」である。構造物を建設するほどの費用はかからず、当事者らの日頃からの訓練や教育が重要となってくる。そのためソフト防災と呼ばれる。

一般に防災活動を進める対象地域の状況は多様であり、地域の抱える財政状況や災害に対する逼迫の度合い、あるいは地域住民や行政間の合意形成の状況も異なる。ゆえに「被害抑止対策」と「被害軽減のための事前準備」の二つの方策をバランスよく組み合わせながら、事前の防災対策を進めていくことになる。

4. 災害を記録し、教訓として活かす

過去に発生した災害を記録し、それらを教訓として、将来の防災対策

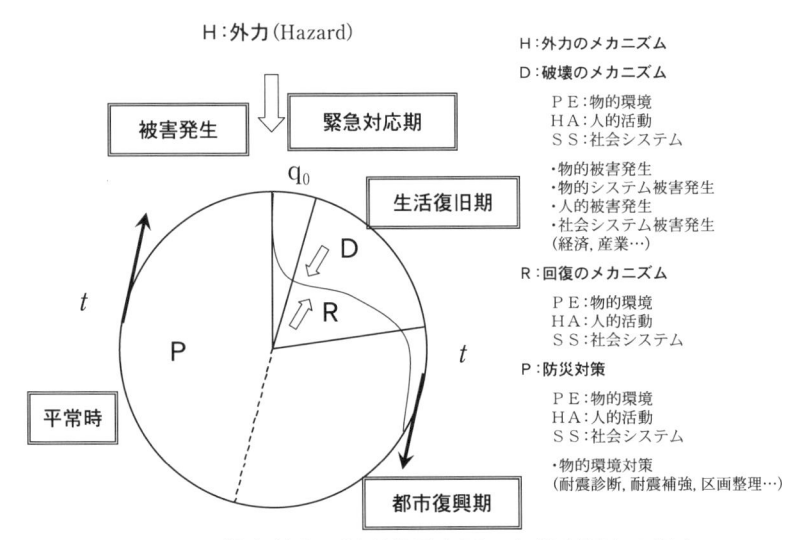

図 4-7　災害対応の循環体系を用いた災害研究の視点

のために活かすことが社会にとって重要である。〔図4-7〕と〔図4-8〕はそのために必要な，災害対応の循環体系を用いた災害研究の視点と，災害事例蓄積のイメージを描いたものである。

〔図4-7〕において，半径の大きさは平常時の都市のあるべき状況のレベルを便宜的に一定としたもので，災害発生によりそれらが被害を受けるために減少し，復旧・復興により回復し，平常時に戻る状況を，循環するシステムとして表現している。この中で，災害を研究する視点として，①H：外力のメカニズムの解明，②D：破壊のメカニズムの解明，③R：回復のメカニズムの解明，そして④P：防災対策実施による被害軽減を挙げている。

「外力のメカニズム（H）」とは，Hazardすなわち都市に被害（Disaster）をもたらす可能性のある潜在的な現象（台風，地震など）について探求していく分野で，「なぜ地震が発生するのか」，「なぜ台風が発生するのか」など，都市の物的環境が破壊される前の現象を対象とする。気象学，地球物理学，地震学などがある。

「破壊のメカニズム（D）」とは，物的，人的，社会システムへと被害が波及・拡大していく連鎖構造の中で，「なぜものが破壊されたのか」，「なぜ人が亡くなったのか」，「なぜシステムがうまく機能しなかったのか」などを分析していく分野である。過去の被害事例を分析することにより，技術を向上させ，リダンダンシーの高い物的環境整備やシステムを改善し，将来の災害による被害をなるべく少なくしていくことを目的とする。

「回復のメカニズム（R）」とは，復旧・復興に関するもので，発災により失われた物的，システム的，精神的なものを，発災以前あるいはよりそれに近い状態まで取り戻す過程について探求する分野である。救命・救出活動，消火活動，避難，仮設住宅，心のケア，ボランティア活

動，生活再建，産業復興，恒久住宅，都市復興など，関連する対象は多岐にわたる。一つの災害により得られた各種成功例，失敗例を教訓として，次なる災害での取り組みに活かしていくことを目的とする。

「防災対策（P）」とは，平常時において，次なる災害による被害を軽減していくために取り組む分野で，物的環境対策，人的活動対策，社会システム対策などがある。過去の災害により得られた「外力のメカニズム（H）」，「破壊のメカニズム（D）」，「回復のメカニズム（R）」に関する教訓が，これらの防災対策に盛り込まれるべきである。

各項目は，それぞれの専門分野の中で研究が進められているが，社会に資する実践的な防災を進めていくためには，分断化された専門領域を束ねる学際的な視点が不可欠である。このように整理することにより，防災・復興という多様な体系を構造化し，将来の被害軽減に資することができる。

〔図4-5〕や〔図4-7〕に示されたダイアグラムに具体的な災害事

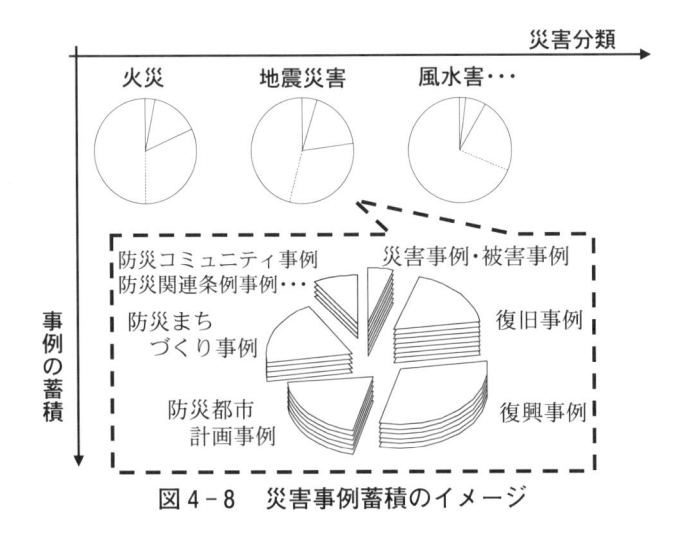

図4-8 災害事例蓄積のイメージ

例を適用するとすれば，災害種別に応じて共通点と相違点が得られよう。例えば，台風災害などは，台風の発生から被害を受けるまでに少なくとも数時間から数日の時間を要するため，災害予知と早期警報をするのに時間的余裕がある。一方，地震の場合はＰ波とＳ波の到達時間の差はせいぜい数十秒であるため，台風と比べれば時間的余裕は著しく少ない。また面的に被害を受ける地震災害と，点的な被害となる爆発火災とを比較すると，復旧・復興にかかる時間も大きく異なる。一方，同じ地震災害でも，規模，時代，地域等に応じてその様相は異なるが，爆発火災と比較した場合は地震災害としての共通項が見出せるはずである。災害の事例を収集・記録・蓄積し，災害ごとの共通点と事例ごとの相違点を把握することは，将来の防災対策に欠かせない。

　様々な都市災害の事例を記録・蓄積していくイメージは〔図４-８〕のようになる。これは，災害ごとに循環体系の様相は異なり，同じ地震災害でも被害の状況，復旧・復興の状況，次なる災害に備えた都市の防災面における整備状況，まちづくり状況などは多様であることを示している。そして，過去の災害事例や各地における都市整備の開発事例等から学ぶ必要がある。

引用文献

（１）目黒公郎：日本土木史，4.3災害の質の変化と防災理論，技術の展開，土木学会，pp68～80，2015
（２）土木学会東日本大震災フォローアップ委員会：地域防災計画特定テーマ委員会成果の概要，土木学会，31p，2013.3

参考文献

・国立天文台：理科年表（平成26年版），2013，他

5 | 気象災害とその対応

目黒公郎

《本章の学習目標＆ポイント》 古来から，人間の生活に影響を及ぼしてきた風水害を中心とした気象災害の事例を通して，その発生メカニズムと被害の様相，そして各種の気象災害への対応策について学ぶ。
《キーワード》 気象災害，風水害，洪水災害，高潮災害，土砂災害，風害，台風，外水・内水氾濫，斜面崩壊・地すべり・土石流

1. 世界中で発生している気象災害

　洪水や渇水，熱波や寒波，高波や高潮，大雨や豪雪，強風や竜巻，土砂崩れや雪崩，落雷などの災害が世界各地で発生している。これらの災害は一般に気象災害と呼ばれるが，地震災害や火山災害などの他の自然災害に比べてその発生頻度が非常に高い。
　本章では，このような気象災害の中から，日本において最も影響の大きい風水害を取り上げ，これがなぜ発生するのか，またその対策にはどのようなものがあるのかを学ぶ。

2. 気象災害が起こる背景

　個別の気象災害が発生する理由については後述するが，ここではまず気象災害が起こる背景について簡単に触れておく。

（1）地球規模の背景

　地球に注ぎ込まれる太陽のエネルギーが地球の気象現象に大きな影響を与えている。太陽系の一惑星である地球は，1日1回自転するとともに，太陽の周りを1年間で1周する速度で公転している。地球の昼と夜は自転によって生じており，太陽に向いている側が昼，太陽と反対側が夜になる。太陽の周りを地球が回る平面を公転面というが，もし公転面と自転軸が垂直の関係にあれば，地球上の各地点から見る太陽の最高高さ（太陽を見上げる角度の最大値）は年間を通して変化しないし，各地が受ける太陽エネルギー量も年間を通してほぼ一定になる。しかし実際は自転軸が23.4度傾いているために，地球上から見た太陽の高さが時期によって変化し，その範囲は赤道をはさんで南北に23.4度の範囲になる。この北緯・南緯23.4度の線をそれぞれ北回帰線，南回帰線という。

　太陽の角度が高いほど，地球上の単位面積当たりに注がれる太陽エネルギー（エネルギー密度）が高くなり，気温が上昇する。一方，太陽の位置が低くなると単位面積当たりのエネルギー量が小さくなり，気温は低下する。地球上の各地点で，太陽の角度の高い時期が夏（気温の高い時期）であり，低い時期が冬（気温の低い時期）になる。そしてその中間が春と秋である。このように地球の季節は自転軸が公転軸から少し傾いていることによって生じていることがわかる。しかし赤道付近などでは，年間を通して太陽の角度は高く，常に多くの太陽エネルギーが注がれる。結果として，いつも暑く日本の四季のように明確な季節の変化はない。緯度の高い北極と南極では，太陽の位置が低いので，注がれる単位面積当たりの太陽エネルギーが小さいために気温が低い。しかし低いながらも太陽の位置が変化するので，気温が相対的に高い時期と低い時期が存在する。また北緯23.4度以北，南緯23.4度以南では，夏には一日中太陽が出ている時期，冬には一日中太陽が出ない時期がある。

日本は北回帰線（北緯23.4度の線）よりも北（緯度の高い位置）に存在するので，太陽の高度が一番高いのは，太陽が北回帰線の上を通る夏至の時期になる。一方最も低くなるのは，南回帰線（南緯23.4度の線）上にある時で，これが冬至である。その中間に赤道上を通る時があり，これが春分と秋分の時期である。

（2）地理的な日本の位置の持つ意味

　日本は周囲を全て海に囲まれている島々からなる列島国である。南北に細長いため，南部の亜熱帯気候（一部は熱帯）から，北部（一部は本州の高原地帯も）の亜寒帯気候まで多様な気候分布を有している。しかし国土の多くは緯度的には温帯気候地帯に位置し，春夏秋冬の変化に富んだ季節を有している。

　緯度以外の特徴として，日本の四季を特徴づける原因に，日本がアジア－ユーラシア大陸の東端に位置し，東は太平洋，西は日本海，南は太平洋と南・東シナ海，北はオホーツク海に取り囲まれていることが挙げられる。大陸と海では比熱が違うために，気温の上昇の度合いが違う。同じ熱エネルギーを受けた場合には，陸域の気温の方が高くなる。ゆえに日本の西北に広がるアジア（シベリア）大陸と南東に広がる海域では，夏には大陸の気温が海域に比べて高くなり，温まった空気は上昇する。そこに海域からの温暖な湿った空気が流れ込んでくる。一方冬には，南東の海域の気温の方が，北西のアジア（シベリア）大陸の気温よりも高くなるので，海域での空気が上昇し，そこにアジア大陸（シベリア大陸）から寒冷な北西の風が日本に吹きこむ。この時，日本海の上空で大量の水分の含まれた空気を取り込み，これを日本列島の中央部分の山脈から日本海側に雪として降らせる。中央部の山脈を越えた風は，乾燥した寒気をもたらす。

先に説明したような特徴を持つ日本の降水量は多く，世界の陸域の年間平均降水量880mmの約2倍に当たる年間平均約1,700mmに達する。しかも年間を通して平均的に降るのではなく，梅雨期と夏から秋の台風シーズンに集中する。山陰，信越，東北，北海道などの豪雪地域では，冬季に雪による降水量が増加し，それが春先に融けて河川に流れ出すので，河川の増水効果としては，春先に降雨があった状況に相当する。

（3）日本の国土の特徴
　南北に細長い日本列島は，列島の中央部分に険しい山岳が連なって存在し，山地の占める割合が大きな国土となっている。ゆえに河川の多くは，長さが短く，標高差が大きいので，急峻な河川となり，上流部の水が河口に至るまでの時間が短い。また国土が環太平洋地震帯に存在するために，活動度の高い多数の火山が存在し，大きな地震が頻繁に発生する地域にもなっている。これらの地震や火山活動によって，不安定な地質構造や弱い地形が形成され，これが降雨等で崩れやすい特徴をつくっている。さらに多くの人々が住む都市化地域は，山地を除いた国土に占める割合としては狭い低平地に集中し，これが洪水災害を受けやすい原因になっている。

3．風水害の概要

　風水害の中でも日本に影響の大きなものを取り上げると「洪水災害」，「高潮災害」，「土砂災害」，「風害」に分類される。以下では簡単にその概要を説明する。

（1）洪水災害

　洪水災害は外水氾濫と内水氾濫に分類できる。外水氾濫は，増水で河川の水位が上昇して堤防を越えたり，堤防を破堤したりすることで，河道から水が溢れ出して市街地や農地などが浸水するもので，大河川の中・下流域で発生することが多い。一方，内水氾濫は，洪水時に本川の水位の上昇や流域内の多量の降雨等によって，堤防によって洪水氾濫から守られている土地（これを堤内地という）の排水が困難となり浸水するものである。河川が農地や市街地よりも高い位置に流れている「天井川」で囲まれているような地域で発生しやすい。

　天井川が形成されるメカニズムを簡単に説明すると，河川は増水時に土砂を上流から運搬し，中下流域で流速が低下すると，その土砂を河床に堆積させる。自然の扇状地などでは，この土砂が扇型に広く堆積する。しかし人々が住みだすと，増水のたびに河道が変化したり，河川の周辺に土砂が堆積するのを避けるために，河川の両岸に堤防を築き，土砂の拡散を防ぐ。一方土砂の拡散を防ぎ，これを河川の両岸の堤防の間に堆積させると，土砂の堆積厚さは増すことになる。すなわち河床の上昇速度が高まる。河床が高くなると，堤防の有効高さが低くなるので，堤防のかさ上げを行う。増水のたびに繰り返される河床の上昇と堤防のかさ上げによって，河川の位置は周辺の市街地や農地よりもずっと高くなる。これが天井川である。

　通常の河川では堤地内の降雨や注ぎ込んできた水は標高の低い箇所を流れる河川に自然と排水されるが，天井川の場合には，ポンプを用いるなどして強制的に排水する必要があることから，内水氾濫が発生しやすくなる。天井川の堤防が破堤した場合には，破堤箇所の近傍の洪水は外水氾濫だが，氾濫水が堤地内に注ぎ込んで下流に流れ排水能力を超えて浸水した場合には内水氾濫と言える。同様のメカニズムで，開発が進ん

でいる丘陵や台地内の低地でも内水氾濫が発生しやすい。

（2） 高潮災害

　高潮災害は，強風による「吹き寄せ」と低気圧による「吸い上げ」で，潮位が上昇して浸水する現象である。海面は気圧によって押さえつけられているが，ある地域の気圧が周辺地域よりも低い場合（これを低気圧という），大気による押さえつける力が周辺部より相対的に小さいので，海面が上昇する。これが低気圧による吸い上げ現象である。強風が海岸に向かって吹くと，海水は海岸に向かって吹き寄せられ，海岸付近で海面が上昇する現象が発生する。これが強風による吹き寄せ現象である。高潮災害は内湾の沿岸低地で発生しやすい。

（3） 土砂災害

　土砂災害は，「土石流」，「地すべり」，「斜面崩壊」の三つに分類される。詳しくは，後で説明するが，土石流は水と土石（石・砂・泥）が一体となって，高速で渓床を流下するものである。土砂のサイズが小さい場合は泥流と呼ばれることもある。地すべりは勾配が30度以下の斜面で，すべり面を境界として上部の土塊が徐々に斜面下方へ滑動する現象である。規模は次に説明する斜面崩壊（がけ崩れ）よりも大きい。斜面崩壊（がけ崩れ）は，勾配が30度以上の急な斜面で，斜面を構成する物質が降雨等により安定を失い，突発的に崩落する。移動土塊量は少ないが，移動速度は大きいので注意する必要がある。

（4） 風害

　風害は，台風や竜巻などによって強風が吹きつけ，構造物や樹木等をなぎ倒したり，自動車や列車などが転倒したりする被害である。風によ

る力(風力)は,単位面積当たりに作用する力を表す風圧と風を受ける面積の積で求められる。風圧は風速の2乗に比例するので,風速が2倍になると風圧と風力は4倍,風速が3倍になるとそれぞれ9倍になる。

4. 台風と洪水災害の対策

〔表5-1〕に戦後(1945年以降)に1,000人以上の犠牲者(死者行方不明者)を出した風水害の例を示す。この表からもわかるように,日本の風水害を引き起こす直接的原因で最も影響の大きいのは台風である。日本に影響を及ぼす台風のシーズンは,おおむね8月の後半から10月くらいだが,これが列島に接近したり上陸したりすると,強風と大量の降雨,高潮をもたらし,大きな風水害を発生させる〔写真5-1〕。

表5-1 戦後1,000人以上の犠牲者を出した台風および豪雨災害

年　月	名　　称	死者(人)	行方不明(人)	合計(人)
1945年9月	枕崎台風	2,473	1,283	3,756
1947年9月	カスリーン台風	1,077	853	1,930
1953年7月	紀州大洪水	615	431	1,046
1954年9月	洞爺丸台風	1,361	400	1,761
1958年9月	狩野川台風	888	381	1,269
1959年9月	伊勢湾台風	4,697	401	5,098

(1) 台風とは

ここでは,日本の風水害に最も大きな影響を及ぼす台風について説明する。熱帯や亜熱帯地方の海上で発生する低気圧を「熱帯低気圧」と呼ぶが,これらの中で〔図5-1〕に示すように,北西太平洋または南シナ海(赤道より北で東経180度より西の領域)に存在し,低気圧域内の

写真5-1　カスリーン台風による埼玉県栗橋市付近の被害状況
（写真：国土交通省）

　最大風速（10分間の平均速度）が34ノット（17.2m/s）以上になったものを台風と呼ぶ。定義の中には，降水量や最低気圧は含まれていない。1ノットは毎時1国際海里（1,852m）移動する速度で，34ノットは風力8に相当する。風力とは気象庁が定義する風の強さを表す0から12までの指標で，風力8は「強風：風力7」と「大強風：風力9」の間で「烈強風」と呼ばれる。風速としては34～40ノット（17.2～20.7m/s）であり，具体的な強度としては，陸上では「小枝が折れる。風に向かっては歩けない」程度，海上では「大波のやや小さいもの。波頭は砕けて水煙となり，泡は筋を引いて，吹き流される」程度である。

　〔図5-1〕に示されるように，同じ熱帯低気圧であっても発生する地域が変化すると呼び名が変わる。インド洋北部（東経100度より西の北インド洋），インド洋南部（アフリカ東岸～オーストラリア近海までの南インド洋），太平洋南部（オーストラリア近海～西経120度付近までの

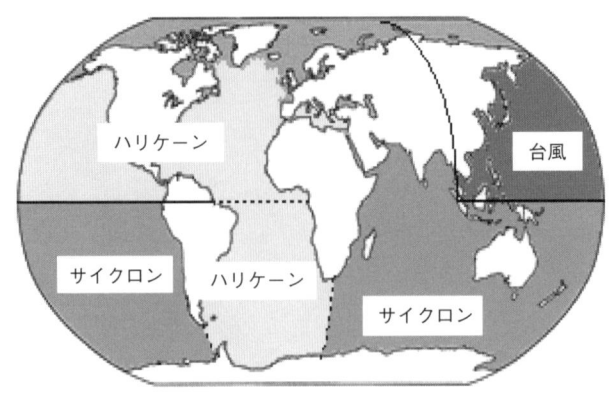

図5-1　熱帯低気圧の発生位置と呼び名の関係

南太平洋）で発生した熱帯低気圧はサイクロン（Cyclone）と呼ばれ，大西洋北部（カリブ海・メキシコ湾を含む北大西洋），大西洋南部，太平洋北東部（西経140度より東の北太平洋），太平洋北中部（180度～西経140度の北太平洋）の熱帯低気圧で最大風速64ノット（33m/s, 119km/h）以上のものをハリケーン（Hurricane）と言う。

(2) 台風の勢力をどう表現するか

　台風の勢力は，強さと大きさの2つの指標を用いて評価する。台風の強さは〔表5-2〕に示すように，最大風速が33m/s（64ノット）以上44m/s（85ノット）未満で「強い」，同様に44m/s（85ノット）以上54m/s（105ノット）未満で「非常に強い」，54m/s（105ノット）以上で「猛烈な」強さの台風と表現される。大きさは，〔表5-3〕に示すように，最大風速が15m/s以上の半径が500km以上800km未満で大型（大きい），半径が800km以上で超大型（非常に大きい）という分類になる。日本を対象にこのサイズを示すと〔図5-2〕のようになる。

　台風の勢力は，これらの組み合わせとして，「大型で非常に強い」台

表5-2　台風の強さの階級分け

階　　級	最　大　風　速
強　　い	33m/s（64ノット）以上〜44m/s（85ノット）未満
非 常 に強　　い	44m/s（85ノット）〜54m/s（105ノット）未満
猛 烈 な	54m/s（105ノット）以上

表5-3　台風の大きさの階級分け

階　　級	風速15m/s以上の半径
大　　型（大きい）	500km以上〜800km未満
超大型（非常に大きい）	800km以上

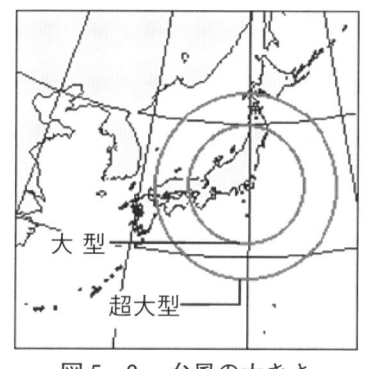

図5-2　台風の大きさ

風とか，「超大型で強い」台風などの呼び方がされる。様々な勢力の台風が毎年発生しているが，1990年から2013年の平均値としては，発生個数が24.9個／年，国土への平均上陸個数が2.9個／年である。ただし2004年は上陸した台風だけで10個にのぼった。

（3）風速や雨量と被害の関係

　台風被害の直接的な原因となるのが，強風と大雨である。風の強さは一般的には風の10分間の平均速度である風速を用いて議論され，その最大値が最大風速である。各風速によって生じる被害は〔表5-4〕に示

すとおりであるが，瞬間的な風速は平均風速の1.5倍から3倍程度になるので，突風などはより注意を要する。

　降雨量の激しさは，一般に1時間当たりや1日当たりの雨量で議論される。雨量としては，○○ mm のような表現がされるが，これは単位地表面積当たりに降った雨を集めた場合の水深をミリメートル単位で表したものだ。1時間雨量とその降り方は〔表5-5〕に示したとおりであるが，20～30mm で「側溝がたちまちあふれるほどの土砂降り」で，大雨注意報が出る。30～50mm は「バケツをひっくり返したような雨」で，大雨警報が発令される。50mm 以上では，「雨は滝のように降る状態」になる。

　台風が日本に接近し上陸するような場合，台風の進路は南から北か，南西から北東方向である場合が多い。台風は中心部分（台風の目という）の気圧が低く，その中心部分に向かって反時計回りに風が吹き込んでいる。台風自体の速度と台風の目に向かって吹き込む風の作用で，台風の中心から西側では風速の相殺効果が，東側では相乗効果が生まれる。よ

表5-4　風速と被害
（国土交通省資料に加筆）

10分間の平均風速	被害
風速10m/s	傘がさせない。
風速15m/s	看板やトタン板が飛び始める。
風速20m/s	小枝が折れる。立っているのが困難になる。
風速25m/s	瓦が飛び，アンテナが倒れる。弱い構造物では被害が発生する。
風速30m/s	雨戸がはずれ，家が倒れるなど，甚大な被害が発生することもある。

表5-5　1時間の雨量と降り方
（NHK ハンドブックより）

1時間の雨量	雨の降り方
8～15mm	雨の降る音が聞こえる。
15～20mm	地面一面の水たまり。雨音で話し声が良く聞こえない。
20～30mm	どしゃ降り。側溝がたちまちあふれる。大雨注意報。
30～50mm	バケツをひっくり返したよう。大雨警報。場合により，避難の準備を始める。
50mm 以上	滝のように降る。土石流が起こりやすい。

って地上で観測される風速は，日本では台風の進路の東側で，北向きの風としてより強くなる。ゆえに台風の進路の東側に南や南西に開いた湾では強風により海水の吹き寄せ効果が大きくなるので，高潮災害がより厳しくなる。

（4）日本で洪水災害が発生しやすいわけ

　洪水は日本の自然災害では，土砂災害と同様に最も頻発する災害であるが，この大きな理由は降雨量の多さにある。しかしこれは災害メカニズムでいえばインプットの問題であり，それを受けるシステム，すなわち国土の特徴，人口や資産の分布，河川の特徴などの問題が，洪水災害をより引き起こしやすくしている。これらを理解するキーワードをまとめると「急峻な地形と急流急勾配の河川」，「天井川」，「内水氾濫と外水氾濫」，「洪水氾濫域への人口と資産の集中」，「都市型洪水」のようになる。すでに説明した天井川や内水氾濫と外水氾濫も日本の国土や洪水災害の特徴となっている。

　日本は南北に細長い列島国で，しかも中央部分に険しい山岳地帯を有しているので，河川の勾配は急で，流速も早く，水は短時間で河口に達する。〔図5-3〕は日本の代表的な河川と諸外国の河川の勾配を比較したものである。日本の河川が大陸に住む人々から「滝のようだ」と称される理由が良くわかる。このような特徴を持つ日本の河川は，平時と増水時の流量に著しい差が出るとともに，川の水資源を安定的に利用しにくい状況を生んでいる。海外の河川でも平常時の流量と洪水時の流量の比は，英国のテムズ川で8倍，ドイツなどを流れるドナウ川で4倍，米国のミシシッピ川で3倍であるが，利根川では100倍，木曽川では60倍，淀川では30倍と大きな差がある。

　山地の多い日本において，人口や市街地，資産や機能，農地などが集

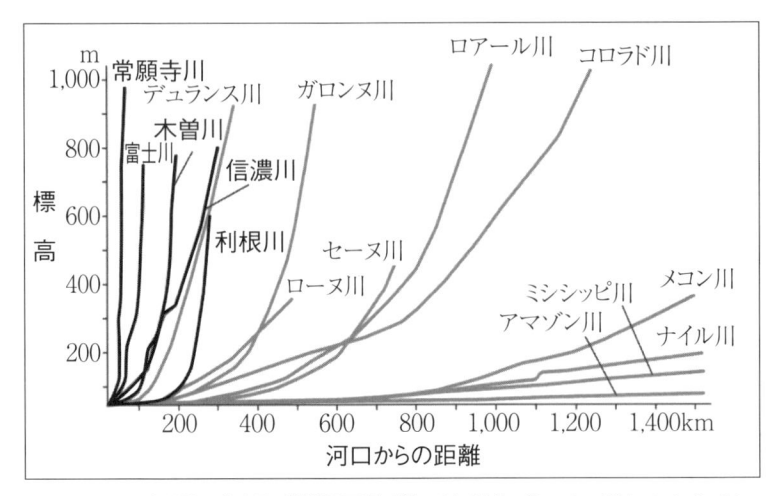

図5-3　河川の勾配（縦断面曲線）（高橋裕『河川工学』より作成）

中する地域は河川沿いの平地や，河川の下流に広がる低平地や海岸部になる。このような地域は，洪水災害に襲われやすい地域にもなっている。河川が氾濫を起こした場合に浸水する危険性の高い地域を洪水氾濫域と言うが，このような土地が国土全体に占める割合は10％であるが，ここに存在する人口と資産は日本全体のそれぞれ，50％，75％を占めている。さらに都市化された地域では地表面の多くが，コンクリートやアスファルト，ビルや家屋に覆われているので，地域に降った雨は地中に浸透できず，地域の中小河川に即座に注ぎ込む。結果として，急激な増水と河川容量の超過によって，内水氾濫をはじめとした都市型の洪水災害を生む。

（5）洪水対策

これまで説明してきたような洪水災害を減らすためには，どのような対策があるのか。〔図5-4〕と〔図5-5〕は行政サイドが実施する洪

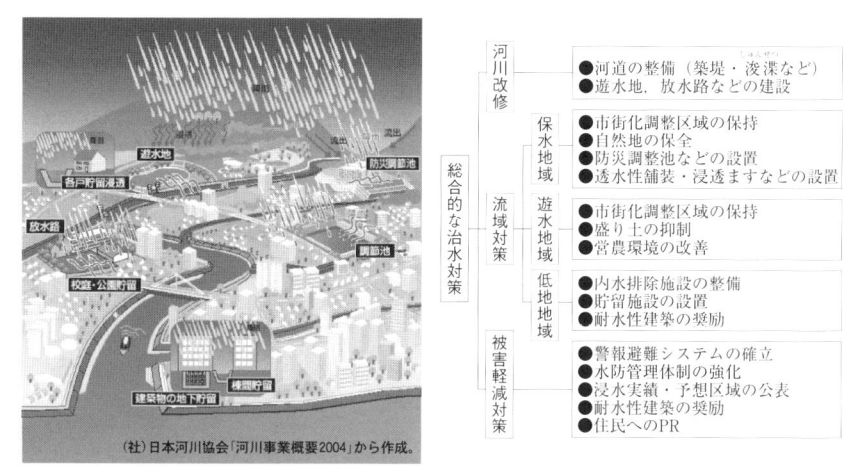

図 5-4　総合的な治水対策のイメージ図（国土交通省 HP より）

水災害を軽減する総合的な治水対策のイメージである。この中で，〔図5-5〕は河川氾濫を防止する基本的な河川改修法である。最近では，さらに新しい対策として，以下のような対策がとられている。

「放水路（ほうすいろ）と捷水路（しょうすいろ）」：洪水対策として，人工的につくった水路が放水路と捷水路。放水路は分水路とも呼ばれ，河川から新たに枝分かれする形で水路を開削し，洪水によって増水した流れを海や湖，他の河川などに放流。捷水路は河川の湾曲部の最短部をショートカットし，上流部と下流部を直線水路で結ぶもの。

「スーパー堤防（高規格堤防）」は，堤防決壊による被害を防ぐために，堤防の市街地側（堤内地）に通常の堤防よりはるかに幅広く盛り土をした堤防。堤防と同じ高さで市街地を形成することから，土地利用や景観の面でも優れる〔図5-6〕。

「遊水地と調節池」：上・中流域の市街化や河川の整備が進み，流域に降った雨がすべて下流に集まると，下流域の都市部で洪水の危険性が高

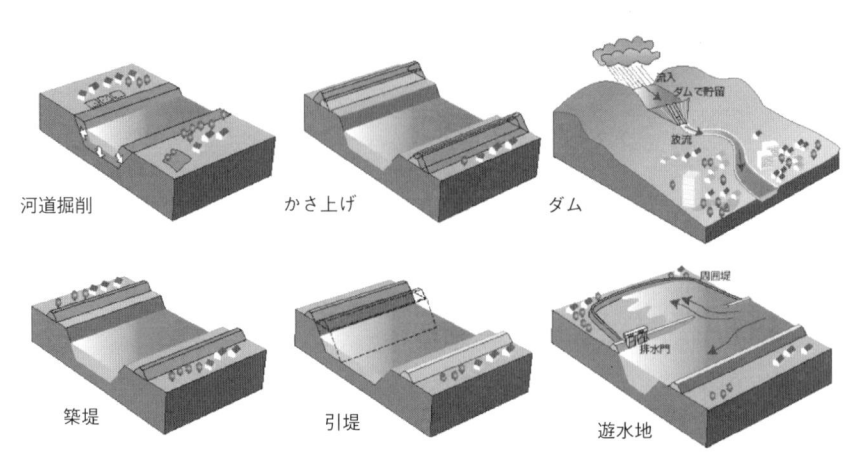

図 5-5　洪水時の河川氾濫を防止する主な河川改修対策
(〈社〉日本河川協会「河川事業概要2004」から作成)

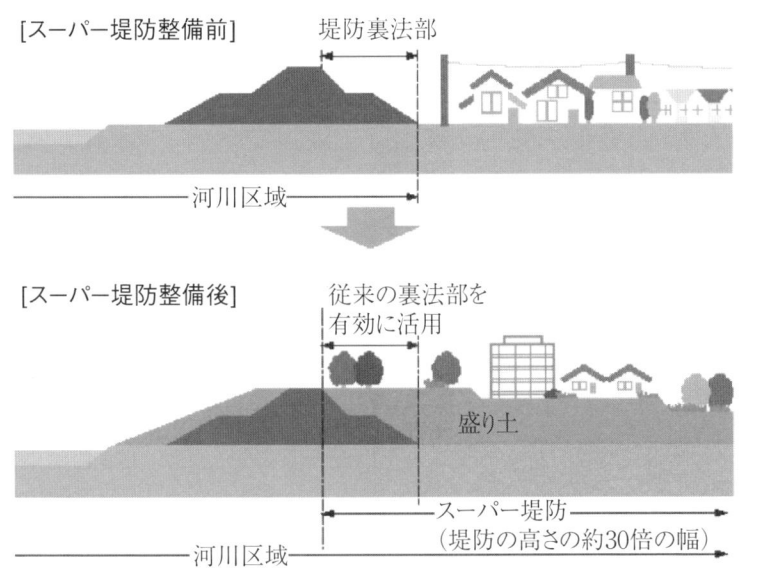

図 5-6　スーパー堤防（国土交通省 HP より）

まる。これを軽減するために設けられたのが遊水地や調節池である。

「地下河川と地下調節池」：地下河川は，地下空間を利用した洪水調節施設で，大規模なトンネルによって河川から洪水を分流させ，他の河川や海へ放流する。〔写真5-2〕の首都圏外郭放水路は，延長6.3km，直径約10mの世界最大級の地下河川方式の放水路である。埼玉県の江戸川と中川，大落古利根川にはさまれた国道16号の地下約50mに建設されている。2002年から地下調節池として稼動し，中小河川の洪水を直径30m，深さ70mの5本の巨大たて坑に貯留するとともに，地下トンネルを通して江戸川に放流している。

以上はハード対策であるが，高齢化と地域社会の希薄化が進む日本では，市民と地域コミュニティを巻き込んだソフト対策が不可欠である。ソフト対策としては，市民が防災対策を行政に頼りきりにならない意識づけと，ハザードマップなどを活用した地域危険度の理解，想定される現象の理解，主体別の具体的な事前と事後の対策とその効果の理解を促進させ，実際に行動に移せるだけの環境整備である。

写真5-2　首都圏外郭放水路（国土交通省HPより）

(6) 水資源の管理

水量が多すぎる場合の災害が増水であるが，水量が少な過ぎても，渇水や旱魃などの水問題が発生する。これら両面の問題を解決するには適切な水の管理が不可欠である。しかしすでに説明したように日本の河川は長さが短く急峻で，水が一気に流れてしまうので，安定的な水管理の難しい河川といえる。

日本の淡水水資源は，年間の降雨量が世界の陸域の約2倍の1,700mmである。しかし，これを人口当たりに換算すると，一人当たりの年間平均降水量は約5,100m^3（世界の平均値19,600m^3の約1/4）になり，人口当たりで見ると水資源に恵まれているわけではない。また安定的な水資源の利用が難しい急峻な河川が多いので，降雨量から蒸発して失われる量を除いた淡水水資源の中で活用できているのは2割程度である。森林や水田の保水能力の利用は重要であるが，人間が自由に管理して利用できる水資源の確保の点ではダムの持つ意味は大きい。現在日本が有するダムの容量は〔図5-7〕に示すとおりである。既存ダムの有効活用とともに，新しいダムの計画や建設の議論も，環境に配慮したうえで，将来

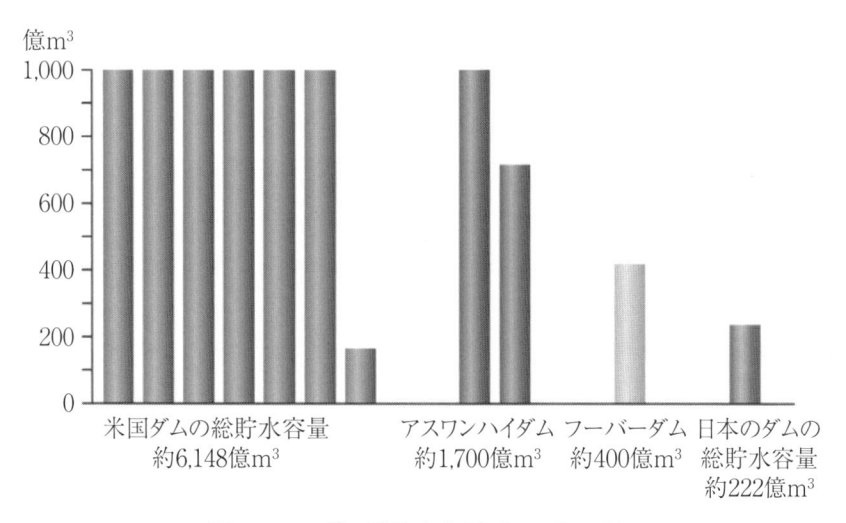

図5-7　ダム総貯水容量（国土交通省）

5. 土砂災害とその対策

（1）土砂災害の概要

　日本の風水害で洪水災害と同様に発生頻度が高い災害が土砂災害である〔図5-8〕。土砂災害は，〔図5-9〕に示す「土石流」「地すべり」「斜面崩壊（がけ崩れ）」の3つに分類される。

　土石流は，岩石や土砂が水と一体となって高速度で下流に流れ出る現象である。発生するきっかけは，長雨や集中豪雨などにより，山腹崩壊や不安定になって移動した岩石や土砂が河川に入り込むことによる。河川への流入土砂が多い場合には，河川を完全に堰き止め（これを「自然ダム」という），その後の水位の上昇でダムが決壊して大規模な土石流を発生させる場合もある。流れの途中で河床や山腹の斜面の地盤を削っ

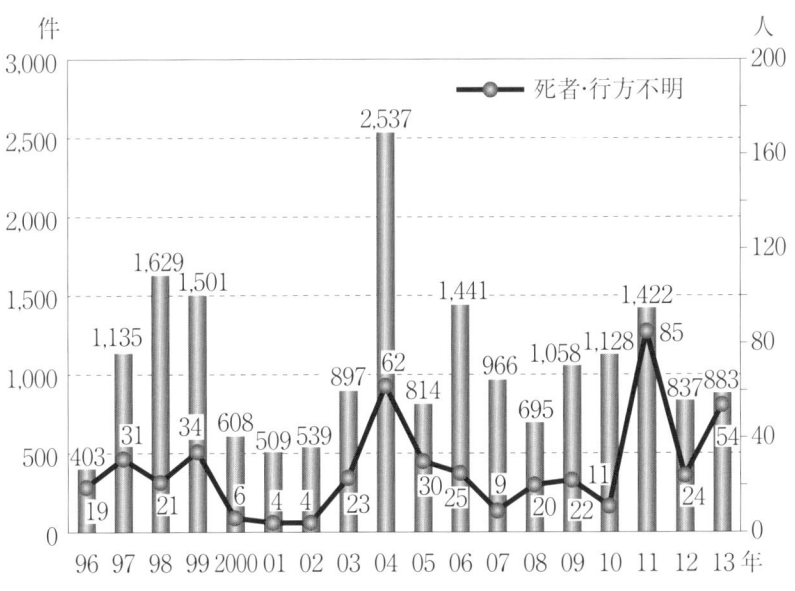

図5-8　土砂災害発生件数（国土交通省資料をもとに作成）

図5-9　土砂災害の種類

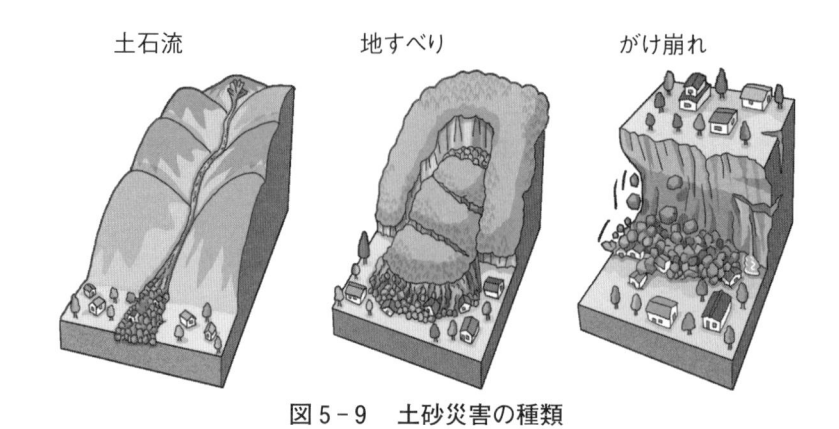

て自己増殖しながら高速で下流を襲うので，住宅や田畑が襲われた場合などは壊滅的な状態になる。河川の勾配が2度を下回ると土砂が堆積を起こして移動が停止する。メカニズムは後述するが，土石流の先頭部分には，巨礫や流木が集中するため大きな破壊力を持つ。降雨以外には，噴火による融雪，火山湖の決壊，地震による山体崩壊なども原因になって発生する。水に含まれる土砂が粒の小さな成分が多い場合には泥流，土砂が極端に少なく水分のみの場合には鉄砲水と呼ばれる。

　傾斜角の比較的小さい斜面で，ゆっくりとした移動速度で大規模な土塊が動く現象が地すべりである。大きな範囲が極低速で安定的に滑っているような場合には，気づかれないこともあるし，移動土塊の上の植栽も変化ない。この状態が，融雪や豪雨，ダムやため池の建設やその水位の変動による地下水位の上昇，地震動や建設工事などで安定性が失われた場合に，滑りやすい地層などを滑り面にして，速度を高めて滑り落ちる。斜面上の家屋や樹木が倒壊したり田畑が壊滅的な打撃を受けてしまうなど，非常に広い範囲に渡って大きな被害をもたらす。

　がけ崩れは，急傾斜地崩壊とも言うが，長雨や集中豪雨などにより急

傾斜地（がけ）が不安定になり，突然崩れ落ちる現象である。土砂の移動速度（崩れ落ちる速度）が非常に速いために，人家の近くなどで起きる場合は逃げ遅れて犠牲者を出しやすい。

（2）土砂災害が日本で多発するわけ

わが国で土砂災害が多発する理由は，日本にはこれらの災害が発生しやすい危険地域が驚くほど多数存在しているためだ。ちなみに国土交通省の調査結果（1988年度／2002年度公表）によると，急傾斜地崩壊（がけ崩れ）危険箇所数が330,156箇所，地すべり危険箇所数が11,288箇所，土石流危険渓流が183,863箇所である。

〔図5-10〕は全国の県庁所在都市と政令指定都市を対象に土砂災害の危険地域に住む人口が都市全体の人口の10％以上を占める都市を抜き出したものである。神戸市，広島市，長崎市などで人口の20％もの人々が危険地域に住んでいる。大津市や神戸市，広島市では土石流災害の危険地に住む人が多く，長崎市や図には入っていないが鹿児島市や高知市などで，がけ崩れ危険地域に住む人が多い。

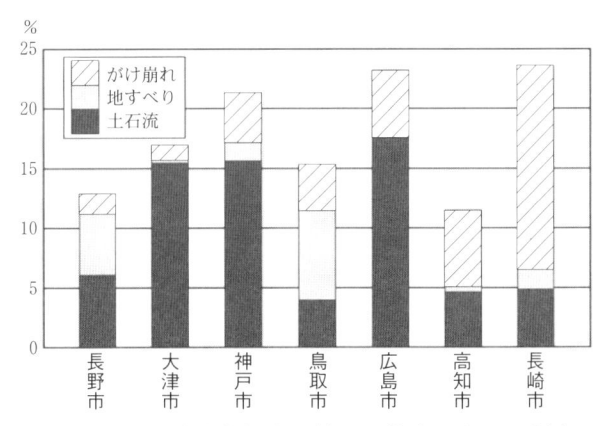

図5-10 土砂災害危険地域に居住する人口の割合
（国交省2002年）

(3) 土石流が大きな破壊力を持つメカニズム

土石流が大きな破壊力を持つ理由は，土石流の流れの表面部分に巨石が浮かび上がったような状態で移動するとともに，それが徐々に先頭部分に移動し，結果として先端部分に巨石が集中し，これが衝突することが挙げられる。また堆積過程でも，土石流の先端と表面付近には大きな石が存在する〔写真5-3〕。

なぜこのような現象が発生するのかを簡単に説明する。

様々な大きさの土砂から構成される土石流が，でこぼこの河床の上を流れ落ちる過程で大きく揺すられる。この時，大きな粒子は慣性力が大きいので，なかなか動かないが，いったん動き出すと今度は簡単には止まれないので，大きなサイズの粒子の周辺には隙間ができる。その隙間に慣性力が小さく簡単に動く小さな粒子が入り込む。すると隙間がなくなるので，もはや大きな粒子はもとの位置には戻れなくなる。これを繰り返すことで，大きな粒子はだんだんと流れの上の方に浮かび上がって

写真5-3　土石流の表面と先端に巨石が集まるわけ（矢印の先端は人間。土石流の表面に数千tの巨石がごろごろしている様子がわかる）

くる。一方，土砂の速度は，河床付近では摩擦の影響で遅く表面付近で早くなる。結果として，表面付近に浮かび上がってきた大きな粒子が前方方向に移動していく。これが土石流の表面や先端に大きな石や岩が現れるメカニズムである。

(4) 土砂災害の前兆現象

土砂災害では，〔表5-6〕に示すような前兆現象が観測されることがよくある。土砂災害から身を守る上では，この前兆現象を見逃すことなく正しく捉え，適切に対応することが求められる。

表5-6　土砂災害の前兆現象

	土石流	地すべり	がけ崩れ
音	山鳴り，地鳴り		
音		樹木根の引きちぎれる音	がけからの小石の落下
水位湧水	河川水量の急激な減少 河川の水の急な濁り 流木の混入	斜面途中や湧水のなかった場所からの湧水 湧水の急激な増加や停止， 沢や井戸，湧水の濁り	
臭い	腐敗臭		
ひび割れ		斜面上，山腹や斜面上のひび割れ	
樹木		樹木の傾斜や倒壊，揺れ	
家電柱		家のゆがみ 戸やふすまの開閉困難 壁や塀のひび割れ 床や壁，電柱等の傾き	

(5) 土砂災害の対策

土砂災害の対策も洪水災害の場合と同様に，ハード対策とソフト対策があり，これをうまく融合させて実施することが重要である。

ハード対策としては,「砂防堰堤」,「スーパー暗渠砂防堰堤」,「山腹工」,「渓流保全工」,「抑止杭」などの対策がある. 地すべりやがけ崩れでは, 不安定な土塊を取り除いたり傾斜を緩くしたりすることが最も効果的であるが, 土砂の運搬や経費の問題から困難な場合も多い. そこで斜面や山腹を安定させるために, 地下水を暗渠で排水したり, 杭やアンカーを打って安定性を高める対策がとられることが多い. 土石流では, 山腹斜面を安定させる山腹工と以前は一般的なコンクリートの砂防ダムが多く用いられた. しかし最近では, 野生動物や魚類などの移動の妨げに配慮し, 土石流が発生した時にのみ, 急激な土砂や流木の流下を防ぎ, その後に流量が減った後で徐々に溜まった土砂が排出される, 環境に配慮したスーパー暗渠砂防堰堤〔写真5-4〕やスリットダム〔写真5-5〕が用いられるようになってきた.

　ソフト対策としては, 洪水対策同様に住民に危険性を理解してもらう土砂災害用のハザードマップの整備とこれを用いた啓発活動がある. さらに最近では, 土砂災害防止法に基づいて, 行政が評価を行い土砂災害の恐れのある地域を警戒区域とし, 警戒避難体制を整備することになった. さらに警戒区域の中で, 建築物の破損や住民に著しい危険が生じる可能性のある地域を特別警戒区域として, その地域内では, ①建築物の構造規制, ②特定の開発行為に対する許可制, ③建築物の移転などが可能となった.

写真5-4　スーパー暗渠砂防堰堤
（写真：松本砂防事務所）

写真5-5　スリットダム
（写真：多治見砂防国道事務所）

6. 風水害を減らすには

　日本はその気候条件や地理的条件から，洪水や土砂災害をはじめとする風水害の危険性が高く，毎年数多くの風水害が発生し，甚大な被害を受けている．風水害はわが国を代表する気象災害といえる．これらの風水害を減らすには，被害の発生を抑止する河川改修やダム・砂防堰堤の整備などのハード対策としての治水・治山事業と市民と地域コミュニティを巻き込んだソフト対策が不可欠である．高齢化と地域社会の希薄化が進む日本においては，ソフト対策としては，市民が防災対策を行政に頼りきりにならない意識づけと，ハザードマップなどを活用した地域危険度の理解を促進することが重要だ．さらに想定される現象の理解と具体的な事前，事後の対策や対応策とその効果の理解を促進させ，実際に行動に移せる環境を実現することが求められる．

参考文献

・内閣府：平成18年度版防災白書，2006
・内閣府：平成19年度版防災白書，2007
・土木学会『日本に住むための必須！！防災知識』丸善，2006

6 │ 地震災害とその対応

目黒公郎

《**本章の学習目標＆ポイント**》 地震災害はわが国の代表的な自然災害である。ここでは，地震の発生メカニズム，マグニチュードと震度の関係，地震動の特徴と被害の関係，地震と震災などの基本を理解する。またわが国における過去の地震，被害の形態と特徴，連鎖的反応のメカニズムについて，地域ごとの特性に触れつつ学ぶ。
《**キーワード**》 プレートテクトニクス，震源，震央，断層，マグニチュード，震度，地震動，わが国の地震学的な環境，災害連鎖，人的被害

1．わが国における地震災害

(1) わが国における地震被害のワースト10

　わが国は地震大国と良く言われる。過去に，どの程度の被害を受けているのかを，記録がある程度はっきりしている範囲を確認すると，〔表6－1〕のようになる。この表は1700年から2015年までの間にわが国に発生して，1,000人以上の犠牲者を出した地震のリストである。

　第1位は1923年9月1日に発生した関東地震（M7.9）で，死者行方不明者は約10万5,000人であった。第11位が兵庫県南部地震（M7.3）で，この地震による犠牲者は最終的に6,400名を超えた。11位までの地震被害の中では，津波によって多数の犠牲者を出したものが多く，第2位の明治三陸地震津波，第3位の東北地方太平洋沖地震，第5位の眉山崩壊津波，第6位の八重山地震津波である。第5位の眉山崩壊津波は島原の

表6-1 1700年から2015年3月までの間にわが国で発生した死者・行方不明者が1,000人以上の地震災害

順位	発生年月日	地震名	死者不明数	マグニチュード
1	1923（大正12）年9月1日	関東地震	約10万5000人	7.9
2	1896（明治29）年6月15日	明治三陸地震津波	約2万2000人	8
3	2011（平成23）年3月11日	東北地方太平洋沖地震	約2万1,300人	9.0（Mw）
4	1707（宝永4）年10月28日	宝永地震	約2万人	8.4
5	1792（寛政4）年5月21日	眉山崩壊津波（雲仙岳）	約1万5,000人	6.4
6	1771（明和8）年4月24日	八重山地震津波	約1万2,000人	7.4
7	1703（元禄16）年12月31日	元禄（江戸）地震	約1万人	8.1
8	1847（弘化4）年5月8日	善光寺地震	約8,000人	7.4
9	1855（安政2）年11月11日	安政（江戸）地震	約7,000人	6.9
10	1891（明治24）年10月28日	濃尾地震	約7,000人	8.0
11	1995（平成7）年1月17日	兵庫県南部地震	約6,500人	7.3
12	1854（安政元）年12月23，24日	安政東海地震・安政南海地震	約4,000人	両者とも8.4
13	1948（昭和23）年6月28日	福井地震	約3,700人	7.1
14	1933（昭和8）年3月3日	昭和三陸地震津波	約3,000人	8.1
15	1927（昭和2）年3月7日	北丹後地震	約3,000人	7.3
16	1945（昭和20）年1月13日	三河地震	約2,300人	6.8
17	1741（寛保元）年8月29日	渡島津波	約2,000人	
18	1828（文政11）年12月18日	三条地震	約1,600人	6.9
19	1854（安政元）年7月9日	伊賀上野地震	約1,600人	7
20	1751（宝暦元）年5月21日	高田地震	約1,500人	7～7.4
21	1766（明和3）年3月8日	津軽地震	約1,300人	7
22	1946（昭和21）年12月21日	（昭和）南海地震	約1,300人	8.0
23	1944（昭和19）年12月7日	（昭和）東南海地震	約1,200人	7.9
24	1943（昭和18）年9月10日	鳥取地震	約1,000人	7.2

（理科年表（2013）に東北地方太平洋沖地震データ〔表7-1〕を追記）

雲仙普賢岳の火山性の地震で、普賢岳に隣接する眉山が大規模な山体崩壊を起こし、大量な土砂が有明海に押し出された。その結果、津波が発生し、対岸の熊本（肥後）までを含め、多数の犠牲者を出した。「雲仙大変、肥後迷惑」として有名な災害である。東京（江戸）地域を襲った地震としては、第1位の関東地震、第7位の元禄（江戸）地震、第9位の安政（江戸）地震がある。現在発生が心配されている首都直下地震と同じタイプの地震がM7クラスの安政（江戸）地震であり、関東地方を襲った1923年の関東地震の前のM8クラスの地震が元禄（江戸）地震である。第4位の宝永地震は、わが国で発生した地震としては最大級の地震で、五畿・七道が激しく揺れた地震で、現在で言えば、東海・東南海・南海の3つの巨大地震が同時に起きた地震である。第8位の善光寺地震はM7クラスの内陸の直下型地震で、長野市の善光寺のほぼ真下で発生したもの。この地震では、揺れによる被害以上に、山間部の土砂崩れによって堰き止められたダム（これを自然ダムとか土砂ダムという）が増水によって決壊し、大土石流を引き起こし、これによって多数の死者・行方不明者が出た。第10位は1891年の濃尾地震で、この地震は美濃と尾張にわたる地域に大規模な災害をもたらしたM8クラスの内陸直下の巨大地震である。この地震は、地表に現れた大規模な断層で世界的に有名になった。

（2）わが国の地震災害を俯瞰する

　もう少し具体的にわが国で発生した地震被害を見てみよう。
① 江戸幕府末期から関東地震（1923年）まで
　〔図6-1〕は安政（江戸）地震（1855年11月11日、M6.9）の直後に江戸の町に出回った錦絵である。当時、地震の原因は地下に住む大鯰が暴れるためと考えられていたこともあり、鯰が多く描かれていることか

第6章 地震災害とその対応 | 115

図 6-1 安政の江戸地震（鯰絵）

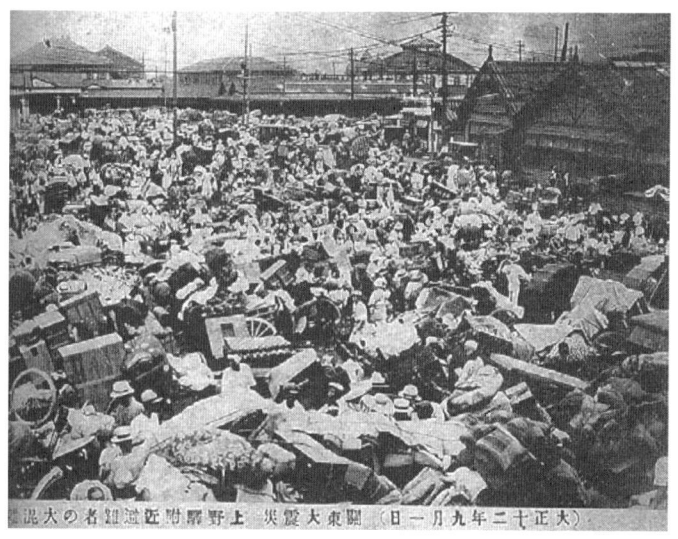

写真 6-1 関東大震災による被害（写真提供：共同通信社）
（地震発生から数時間後の上野駅前広場の様子）

ら「鯰絵」〔図6-1〕と呼ばれている。地震大国であるわが国では，こうした災害文化が浸透しており，当時の地震に関わる人々の思いが記録されていった。

1891年には濃尾地震（M8.0）が発生し，この地震により岐阜県の根尾谷には上下に6m，水平に2～3mの変位の地表断層崖が出現した。

まだ近代化の進んでいなかった1923年9月1日，多くの家庭で昼食の準備をしていた午前11時59分にM7.9の関東地震が発生した。揺れにより，各地で土砂災害が発生するとともに，多数の建物が倒壊した。海岸には津波も襲った。各地で出火し，風も強かったため大規模な延焼火災となり，火災旋風が発生するとともに隅田川にかかる木造の橋梁も焼失・落下した。大勢の人々が台八車に家財道具を積んで大火から逃げようとする光景が見られたという。この後に，極度に込み合って身動きができない状況の人々〔写真6-1〕を延焼火災が襲い，多くの人々が焼死することになる。

② 福井地震（1948年）から北海道南西沖地震（1993年）まで

災害の様相は時代とともに変化する。戦後の高度経済成長期にも，その時代を象徴するかのような被害が発生した。〔写真6-2〕は1948年の福井地震の際の被害写真である。空襲による戦火にもあっている鉄筋コンクリートのデパートが崩壊している様子である。この地震の揺れが非常に激しかったことから，従来までの震度階（0から6）では表現できない強さの揺れということで，新しく震度7が定義された。〔写真6-3〕は1964年の新潟地震（6月16日，M7.5）の際に落橋した竣工直後の昭和大橋である。この地震では液状化と呼ばれる現象が注目を集め，世界的にも有名になった。

1983年には日本海中部地震（5月26日，M7.7）が発生した。この地震までは，日本海側では大きな津波が発生しにくいと言われていたが，

写真6-2　福井地震により崩壊した鉄筋コンクリートのデパート（撮影：小林啓美）

写真6-3　新潟地震による昭和大橋の被害

この津波で約100名が亡くなった．その中には，津波を良く知らなかった外国人の観光客や山間部の小学校の生徒たちが含まれていた．遠足に来て海岸でお弁当を食べたり遊んでいたりしたところに津波が襲い，多くの小学生が犠牲になり，改めて防災教育の重要性が認識された．この地震のちょうど10年後に，同じく日本海側で発生した地震が北海道南西沖地震（1993年7月12日午後10時17分，M7.8）である．この地震では

震源の近傍にあった奥尻島に巨大な津波が押し寄せ，甚大な被害を受けた。この地震による死者は全体で240名であったが，その中の200名は津波によるものであった。しかも津波の第一波は地震発生の3分後くらいには奥尻島を襲ったので，当時の津波警報は間に合わなかった。気象庁はこれを反省し，3分以内に津波警報を発令できるシステムを構築した。この地震は夜間に発生したものであったが，10年前の日本海中部地震の津波経験に基づいて迅速に避難を開始した人が助かるなど，防災教育や経験の重要性が指摘された。

③　兵庫県南部地震（1995年）以降の地震[1]

　1995年（平成7年）から2013年（平成25年）の間，犠牲者を10人以上出した地震の中で，直下型地震は，1995年兵庫県南部地震，2004年新潟県中越地震，2007年新潟県中越沖地震，2008年岩手・宮城内陸地震で，海洋プレート型の地震は，2011年東北地方太平洋沖地震である。

　直下型地震の代表は，人口150万人規模のわが国の近代大都市を初めて襲った兵庫県南部地震，中山間地の直下を襲った新潟県中越地震や新潟県中越沖地震などである。兵庫県南部地震が関西地域に引き起こした震災を総称して「阪神・淡路大震災」と呼ぶが，この震災の影響を受けた地域は災害救助法の適用を受けた市町村数で20，これは当時の全市町村数3,234の約0.6％に相当する。この震災の最大の教訓は，今日のわが国でも大都市直下で地震が起こると，M7クラスであっても大規模な災害が発生するということ。この震災では老朽化建物（既存不適格建物）の倒壊や震後の同時多発の火災，社会インフラの被害によって，人的，物的，経済的に甚大な被害が発生した。また一般市民を中心に，延べ100万人を超えるボランティアが被災地支援を行ったことから，1998年の特定非営利活動促進法（NPO法）設立のきっかけになった。

　海洋プレート型地震である東北地方太平洋沖地震は「東日本大震災」

と呼ばれる大災害を広域にもたらした。この地震による災害救助法適用市町村数は241で、これは全国の市町村数1,723の約14％に相当する。

　東日本大震災の被災地は、ハード的にもソフト的にも世界最高水準の津波対策が実施されていた地域であった。釜石港の湾口防波堤や宮古市の田老地区の防潮堤などが、ハード対策を代表する津波防御施設であったが、津波はこれらを乗り越えて襲来し、繰り返す押し引きの波によって施設自体も大きな被害を受けた。マスコミはこのような状況を見て「膨大な予算と時間を費やして整備したこれらの事前対策が効果を発揮することなく、1万8千人を超える死者・行方不明者が出てしまった」と伝え、多くの国民も納得した。しかしこの認識は不十分である。東日本大震災の津波浸水エリア内の人口は約62万人であったが、その中で亡くなった人々の割合は約3％である。世界の過去の津波災害において、津波浸水域内の生存率が97％というのは驚異的に高い数値である。3％の犠牲者の原因究明と改善策の提案は言うまでもなく重要であるが、同時に事前のハード・ソフト対策によって、津波浸水域内の97％の人々が助かったことを広く周知しないと、事前対策の重要性が忘れ去られてしまう。マスコミによって否定的に扱われた釜石港の防波堤も、津波が越流するまでに6分間の遅延効果が確認されているし、津波の流入速度の低下による衝撃力の低減や流入水量の減少による浸水深と遡上高さの大幅な（3割から5割）低下を実現した[2]。また引き波時にはダム効果によって急激な水位低下を阻止するなど、死者・行方不明者の軽減に大きく貢献している。

2. 地震はなぜ起きるのか？

　〔図6-2〕は地球を輪切りにしてその内部を模式的に表したものであ

る。地球の表面は十数枚のプレートと呼ばれる厚さ30～100キロメートルの岩盤で覆われている。それぞれのプレートはマントル対流によって年間数センチメートルの速さで移動する。このような考え方をプレートテクトニクス理論と言うが，地震は主として，このプレートが地球の内部から生まれて出てくる場所と，移動していってまた地球の内部に沈み込んでいく場所で発生する。このプレート同士の境界で発生する地震を「プレート境界型地震」と言う。海側にあるプレートが沈み込む時，陸側のプレートはいっしょに引っぱられていく。しかし，やがて耐えきれなくなって跳ね上がる。この現象が「海溝型地震」である。

わが国は，北米プレート，ユーラシアプレート，フィリピン海プレート，太平洋プレートの4枚のプレートが衝突し，複雑に重なり合うところに位置しているために，海溝型の地震が多く発生する。一般に，海溝型地震は直下型に比べて地震の規模を示すマグニチュード（M）が7～9と大きい。1923年の関東地震や2011年の東北地方太平洋沖地震，近い

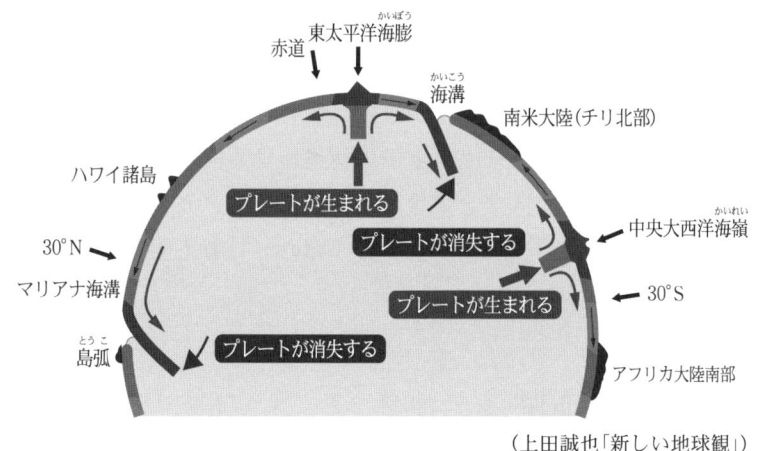

（上田誠也「新しい地球観」）

図6-2　プレートの生成と潜り込み

将来の発生が危惧されている東海地震や東南海地震，南海地震も海溝型地震である。
　一方，陸域の地中の比較的浅い部分で発生する地震が「内陸型（直下型）地震」である。この地震は陸側のプレートが引っぱられて，活断層にひずみエネルギーがたまり，耐えきれなくなって発生する。直下型は海溝型に較べて小さく，M7程度であることが多い（ただし1891年の濃尾地震はM8クラスの直下型地震）が，一般に震源が浅いために震度6強～7の非常に強い揺れが地表に伝わる。結果として，被害の及ぶ範囲は比較的狭いわりに，局所的に大きな被害をもたらすことになる。1995年の兵庫県南部地震もこのタイプである。

3．地震災害の特徴

（1）地震被害を起こすメカニズムと地震災害の分類

　地震が及ぼす様々な障害（地震被害）は，直接的には地下の断層の破壊現象が地表にまで及んで発生する地表の変状（上下や水平の大きな変位）や，断層の破壊に伴って生じた応力波が地表面まで伝わって起こる地面の揺れ（地震動）によって生じる。これらの被害は，引き起こされた現象や被災対象の違いによって，「a）地盤災害」，「b）津波」，「c）地震動による建物被害」，「d）延焼火災」，「e）ライフライン機能障害」，「f）情報被害，社会機能障害，その他の被害」などのタイプに分類される。

　a）の地盤災害は，地震の揺れによって，不安定な地盤が地すべりや土砂崩れ，がけ崩れを起こす災害である。ライフライン被害の主要因になる砂地盤の液状化現象もこの範疇の災害だ。最近のわが国では，1984年の長野県西部地震や2004年の新潟県中越地震による被害が代表的なも

のである。b）は前章ですでに説明したように，海域の地下で上下の変位を持つ大規模な地震が発生した場合や海中への大量の土砂流入，海底地すべりなどを原因として起こる津波がもたらす被害である。最近では，1983年の日本海中部地震，1993年の北海道南西沖地震，2011年の東北地方太平洋沖地震，海外では2004年のスマトラ沖地震などである。c）は激しい地震動によって構造物や施設が被災するタイプの被害である。わが国では建物の耐震基準の改定による耐震性の向上で，この問題はかなり改善されたと考えられていたが，1995年に発生した兵庫県南部地震はその認識が誤りであったことを明らかにした。d）は地震時に出火した火災が大規模に延焼する災害である。1923年の関東地震で旧東京市の4割以上を消失した火災が最も有名である。e）は電力，ガス，水道，鉄道や道路などの交通機関などの機能的障害である。f）は現代社会が基盤としている情報や通信の障害による被害，世界を対象に複雑に絡み合う都市機能が地震で影響を受けるような社会経済的な被害などである。

　これらの被害を見てみると，時代とともに減少していく傾向の被害，時代とともに増加していく傾向の被害など，被害のタイプによってその特徴に違いがある。

（2）地震による災害の連鎖

　［第2章3．］でも説明したように，巨大災害は「インプット（I）→システム（S）→アウトプット（O）」が複雑に絡み合いながら連鎖反応を起こしていくことで，時空間的に拡大した現象として捉えることができる。このような被害の連鎖を簡単にまとめたものが〔図6-3〕である。

　地震が，地盤変状や地震動として各種の施設に影響を及ぼし，その結果として火災や人的被害が発生するとともに，復旧・復興時の様々な問

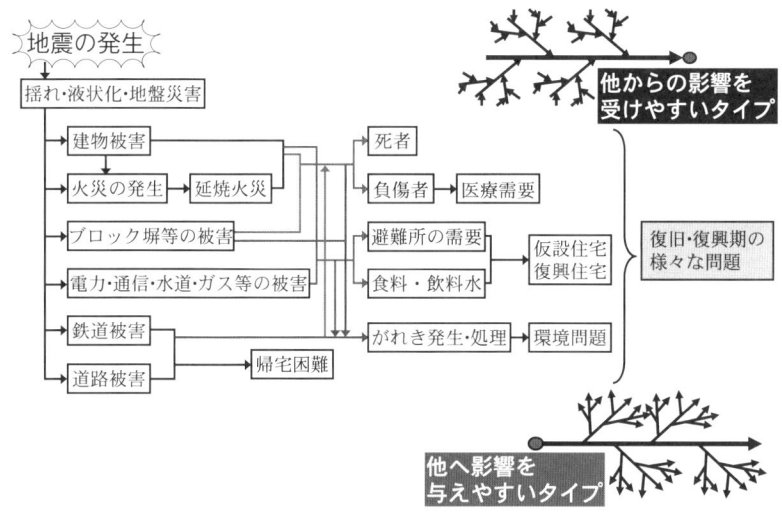

図6-3 被害の連鎖

題が引き起こされる様子がわかる。

4. 兵庫県南部地震から学ぶこと

（1）犠牲者の特徴

　兵庫県南部地震による死者・行方不明者は2007年9月現在までに6,437名に及んでいるが，地震直後の2週間では被災地全体で約5,500名が亡くなっている。この70％以上を占める3,875名が神戸市内で亡くなった犠牲者であり，この中の3,651名に関して，兵庫県の監察医のグループが非常に丁寧な調査をしている[3]。

　この調査結果によれば，犠牲者の86.6％がアパートを含め自宅で亡くなっている。年齢分布としては，犠牲者の過半数は60歳以上である。とっさの行動がとれなかったことに加え，住んでいた住家が老朽化してい

表6-2　犠牲者（神戸市内）の死亡推定時刻（兵庫県監察医による調査）

死亡日時		死亡者数				死亡者累計（合計）	
		監察医が扱った事例		臨床医が扱った事例			
		数	%	数	%	数	%
1月17日	6：00	2,221	91.9	719	58.2	2,940	80.5
	9：00	16	0.7	58	4.7	3,014	82.6
	12：00	47	1.9	61	5.0	3,122	85.5
	23：59	12	0.5	212	17.1	3,346	91.6
	時刻不詳	110	4.6	84	6.8	3,540	97.0
1月18日		5	0.2	62	5.0	3,607	98.8
1月19日〜2月4日		5	0.2	35	2.9	3,647	99.9
日付なし		0	0	4	0.3	3,651	100
合計		2,416	100	1,235	100	3,651	100

るものが多かったためだ。また，足腰が弱いので，日本家屋では階段の利用を避け一階を生活空間とされている人が多く，特に寝室が一階にあり，その一階が潰れた事例が多かったことが原因である。

一方，体力があり機敏な行動がとれる20歳から25歳の若い世代にも，当時の人口比率を考慮しても有意に高い山があった。彼らは神戸以外の地域から神戸に来て勉強していた大学生や大学院生，そして若い働き手たちである。脆弱な安アパートに住んでいて，それが壊れて亡くなった。会社借り上げの独身寮が脆弱なアパートで，これが被災した例などもあった。若い世代が耐震性の低い建物に住んでいる状況は，もちろん神戸だけに特有の問題ではない。地震の危険性が指摘されている他の多くの都市でも同様であることを考えると，このままでは次世代を担う若者が選択的に犠牲になる状況が続いてしまう。

〔表6-2〕は死亡推定時刻であるが，データは検死のプロである監察医と一般の臨床医に分けて集計されている。監察医によれば，臨床医に

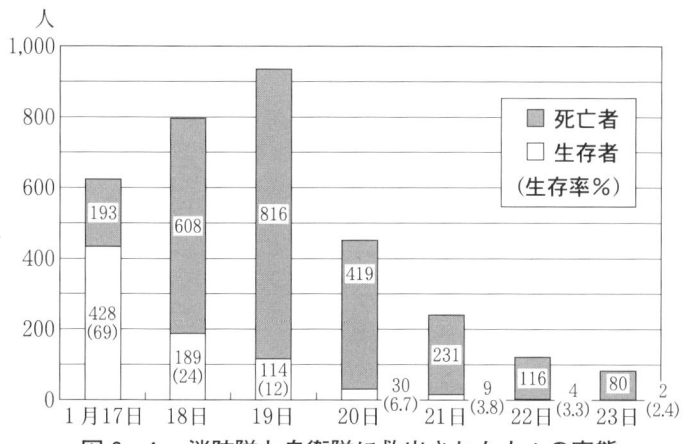

図6-4 消防隊と自衛隊に救出された人々の実態

よるデータには，遺体が搬入された時刻を死亡時刻とした記載や，死亡時刻をおおざっぱに地震の当日などとした記載の割合が多く，結果の精度は監察医のものほど高くないという。その臨床医のデータを含めても，地震直後の14分以内に亡くなった方は全体の8割以上となる。精度の高い監察医による調査結果を見ると，その比率は約92％にはね上がる。後述する高度焼損死体（火事で完全に焼けて骨だけになってしまった死体）など，死亡時刻がよくわからない死者を除くと，92％という比率はさらに上がる。

これらの結果から，「自衛隊や消防隊がもっと早く出動していれば，犠牲になった多くの人々を助けることができた」というのは，兵庫県南部地震の場合には完全に間違っていたことがわかる。

兵庫県南部地震では，多数の人々が倒壊した建物の下敷きになったが，その中で消防隊と自衛隊によって掘り出された方々について，その時点でまだ生存していたか否かを調べた結果がある〔図6-4〕。これも神戸

市内を対象とした地震後1週間までの結果である。

　図を見ると，初日，二日目，三日目と，全体の数は増えているが，これは体制が整っていくからである。しかし生存者の割合は，初日は7割と高率だが，二日目には2割，三日目には1割と急激に下がっていく。

　こういう状況から，私たちは，初日が重要だということで，ゴールデン・トゥエンティーフォー・アワーズ（Golden 24 hours）と呼ぶ。また，三日目ぐらいまではまだ生存者がある比率でいるので，人命救助を第一とした対応をすべきだという意味で，この時間帯をゴールデン・セブンティーツー・アワーズ（Golden 72 hours）と呼ぶ。ここまでの説明には皆さん疑問を感じないと思うが，この後に間違った理解をする人がいる。それは，二日目や三日目に体制が整うにしたがって増大した，亡くなった状態で発見された方々が，初日に掘り出されていれば，その7割は救えたはずだと考えてしまうことだ。先ほど説明した死亡推定時刻はこの人たちを含めて，整理されたものだ。彼らの多くは，地震の直後にすでに息絶えており，その状態で二日目や三日目に発見されたのだ。

　ここで，発生した被害量とその対応に当たる側の人材の数の関係について，少し補足説明しておく。兵庫県南部地震による建物被害は，全壊だけで約105,000棟，半壊は約145,000棟，一部損壊は約39万棟だ。全焼建物は7,000棟以上で，焼損建物が7,500棟以上だ。被災建物を全て合わせると65万棟を超え，街のいたるところで生き埋めが発生しているような状況であった。

　一方，災害対応のプロである消防士や自衛隊員はどれくらい存在するのだろうか？　プロの消防士は全国で約15万人，自衛隊で災害対応の中心となる陸上自衛隊員も全国で約15万人。地域のボランティアで組織される消防団員が全国で約87万人だ。

　犠牲者の生死の大半が地震直後の15分以内で決まってしまう中では，

消防や自衛隊などが，被災地の隅々にいたるまで対応することは不可能だ。

最終的に被災地全体では，消防士や自衛隊員，警察などによって掘り出された人が約8,000人いたと言われている。一方で，その3倍を超える約27,000人が地元の人々によって掘り出されている。しかもこちらの方が，生きている人の比率がずっと高かった。

このデータは地域の防災力を考えるうえで非常に重要だ。多くの専門家も，このデータを使って「だから，地域コミュニティが大切である」と説明する。しかし，このデータには，もう一つとても重要な問題が隠されているが，これを指摘する人は専門家でも多くない。

なぜ，地域の人々が27,000人もの人を掘り出すことができたのだろうか？

この質問に対して，多くの方は，近所の人たちの方が「地域のことをよく知っていたから」とか，「すぐ近くにいたので，対応までの時間がかからなかった。」などとお答えになるが，私はその前にまず，公的な機関の手で掘り出された方を含め，少なくとも35,000人（実際はこの数値に自力で這い出した10,000人から15,000人が加わる）以上の人が被災建物の下敷きになっていた事実に注目するようにお話しする。次に重要なポイントは，後で詳しく触れるが，下敷きになっている人のレスキューを優先しなくてはならなかったために，初期消火活動が後回しになったというマイナスの側面の話だ。

（2）震後火災との関係

兵庫県南部地震の直後の被災地の映像として，街のいたるところで火災が発生し，大規模な延焼火災が起こっている様子が映し出されることが多いので，この地震による死者の多くは火災による犠牲者だと思って

表6-3 犠牲者の直接的な死因
（神戸市内　震災後2週間以内　兵庫県監察医による調査）

死因		死者数	%	
窒息	胸部，腹胸部，体幹部圧迫等	1,967	53.9	
圧死	胸部・頸部・全身の圧座損傷	452	12.4	
外傷性ショック	火傷・打撲・挫滅・出血等による	82	2.2	
頭部損傷	外傷性くも膜下出血・脳挫傷等	124	3.4	83.3%
内臓損傷	胸部または胸腹部	55	1.5	
頸部損傷		63	1.7	
打撲・捻挫傷		300	8.2	
焼死・全身火傷	一酸化炭素中毒を含む	444	12.2	15.4%
不詳・不明	（高度焼損死を含む）	116	3.2	
臓器不全等	16.7%	15	0.4	
衰弱・凍死		7	0.2	
その他		26	0.7	
合計		3,651	100	

□ 建物被害による犠牲者　■ 火災による犠牲者
□ 臓器不全，衰弱等による犠牲者

いる人がいるが，これは間違いである。

　〔表6-3〕は，兵庫県の監察医の皆さんがまとめた地震から2週間以内に神戸市内で亡くなった人々の直接的な死亡原因の調査結果である。

　圧倒的に多いのは呼吸ができなくなって亡くなった「窒息死」で全体の53.9％，次が，多臓器不全などにつながる「圧死」で12.4％，その他を含め建物もしくは家具が原因による犠牲者が全体の83.3％を占める。残りの16.7％の犠牲者の9割以上を占める15.4％の犠牲者は，火災現場で発見されている。「焼死・全身火傷」の12.2％に「不詳および不明（高度焼損死体）」の3.2％をプラスした数値だ。

　高度焼損死体とは，完全に焼けきって，お骨の状態にまでなってしまった死体である。こうなると，さすがの監察医も，その方が生きている

状態で火事が襲ってきたのか，亡くなってから火事が襲ってきたのか判断できない。

　一方，それ以外の12.2％の人たちは生きている状態で火事に襲われたことがわかっている。では，なぜ生きていたのに，火事から逃げることができなかったのか？

　その理由は明解である。彼らのほとんど——ごく少数の例外，つまりなぜそこにいたのか理由が分からない人，偶然そこに居あわせたか，人や物を捜しに来ていたような人を除いて——は被災した建物の下敷きになって逃げ出せない状況だったのだ。消火活動にまったく問題がなかったわけではないが，建物に問題がなければ，彼らは火事が襲ってくる前に逃げ出せるので，焼死しなくてすんだのだ。つまり焼死した犠牲者の原因にはまず建物の問題があったということだ。

　以上の話から，建物の問題（一部家具含む）を原因として亡くなった犠牲者の割合は，83.3％と12.2％を合わせた実に95.5％にも達することがわかる。

　また，防災というとすぐに「乾パンとか水の用意」と考えがちだが，この地震で亡くなった人の中で，「衰弱・凍死」が原因の犠牲者はわずか0.2％である。しかもこの人たちも焼死者と同様に，被災建物の下敷きになって発見が遅れ衰弱死されている。ここにも建物の問題があったのだ。

　阪神・淡路大震災における延焼火災の話をすると，「神戸の震災の時は消火栓から水が出なかった。水が出れば延焼火災もくい止められたし，多くの人たちを救えたと思うけれど，残念だった」と言う人がいるが，これも正しくない。専門家の考えは違う。神戸市内の被災状況を前提とすれば，消火栓から十分な水が出ても状況を大きく変えることは不可能だったと判断している。

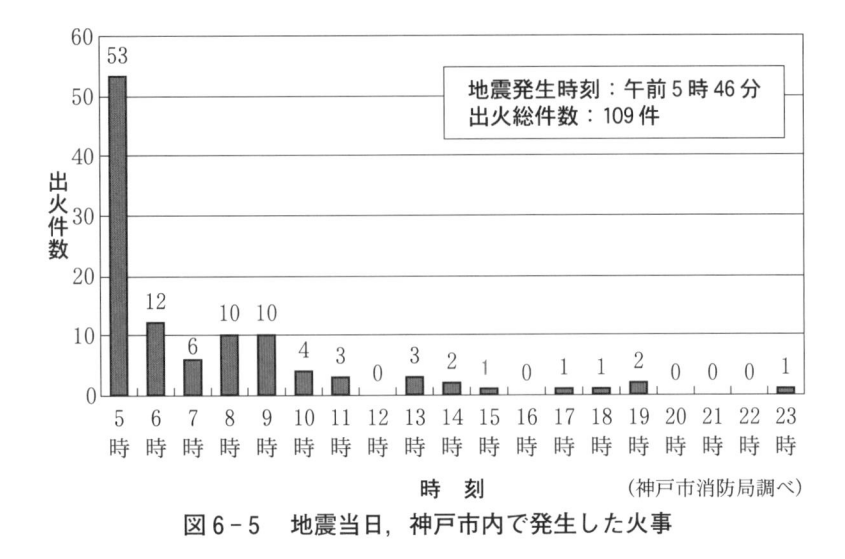

図6-5 地震当日，神戸市内で発生した火事

地震発生時刻：午前5時46分
出火総件数：109件

（神戸市消防局調べ）

　なぜか？　神戸市は人口150万人規模の都市で，平時では一日に2件前後の火災が発生する地域だ。公的な消防力は，規模にもよるが，通常の火事であれば同時に4件，5件という火災に対して，対応できるものだ。地元消防団の力を借りれば，それ以上の能力になるので，平常時を対象とすれば全く問題はなかったことがわかる。

　ところが，兵庫県南部地震の際には，地震の当日に神戸市内で100件以上の火災が発生した。特に地震発生の5時46分から6時までの最初の14分間には，神戸市内だけで53件の火災が発生している〔図6-5〕。この話をすると，「そうですか。じゃあ，その50件や100件の出火に対応できる公的な消防力を持つべきですね」なんて言う人がいる。それは不可能だ。何十年に一度起こるか起こらないかという火災のために，そんな消防力をだれが担保できるだろうか。それは別の対策を講じないとダメなのだ。

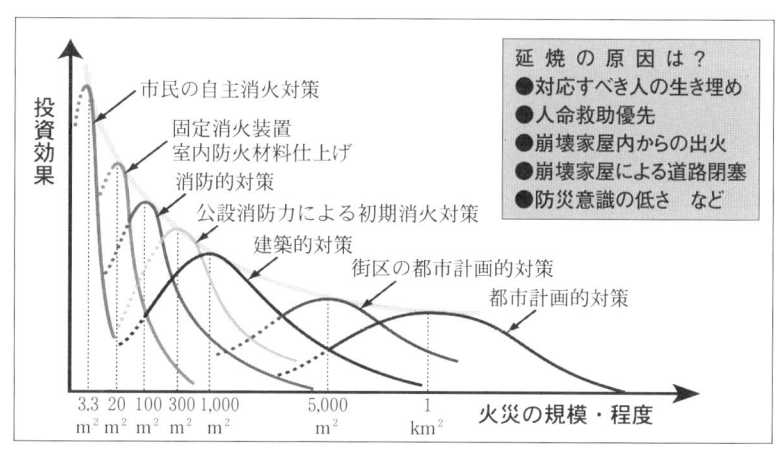

図6-6　各種防火対策の有効限界と組み合わせ

〔図6-6〕に示すように，火災に対しては，その規模に応じてどういう対策が効果的であるかはわかっている。一坪以下程度の小さな火災は市民による自主消火が一番効果的だ。消防の人たちによる消火活動が効率的なのは100平方メートルから300平方メートル，家一軒，二軒というレベルだ。延焼が拡大して火事の規模が大きくなると，もはや消火活動の問題ではなくなって，建物の耐火性や都市計画の問題になる。

地震の後の同時多発の火災は，数の上で公的消防力の能力を超えてしまうが，出火直後の規模は小さいので，まさに市民の自主消火が最も重要な火災と言える。平時であれば，消防士の人たちも余力があるので，ボヤ程度の火事でも来てくれるが，地震後の同時多発の火災となると，全ての現場に出動することはできない。この時こそ，市民による自主消火が重要になるが，神戸ではこれがうまくいかなかった。理由は五つあり，その中の四つは被災建物の問題であった。

一つ目，家がいっぱい壊れた。火事の初期対応すべき市民が，壊れた家の下敷きになって対応できなかった。

　二つ目，家がいっぱい壊れた。一つ目で説明したように壊れた家の下敷きになっている人が多数発生したので，周辺の市民はそのレスキューを優先しなくてはならなかった。地震直後のレスキューも市民に期待される活動であった。先ほど，消防隊や自衛隊によって掘り出された人びとの3倍以上の方が市民によって掘り出され，その中で生きている人の率は高かった話をしたが，救助活動を優先しなければならなかったことが，初期消火を後回しにせざるを得なかった原因にもなっていた。

　三つ目，家がいっぱい壊れた。壊れた建物の中や下からの出火では，素人では簡単には対応できない。

　四つ目，家がいっぱい壊れた。壊れた家で狭い道路は塞がってしまい，市民であろうが消防士であろうが火災現場に近づけなかった。

　五つ目，残念だけど，地震の後の同時多発の火災も平時の火災と同様に，消防隊が駆けつけてきて消してくれるものだと思い，初期消火のタイミングを逃した。

　最後の五つ目は教育で何とかなると思うが，残りの四つは建物の問題であり，これを解決しないと解決することはできない。

引用文献

（1）目黒公郎：日本土木史，4.3災害の質の変化と防災理論，技術の展開，土木学会，pp68〜80，2015
（2）富田孝史，廉慶善，鮎川基和，丹羽竜也：東北地方太平洋沖地震時における防波堤による浸水低減効果検討，土木学会論文集（海岸工学），Vol.68, No.2, pp.Ⅰ156-Ⅰ160, 2012
（3）西村明儒，井尻巌，上野易弘『〈特集〉集団災害救急—死体検案より—』，救急医学別冊，へるす出版，1995

7 津波災害とその対応

村尾　修・目黒公郎

《本章の学習目標＆ポイント》 四方を海に囲まれ，かつ地震の多発する日本は，幾度もの津波被害を受けてきた。本章では津波のメカニズムと被害の特徴について，過去の事例を通じて学ぶ。そして2011年3月11日の「東北地方太平洋沖地震」による津波災害と各地で進められている復興への取り組みを振り返り，その教訓と今後の課題を理解する。
《キーワード》 明治・昭和三陸大津波，北海道南西沖地震，東日本大震災，防潮堤，防波堤，水門，高台移転，津波避難

1. 日本における津波災害

　前章で述べたとおり，四つのプレート境界線上に位置している日本は，地震多発国である。しかも，日本列島は四方を海に囲まれ，海岸線も長く複雑なため，これまでに各地の沿岸部で津波による被害を多く受けてきた。明治以降に発生した津波で，多くの犠牲をもたらし，その後の津波災害対策に影響を与えた主な津波災害を〔表7－1〕に示す。

　100年以上にわたるこれらの津波災害を見渡すと，社会背景の異なる時代ごとの様相の違い，過去の津波からの教訓，復興の仕方など，わが国がどのように津波に対して取り組んできたかが見えてくる。

　以下に，これらの津波被害について俯瞰していきたい。

表7－1　明治以降に発生した主な津波災害

災害名（マグニチュード）	最大津波高	発生年	死者・行方不明者数
明治三陸地震津波（M8.2）	38.2m	1896年	21,959人
昭和三陸地震津波（M8.1）	28.7m	1933年	3,064人
東南海地震（M7.9）	9.0m	1944年	1,223人 注1)
南海地震（M8.0）	6.5m	1946年	1,443人 注1)
チリ地震津波（Mw9.5）	6.1m	1960年	142人
十勝沖地震（M7.9）	5.7m 注2)	1968年	52人
日本海中部地震（M7.7）	13.0m	1983年	104人 注1)
北海道南西沖地震（M7.8）	31.7m	1993年	230人 注1)
東北地方太平洋沖地震（Mw9.0）	40.1m 注3)	2011年	21,377人 注1), 4)

引用文献（1）に2011年東北地方太平洋沖地震データを追記
注1）津波以外の原因による死者・行方不明者を含む
注2）気象庁技術報告「第68号　1968年十勝沖地震調査報告」
注3）東北地方太平洋沖地震津波合同調査グループ現地調査結果．（2012年1月14日）
注4）消防庁災害対策本部「平成23年（2011年）東北地方太平洋沖地震（東日本大震災）について（第148報）」（2013年9月9日現在）

（1）1896年明治三陸地震津波

　日本の津波災害史上，最大の犠牲者を出した津波である。地震は1896（明治29）年6月15日午後7時32分に発生し，津波高さは現大船渡市の綾里で最大で38mに達した。沿岸では震度2程度の小さな揺れであったため，人々は津波を警戒せず，避難する人々も少なかった。被災地を40年前の1856（安政3）年に襲った安政地震による津波が緩やかに来襲し，家屋の二階へ避難した者が助かったことも，悪い影響を与えた。地震発生から約20分後に津波が押し寄せ，またV字谷に海が迫っている三陸沿岸の集落特有の地形により津波は大きくなり，被害が拡大した。

（2） 1933年昭和三陸地震津波

　1896年明治三陸地震津波から37年が経過した1933（昭和8）年3月3日午前2時30分に，再び三陸の集落を津波が襲い，地域によっては集落がほぼ全滅するほどの被害をもたらした。地震により震度5程度の強い揺れがあったが，過去の経験から「地震の揺れが弱い時は津波があり，強い揺れの時は津波がない」と思い込んでいて，逃げ遅れた人も含め，3,000人以上が犠牲となった。それでも明治三陸地震津波の時よりは被害者が少なかったが，その理由としては，①揺れが大きかったため，即座に逃げた人も多かった，②明治三陸地震津波体験者が生存しており，その教訓が活かされた，③ラジオ等情報伝達手段が発達していた，などが挙げられる。この津波の後に，防潮堤の建設や住居の高台への移転などの対策が各自治体で進められるようになった。

（3） 1944年昭和東南海地震

　1945（昭和20）年の太平洋戦争の終戦前後に，死者数1,000人規模の巨大地震が連続して発生した。1943年鳥取地震，1944年昭和東南海地震，1945年三河地震，1946年昭和南海地震であり，終戦前後における「四大地震」と言われている。1944年12月7日午後1時35分に紀伊半島東部沖合約20kmを震源としてM7.9の昭和東南海地震が発生した。この地震は，太平洋戦争中に発生した地震であり，政府が東海地域の軍需工場が壊滅的な打撃を受けたことを隠すため，情報が規制された。津波は伊豆半島から紀伊半島の太平洋沿岸に来襲し，被害の大きい三重県・和歌山県では溺死被害が出た。非常召集の鐘や「津波だ」と叫ぶ声を聞き，より内陸や高台へ避難した人は助かったが，「井戸の水が一度ひいてから上がってくると津波がくる」等，体験者による言い伝えを信じた人々の中には避難し遅れた人もいた。

(4) 1946年昭和南海地震

　1946 (昭和21) 年12月21日午前4時19分，紀伊半島沖の深さ24kmを震源としたM8.0の昭和南海地震が発生し，津波が房総半島から九州にかけての太平洋沿岸地域を襲った。1854年安政南海地震に関する言い伝えで「大きな揺れを感じた地震の後には，すぐには津波は来ない」というものがあり，それを信じた人々の中には避難が遅れた人もいた。

(5) 1960年チリ地震津波

　1960 (昭和35) 年5月22日現地時間午後3時11分 (日本時間5月23日午前4時11分)，チリでMw9.5の地震が発生した。その22時間後 (日本では24日の未明に)，ハワイを経て，約17,000km離れた日本にも津波が押し寄せた。津波は主に岩手県と宮城県を襲い，1kmほど内陸部まで浸水し，142人の死者・行方不明者が出た。

　三重県や和歌山県では，昭和の東南海地震 (1944年) と南海地震 (1946年) の記憶が新しく，津波避難の教訓が活かされたため，被害が少なくてすんだ。しかし，1940年代になってから急速に発展した岩手県大船渡周辺地域では，住民のほとんどが津波を経験しておらず，津波に対する意識が低かったことや，高台への避難路が整備されていなかったため，多くの犠牲者を出した。また当時は，気象庁からの津波警報システムがなかったため，避難の判断が出来ない状況でもあった。この津波の後，ハワイにある太平洋津波警報センターと日本の気象庁が協力し，予報体制が確立されることになった。

(6) 1968年十勝沖地震

　1968 (昭和43) 年5月16日午前9時48分に，三陸沖を震源とするM7.9の地震が発生した。津波は三陸沿岸を中心に襲来し，八戸市から

釜石市にかけて，そして北海道の浦河や函館などの海岸が浸水したが，被害はそれほど大きくはなかった。その理由として，昭和三陸地震（1933年）やチリ地震（1960年）の津波を教訓とした防潮堤の建設や高台移転などの津波対策の整備が挙げられる。また在港中の船舶も迅速に避難したため，被災をまぬがれた。これらは日頃からの津波防災訓練が効を奏したものである。

（7） 1983年日本海中部地震

　1983（昭和58）年5月26日午前11時59分に，秋田県能代市西方沖でM7.7の地震が発生した。その直後に秋田県，青森県，山形県の沿岸部に10mを超える津波が襲来した。男鹿市の加茂青砂では，遠足に来ていた小学生43人と引率教諭たちが津波に襲われ13人の児童が死亡するなど，国内の犠牲者104人の中で100人が津波による犠牲者であった。地元では，日本海には津波が来ないという思い込みがあり，また津波警報が発せられたのは，実際の津波到達よりも遅かったことから避難が遅れ，被害が発生した。

（8） 1993年北海道南西沖地震

　1993（平成5）年7月12日午後10時17分に，北海道奥尻郡奥尻町北方沖の地下約35km を震源として M7.8の地震が発生した。通信技術や津波警報体制の向上により，気象庁は地震発生から5分後の午後10時22分には大津波警報を発表し，NHKはこれを受けて午後10時24分47秒（地震発生から7分後）に1回目の緊急警報放送を実施した。しかしすでに奥尻島には津波の第一波が押し寄せており，島全体では202名の死者・行方不明者を出した。一方で最も早く津波が襲来した青苗地区などでは，津波襲来が地震発生から数分であったにもかかわらず，10年前の日本海

中部地震（1983年）の体験からいち早く高台に逃げた人々は助かった。

（9）2011年東北地方太平洋沖地震（東日本大震災）

　2011（平成23）年3月11日午後2時46分に発生した東北地方太平洋沖地震は，岩手県沖から茨城県沖にかけての幅約200km，南北に長さ約500kmに及ぶ範囲を震源域とする日本観測史上最大のMw9.0の巨大地震であった。主な被害は津波によるものであったが，揺れによる建物被害を含めると，本州のみならず，北海道から四国におよぶ広範囲に被害を及ぼした。日本では，20世紀に経験したいくつもの津波災害を教訓として，ハードとソフト両面からの津波防災対策が沿岸部各地で施されていた。結果として津波浸水地域に住んでいた人々（約62万人）の97％は生き延びることができた。しかし，襲来した津波は対策のために想定していた津波をはるかに超えていたため，2万1千人を超える人的被害と膨大な物的被害をもたらした。この災害により，日本が取り組まなくてはならない防災対策上の更なる課題が浮き彫りになり，現在（2015年10月）もその改善に向けて，様々なレベルでの対策が練られている。

2．津波のメカニズム

（1）津波の定義

　津波とは，津（港）に押し寄せる異常に大きな波を指す。大辞泉（小学館）によると，「地震や海底火山の噴火などによって生じる非常に波長の長い波。海岸に近づくと急に波高を増し，港や湾内で異常に大きくなる。」とある。

　津波には，地震が発生してから1時間以内に来襲する近地津波と，1時間以上が経過してから襲来する遠地津波がある。後者は地震が遠方で

発生した場合に起こり，地震の揺れを感じない状態で津波の襲来を受けることになるため，警報システムの整備が安全な避難を行ううえでのよりどころとなる。1960年チリ津波がその代表である。

(2) 津波の発生

津波は，多くの場合，海底で発生する地震に伴う海底地盤の隆起や沈降，海底における地すべりなどにより，その周辺の海水が上下に変動することによって引き起こされる。その他に，海底火山の爆発や海岸付近の火山活動による山体の大規模崩落による海中への大量の土砂の流入などにより引き起こされることもある。海底地震により発生した津波は，四方八方へと伝播し，沿岸部に押し寄せて，被害をもたらす〔図7-1〕。

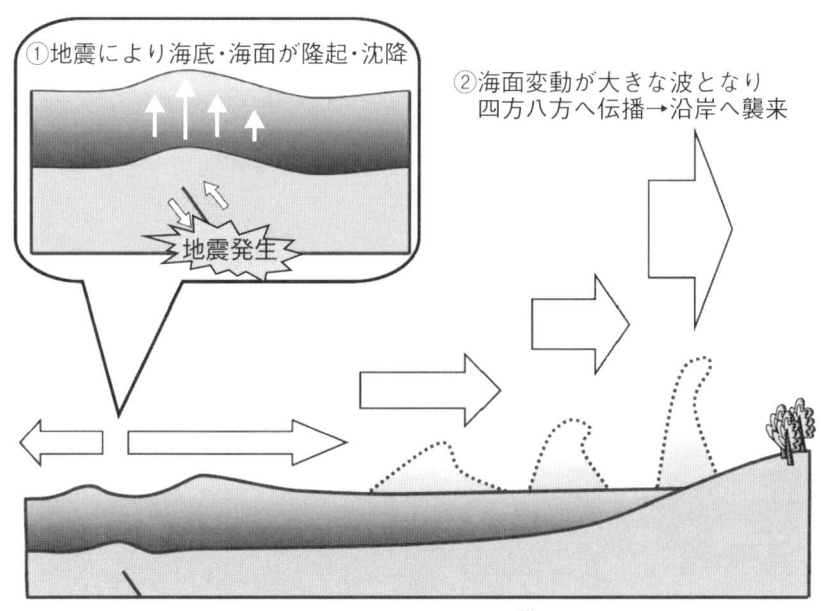

図7-1　津波の発生[2]

（3）津波の伝播

　伝播した波は，水深の深いところでは高い速度で進むが，波高はあまり大きくはない。しかし，波が水深の浅い近海まで達すると，速度は低くなり，波高は高くなる〔図7－1〕。その速度は，水深5,000mほどのところでジェット機に匹敵する時速約800km，水深500mほどのところで新幹線と並ぶ時速約250km，そして津波が陸地に到着する直前の水深10mのところでも100mを10秒で走るオリンピックの短距離走選手なみの時速約36kmになる〔図7－2〕。1960年5月にはチリで発生した津波が遠く離れた日本に22時間かけて伝播してきたが，その速さはジェット機なみだったのである。こうした波は，浅瀬に乗り上げ，沿岸地域に到着するにつれて遅くなるが，それでも普通の人の走る速さよりも速いため，とにかく早く逃げ始めることが肝要である。

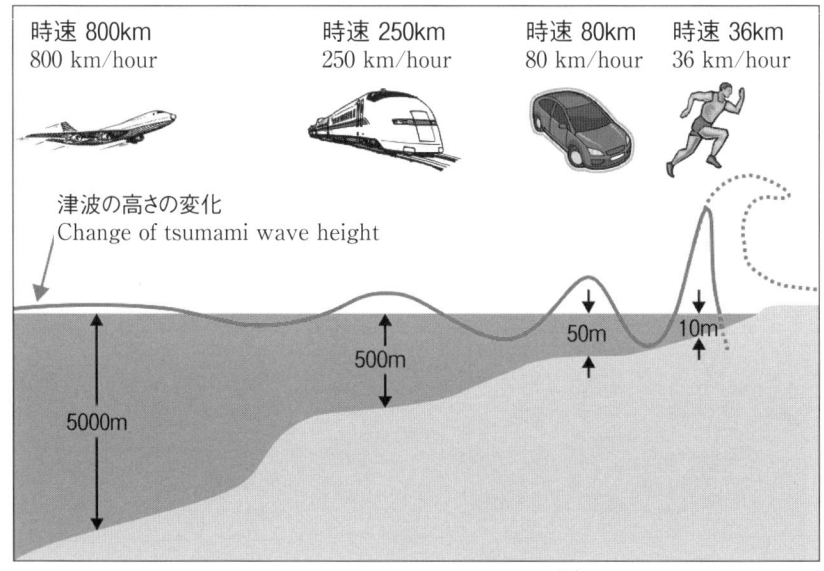

図7-2　津波の伝わる速さ[2]

（4）沿岸部地形による影響

　沿岸付近に到達した波は，その地域の地形による影響を受けて大きく変化する。まず湾の形状により，津波の波高が変わる。〔図7-3〕のように，湾の形状を（a）袋型，（b）直線海岸，（c）U字型，（d）V字型の4つに分類すると，（a）から（d）の順に湾奥での波高は高くなる。また，津波は反射を繰り返すため，幾度となく押し寄せたり，複数の波が重なってより高い波になることもある。必ずしも最初の波が一番高いというわけではなく，第二波，第三波が高くなることもある。第一波が引いたために安心し，沿岸部に戻ってしまい，第二波にさらわれた犠牲者も多い。津波襲来の可能性が完全に消えるまで高台などで避難する必要がある。

　沿岸部に河川のある地域では，津波が河川を逆流し遡上することもある。特に大きな河川では遡上する距離も長くなる。河川を遡上する波の速度は陸上でのそれよりも速いため，内陸部の思わぬ地区から浸水が始まることもある。また平野部などで平坦な地形が内陸部に数 km も続く

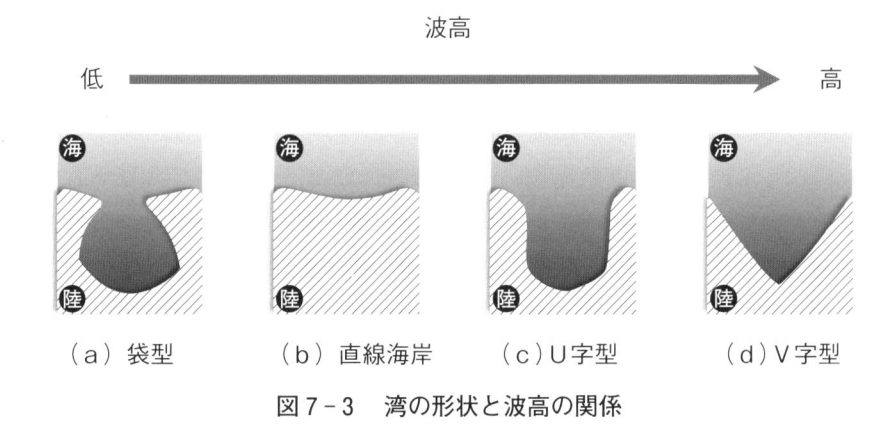

波高
低　　　　　　　　　　　　　　　　　　　　　　　　　　　　　高

（a）袋型　　　（b）直線海岸　　　（c）U字型　　　（d）V字型

図7-3　湾の形状と波高の関係

地域では，1m程度の高さの津波でも浸水域は数km内陸部まで及ぶこともある。そのような地域では，避難に要する時間も長くなるので，避難対策を十分に施さなくてはならない。

3. 津波災害の特徴

(1) 広域にわたる被災

　津波は当然のことながら海から押し寄せてくる。その津波のエネルギー量と沿岸部の地形および街の物的環境に応じて，押し波として変化しながら陸上を遡上するとともに内陸部を浸水し，やがて引き波として海に戻っていく。多くの場合はこの運動が繰り返されるが，その結果，沿岸部に津波災害という爪痕を残す。津波という海水の液体的挙動により，浸水域内に存在するほとんどすべてのもの（建築物，土木構造物，自動車，そして人など）はその強力な破壊力の影響を受け，変形し，機能が停止する。この海岸線に沿った面的かつ広域にわたる被害が，津波災害の特徴である。

　大津波が発生すると，沿岸部に存在していた集落あるいは街全体が波に洗われ，数分前までそこにあったはずの面影が跡形もなく失われてしまうということも珍しくない。震災による被害も面的であるという点で共通しているが，震災は地震動強さと建物特性との関係により被害の様相が異なるため，局所的な違いが見られるのに対し，津波災害はそこにあるすべてのものを飲み込んでしまうという点で，より面的な壊滅状態をもたらす。そのため，津波回避と避難を考慮すべき津波災害からの復興は，地震動による被害以上に地形的要因と強く結びつき，住宅再建に関する土地利用をも考慮した，街全体のあり方を見直すことになる。

(2) 人的被害

　津波による主な人的被害は，地震による構造物の被害で逃げられなくなった場合にせよ，他の何らかの事情で逃げ遅れた場合にせよ，避難が間に合わずに津波にさらわれた際に発生する。ゆえに，まずは津波が襲来する前にとにかく逃げることを考えなくてはならない。この時津波の前にやってくる激しい揺れで建物が倒壊したのでは逃げ出すことができなくなるので，建物の耐震性の確保は津波災害の軽減においても非常に重要である。地震発生から津波襲来までに避難に十分な時間があるなら，避難行動を確実に遂行することにより，人的被害はなくなる。しかし，1983年日本海中部地震や1993年北海道南西沖地震の時のように，地震発生から数分後に津波が襲来するような場合には，事前避難対策の不備や避難行動の遅れが人的被害発生の決定的要因となる。

　津波による人的被害に関する特徴として，事後捜索の難しさが挙げられる。陸地に押し寄せた波は構造物を破壊し，流された瓦礫も人間に被害を与える凶器となる。陸地に浸水した津波は，引き波として瓦礫とともに遺体をも海に運んでしまう。そして，事後に死者数を把握しようにも，遺体の捜索が困難となり，津波による人的被害を示す際には「死者・行方不明者」として扱われることが多くなる。

(3) 街の被害

　津波が海岸線を越えて押し寄せると，そこに存在する波高よりも低い物的環境をまるごと呑み込んでしまう。それらは，建物や漁船や社会基盤施設という人工的環境であるかも知れないし，あるいは沿岸部に自生または植樹された松林やマングローブなどの自然的環境であるかも知れない。いずれにせよ，街や集落全体を一気に浸水させるのである。津波強度による津波形態と被害程度の分類[3]を〔表7-2〕に示す。

表7-2　津波強度による津波形態と被害程度の分類[3]

津波波高(m)	1	2	4	8	16	32
津波形態　緩斜面	岸で盛上がる	沖でも水の壁　第二波砕波	形態は，左にほぼ同じだが，先端の砕波が増える	どのような場所であっても，潮汐に似たような上下動を示すことなく，第一波巻き波砕波		
津波形態　急斜面	速い潮汐	速い潮汐				
音響			前面砕波による連続音（海鳴り，暴風雨）			
音響				浜での巻き波砕波による大音響（雷鳴，遠方では認識されない）		
音響				崖に衝突する大音響（遠雷，発破，かなり遠くまで聞こえる）		
木造家屋	部分的破壊	全面破壊（2m～）				
石造家屋	持ちこたえる			全面破壊（7m～）		
鉄・コン・ビル	持ちこたえる（～5m）				全面破壊	
漁船		被害発生	被害率50%	被害率100%		
防潮林被害　防潮林効果	被害軽減　津波被害軽減　漂流阻止		部分的被害　漂流物阻止	全面的被害　無効果		
養殖筏	被害発生（1m/s）					
沿岸集落		被害発生	被害率50%	被害率100%		

　建物（家屋）は木造，石造，鉄骨・鉄筋コンクリート造と3種類に分類されている。木造家屋は浸水高1m程度で半壊，2m程度でほぼ全壊となる。石造や鉄骨・鉄筋コンクリート造の建物はそれよりも強固である。ただし，実際はピロティ形式（1階部分が柱だけで壁がない構造）であるか否かなどのデザインや，建物の密度によっても異なる。基本的に押し波だけでなく，引き波の破壊力も凄まじい。また街の被害は，波そのものにより破壊されるのみならず，波により流された流木，瓦礫，船，自動車により引き起こされることもある。

　津波が来る前に，街が地震動による被害を受けていることも多い。そのため，津波襲来以前に水道・ガス・電気などのライフライン設備が破壊されていることも多い。そして，津波による橋桁の流出や倒壊家屋に

よる道路閉塞も発生する。

　二次的被害として，倒壊家屋や陸上に流されてきた船舶，LPガスボンベや備蓄タンクなどから燃料が流出し，火災が発生する場合もあるし，浸水した自動車から出火もある。また，付近の海域に流出した様々な物質により，周辺海域の水質が汚染され，長期的・広域的な影響を与えることもある。結果的に，漁業や農業をはじめとする地域の産業構造にも深刻な影響を及ぼす。

4．津波防災対策

（1）日本における津波防災の系譜[4]

　ここでは，日本の津波防災に大きな影響を与えてきた三陸海岸地域における津波災害とその復興を軸に据えつつ，明治以降の都市の津波防災に関する歴史的事項を併記してその経緯を把握する。〔表7-3〕は，日本における津波災害と津波防災の系譜である。一般的に，壊滅的な都市災害がその後の都市防災に大きな影響を与えるという事実は，歴史が示してきたとおりであるが，津波災害も例外ではない。ここでは三陸海岸地域における津波防災の経緯を，明治三陸津波（1896年），昭和三陸津波（1933年），チリ津波（1960年），そして「地域防災計画における津波対策強化の手引き[5]」の策定時（1997年）の前後で五つ（［J1］から［J5］）に区切った。以下に各地域における各時代の大筋を述べる。

　1896年明治三陸津波以前［J1］はまだ津波現象が科学的に解明されていない時代であった。しかし1854年安政地震津波の後に，現代の津波防災にもつながる対策が施される。和歌山の広町で堤防と松並木が整備され始めたのである。その都市防災上の効果の判定は，およそ90年後の1946年南海地震まで待たねばならなかった。

明治三陸津波の後［J2］も因襲的な考え方は続いていた。多くの被災集落では高所移転（高台移転）の必要性が議論されるが，まだ国や県を挙げての復興事業は実施されず，地元の有力者の先導や個人的な事情により移転は進められた。結局43箇所（内集団移転7箇所）で高所移転がなされたが，多くが元の場所に戻ってきてしまった。高所移転の他にも，避難路整備，防潮林の育成などが提案されたが，大規模な実現には至らなかった。この時代にラジオ放送が開始され，後の時代に重要な津波警報の媒体となっていく。

　1933年昭和三陸津波の後［J3］には，科学的根拠に基づく復興の考え方も反映されるようになり，不十分ながら国や県による支援体制も築かれていく。復興の基本的な考え方（高所移転，防浪堤，防潮林，護岸，防浪地区，緩衝地区，避難道路，津浪警戒，津波避難，記念事業）は「津浪災害予防に関する注意書」に示され，その後，各地に防潮林が造成され，護岸整備も始まった。戦後は防潮堤等の建設も本格的になり，1950年代には津波予報が開始される。

　1960年チリ津波後［J4］には防潮堤や防波堤が建設・強化されるなど，高度経済成長とともに都市津波防災のハード対策が各地で整備されていく。そして土地利用規制も布かれ，災害を通じて津波防災上の規制の効果が見られるようになってきた。1970年代になると，ハード面のみならずソフト面の防災も始まり，津波浸水予想図，津波情報システム，津波教育などの活動も実施されるようになる。

　1960年チリ津波後の30年間の津波防災対策と津波災害を通じて，総合的な防災対策の必要性が高まり，その結果生まれたのが「地域防災計画における津波対策強化の手引き」および「津波災害予測マニュアル」の策定であった。それ以降［J5］は，各地でハザードマップや津波避難ビルなどの整備が進められた。そして，2011年3月に東日本大震災が発生

表7-3　日本における津波災害と津波防災の系譜[4]

西暦	陸海岸地域（日本）における主なできごと	
1854	安政東海・南海地震津波（320人＋713人）	[J1]
1858	和歌山広町で浜口悟陵が上堤の築造と植樹	
1888	東京市区改正条例交付	
1896	明治三陸津波（約2.2万人）	[J2]
	三陸沿岸縦貫鉄道敷設計画　（実現せず）	
	高所移転43箇所（うち集団移転7箇所），しかし多くが元の場所に戻る	
1919	市街地建築物法・都市計画法（旧法）制定	
1923	関東地震津波（109人）	
1925	日本初のラジオ放送開始	
1933	昭和三陸津波（3,064人含北海道）	[J3]
	文部省震災予防評議会「津浪災害予防に関する注意書」の提案	
	関東大震災10周年記念碑建立事業	
1934	宮城：県による建築規制，記念碑募集標語の記事記載	
	内務省復興計画	
	防潮林の建設	
1936	津浪予報塔が釜石に建設	
1941	三陸沿岸を対象に津波警報組織発足	
1944	東南海地震津波（1,223人震害含）	
1946	南海地震（約1,400人震害含）和歌山広町の防潮堤が効果を発揮	
1949	高知県災害救助隊規則の作成	
	「津波予報伝達総合計画」閣議了承，総合テストの実施	
1951	国内で最初の津波予報実施	
1952	十勝沖地震津波：前年開始された津波予報システムが効果を発揮	
1958	「海岸保全施設築造基準」制定	
1960	チリ津波（182人）	[J4]
	北海道浜中町の災害危険区域と建築制限	
1961	チリ地震津波災害対策事業計画（策定基準，事業量，津波防波堤計画）	
	大船渡湾口に世界最初の津波防波堤建設	
	名古屋市臨海部防災区域建築条例による区域指定	
1966	チリ津波緊急対策終了	
1968	十勝沖地震津波（53人）三陸地方では防波堤等構造物により被害なし	
1969	都市計画法（新法）施行	
1977	静岡で津波浸水予想図を公表	
1979	海底地震常時監視システム運用開始（気象庁）	
1983	津波常襲地域総合防災対策指針（案）作成（建設省／水産庁）	
	日本海中部地震津波（104人）	
1984	唐桑津波体験館設立	
1993	北海道南西沖地震津波（230人震害含）	
1994	津波地震早期検知網の運用開始（気象庁）	
1997	「地域防災計画における津波対策強化の手引き」および	[J5]
	「津波災害予測マニュアル」の策定（国土庁ほか）	
1999	津波予報区域の拡大と予測精度の向上（気象庁）	
2003	十勝沖地震津波（2人）	
2004	「津波・高潮ハザードマップマニュアルの概要」発行（国土交通省）	
	自治体による津波ハザードマップ公開率（9.6％）	
2005	「津波避難ビル等に係るガイドライン」発行（内閣府）	
	大規模津波防災総合訓練実施（国土交通省）	
2006	緊急地震速報を活用した津波警報・注意報の迅速化（気象庁）	
2011	東北地方太平洋沖地震	

し，今後に向けた津波防災の取り組みが議論されている。

(2) 津波防災対策のスキーム[4],[6]

〔表7-4〕はこれまでに国内外で実施されてきた津波防災対策を，災害対応の循環体系に沿って，整理したものである。

津波は海から陸へと横方向に水が押し寄せてくる現象である。津波が一旦沿岸部の集落に押し寄せると，次に海に向かって引いていく。この過程の中では，横からの水の圧力のみならず，下から上への浮力により構造物が破壊される場合もある。また比較的被害の小さな地域でも浸水による被害をもたらす。津波は，水に関する災害の中でも横方向から大きな力がかかり，時として集落全体に甚大な被害を与えてしまうほどの脅威となる。

比較的頻繁に発生する想定内の津波をハード的な施設整備により抑止することは重要である。ある程度までの津波被害は物的環境を制御する被害抑止（ハード防災）による方法で防ぎ，それと平行して避難ルートの確保や津波警報の整備など被害軽減のための事前準備（ソフト防災）をしておくことにより，総合的に被害軽減策を講じることが重要である。

津波による建物への被害を抑止するためには，その立地および配置，周辺の空地の利用法，建物形態などの制御が考えられる。具体的には次のような策がとられる〔図7-4〕。

① ピロティなどにより津波の力をかわす方法（津波を回避する）
② 緩衝帯や障害物，あるいは周辺の土地形態をうまく設計することにより津波の力を弱める方法（津波の力を減衰する）
③ 構造物の配置や周辺の敷地の仕様により津波の流れを制御する方法（津波の流れを制御する）
④ 防潮堤などある程度の高さを持った強固な構造物により津波を食い

表7-4　津波防災対策の具体例[4]（文献（4）を一部修正）

フェイズ	大項目	中項目	小項目
被害抑止	土地利用	土地利用規制	緩衝帯の配置 浸水地域の建築制限（防浪地区） 高地移転（高台移転） 浸水地域内の計画（ゾーニング，配置，インフラ，重要施設）
	構造物（植林）	回避	ピロティ形式の建築物 ピロティ形式の土木構造物
		津波の減衰化	防潮林 溝状の空間（水路等） 傾斜面 段丘状地形・構造物 防壁
		津波の制御	壁の配置 壁の角度の設計 溝等の設置 舗装表面のデザイン
		津波の遮断	防波堤 防潮堤 防壁 河川堤防 津波水門 段上基盤・土地の棚上げ 防浪ビル 駐車場施設
		構造物の強化	護岸整備 耐震化 耐浪化 その他産業施設付帯設備の防御（危険物対策を含む） 施設ごとの要求に応じた建築基準（設計・施工・監理ほか） 既存施設の改修・補強
事前準備	被害想定の実施 リスク情報公開		被害想定 ハザードマップ 避難マップ
	教育・啓発活動 津波記念碑整備 防災組織の確立 津波防災訓練		
早期警報	津波観測 警報システム		
被害評価	津波観測 データ収集 数値シミュレーション		
災害対応	応急体制 避難	水平避難	避難ルート（整備・指定） 避難場所（整備・指定）
		垂直避難	垂直避難ルートの確保 津波避難用建造物の整備 津波避難ビルの指定
		サインの設置 弱者対策	
復旧・復興	全体計画・意義 記念事業		

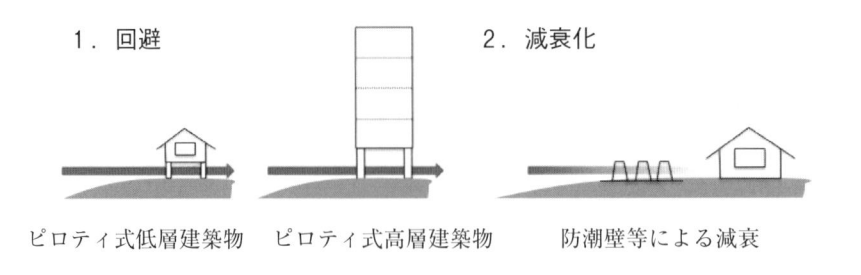

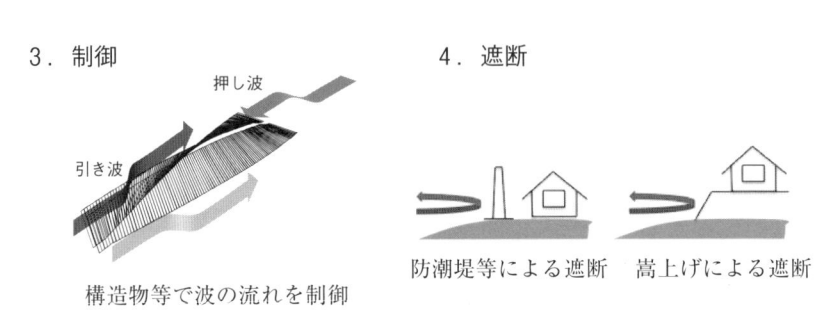

1. 回避
ピロティ式低層建築物　ピロティ式高層建築物

2. 減衰化
防潮壁等による減衰

3. 制御
押し波
引き波
構造物等で波の流れを制御

4. 遮断
防潮堤等による遮断　嵩上げによる遮断

図7-4　津波被害を抑止するための方法[6]

止める方法（津波を遮断する）

また津波防災を考えた場合，土地利用規制による被害抑止策が最も安全な対策となる。津波の来ない地域に住むことができれば，津波のリスクを回避できるからである。

(3) 津波後の復興と課題

津波により被災した地域の復興計画では，前述した土地利用規制が布かれることがある。すなわち，防災集団移転促進事業により，被災住民の住まいを高台に移転させ，被災した沿岸部を公園にするなどの策が採られることが多い。しかし，それを実現するためには，住民の合意を得て，予算と土地を確保するなど，いくつもの課題を解消していく必要が

ある。

　仮に高台移転が実施されても，さらなる課題もある。例えば，漁業従事者などは，一度移転しても，生活上の不便さから再度沿岸部に戻ってきてしまうということが，各地の津波復興集落の中で繰り返されている。また，数々の課題を乗り越え，沿岸部から高台に街が移転し，津波のリスクを回避できたとしても，山間地における土砂災害のリスクなど別のリスクに直面することも少なくない。あらゆるリスクを回避する「ゼロリスク」という考え方は幻想であるということを認識し，それぞれの立場や事情に応じた，沿岸部に立地することの恩恵と大津波という数十年あるいは数百年に一度のリスクとの妥協点を見つけ，街をつくっていくことが必要である。

引用文献

（1）内閣府：日本の災害対策，2011
（2）気象庁：津波発生と伝播のしくみ，http://www.seisvol.kishou.go.jp/eq/know/tsunami/generation.html
（3）首藤伸夫：津波強度と被害，津波工学研究報告第9号，東北大学災害科学国際研究所津波リスク研究部門津波工学研究室，1992
（4）村尾修，ウォルター・C・ダッドリー：三陸海岸地域およびヒロにおける津波復興・防災計画の比較，日本建築学会技術報告集，第17巻35号，333-338，2011
（5）国土庁，農林水産省構造改善局，農林水産省水産庁，運輸省，気象庁，建設省，消防庁：津波防災計画における津波対策強化の手引き，1997
（6）村尾修『建築・空間・災害─リスク工学シリーズ10』コロナ社，172，2013

参考文献

- 内閣府：日本の災害対策，2011
- NHK-DVD，20世紀日本大災害の記録，2001
- 中央防災会議災害教訓の継承に関する専門調査会：1896明治三陸地震津波報告書，2005
- 首藤伸夫，今村文彦，越村俊一，佐竹健治，松冨英夫『津波の事典』2007
- 中央防災会議災害教訓の継承に関する専門調査会：1944東南海地震・1945三河地震報告書，2007
- 高知県：南海大震災誌，1949
- 中央防災会議災害教訓の継承に関する専門調査会：1960チリ地震津波報告書，2010
- 気象庁：1968年十勝沖地震調査報告，気象庁技術報告，第68号，1969
- 国土交通省：高潮・津波ハザードマップ研究会，津波防災のために，http://www.mlit.go.jp/river/kaigan/main/kaigandukuri/tsunamibousai/index.html
- 気象庁：津波発生と伝播のしくみ，http://www.seisvol.kishou.go.jp/eq/know/tsunami/generation.html
- 東北大学災害科学国際研究所津波リスク研究部門津波工学研究室：津波について，http://www.tsunami.civil.tohoku.ac.jp/hokusai2/topics/TU-UW/2002/ippan/tsunami.html

8 | 延焼火災とその対応

村尾　修・目黒公郎

《本章の学習目標＆ポイント》　日本はその気候風土により，紙と木の建築文化を築いてきた。また木造建築が密集する市街地も多く，都市大火は日本の都市災害の一つの特徴でもあった。ここでは，わが国における都市大火の歴史，江戸時代の火災の文化，火災が発生するメカニズム，そして延焼火災に対する対策について学ぶ。
《キーワード》　延焼火災，都市大火，災害文化，白鬚東防災拠点，延焼遮断帯，防災都市構造

1. わが国の都市大火

（1）都市大火の定義

　密集した集団の建築物が広い範囲にわたり延焼する火災を都市大火と言い，集団火災，都市火災，市街地大火と呼ぶこともある[1]。建物火災はその規模に応じて，以下のように定義されている[2]。

小火（ぼや）：建物，造作又は動産の焼損の程度の僅少な火災

小火災：小火の程度をこえ，焼失延面積100坪（330m^2）未満の火災

中火災：小火災の程度をこえ，50棟未満又は焼失延面積1,000坪（3,300m^2）未満の火災

大火災：中火災の程度をこえ，500棟未満又は焼失延面積10,000坪（33,000m^2）未満の火災

大火：大火災の範囲をこえた火災

(2) 世界の著名な市街地大火

田邊平學は世界大火災番付[3]を示した。それに情報を追加し，世界の市街地大火を焼失面積順に並べたものが〔表8-1〕である。最も焼失面積の大きかった火災は1923年関東地震（34.71km^2），そして1657年明暦の大火（26.79km^2），1772年明和の大火（15.54km^2）と続き，国外で発生しているサンフランシスコ，シカゴ，ロンドンの大火などと比較すると，大規模な大火が日本で多く発生している様子がわかる。

表8-1　世界の著名な市街地大火

大火名称	年	焼失面積（km^2）
東京（関東地震火災，大正12年）	1923	34.71
江戸（明暦3年）	1657	26.79
江戸（明和9年）	1772	15.54
大阪（享保9年）	1724	12.33
サンフランシスコ（地震火災）	1906	11.9
横浜（関東地震火災，大正12年）	1923	9.92
シカゴ大火	1871	7.77
京都（元治元年）	1864	6.48
函館大火（昭和9年）	1934	4.28
ロンドン	1666	1.7
＊参考－東京大空襲（昭和17～20年）	1942～45	142.68

(3) 都市大火の要因

都市大火が多く発生していた1970年代くらいまでのデータによると，わが国の出火件数は他国と比較し，それほど多いわけではない。しかし，出火件数あたりの死者数は米国などの15倍程度であり，わが国の都市は

一度火災が発生すると重大な被害を生じる都市構造を持っていたということになる。その理由として，燃えやすい建築材料の使用と，建築物が密集していて延焼しやすかったことが挙げられる。

　わが国の地形は起伏に富み，豊かな自然に恵まれ，雨が多く，樹木が育つのに良い環境であった。そのため主要な建築材料として古くから木材が使われてきた。また湿度の高い気候であるため，部屋の仕切りがあいまいで開放的な空間がつくられ，その仕切りとして紙を素材とした障子や襖などが使用されてきた。木造建築中心の傾向は，近代化が進み鉄やコンクリートなどの耐火材料による建築が増加する20世紀後半まで続くことになる。

　また都市としての江戸は城を中心とした渦巻状の都市構造を持ち，農道など狭隘な道路沿いに民家が密集していた。明治政府はこのような密集市街地を区画整理する必要性を再三訴えてはいたが，なかなか実現せず，震災・戦災により焼失し区画整理された一部の地域を除き，各地に木造密集地帯として残ってしまった。これが延焼火災の原因となっている。

2. 江戸時代における火災の文化と戦後の大火

（1）火災と災害文化

　災害は地域や時代ごとの特性があり，災害に対する人々の意識にも影響を与えてきた。そして，人々はその災害を克服するために対象地域ならではの対策を立てたり，重要な情報を伝承したりし，地域や時代固有の文化を形成してきた。これを災害文化という。

　ここまで述べてきたように，日本の都市は火災が頻繁に発生する特徴があったが，そのような背景のもとで江戸時代には都市大火と関連する

いくつかの言葉が生み出された。

① 火事と喧嘩は江戸の華

　江戸時代は，頻繁に火災が発生していた。一端火災が発生すると人々が集まり，その前で威勢の良い町火消しによる消火活動が行われる状況が見られた。これは，その際の火消しの働きぶりが華々しかったことを伝える言葉である。

② 焼け太り

　火事で江戸の町が燃えると，そこから新たな町づくりに向けた復興が始まり，職人が職を得るということが繰り返されてきた。資材を大量に使用する都市再建が行われるために，大火の後は全国的に景気がよくなったようである。「焼け太り」とは火災にあうことにより，以前よりも生活が豊かになっていくことを指す言葉であった。また，商人は大火の発生による資産焼失に備えて，建物を簡易な形式で建て，2～3年で償却し終わるように設計していた。そして，景気が悪くなると材木屋がわざと火災を起こしたという噂も出回ったようである。

③ うだつが上がらない

　「うだつが上がらない」という言葉を良く耳にする。ここで言う「うだつ（梲・卯建）」とは，「民家の屋根の両端を屋根より一段高くし，その上に小屋根をつけた土壁（新明解国語辞典）」のことで建物の一部を指す。〔写真8-1〕に示すように，道路に面した壁の一部を建物の外側に張り出し，火災が発生しても隣家に燃え移らないようにしている。「うだつ」を設置できる，すなわち「うだつ」を上げることができる人々は，社会的に何らかの成功を収めた人々だったことから，「地位や生活の質が一向によくならない」ことを「うだつが上がらない」と表現するようになったのである。写真の脇町は江戸時代に藍染めで栄えた町で，大阪などで成功した商人が次々とうだつを上げていったようである。

写真8-1　徳島県美馬市脇町のうだつ

（2）江戸時代の消火と防火

　江戸時代には延焼を防ぐために，〔図8-1〕に示すような破壊消防という活動が広く行われていた。一度ある場所で出火すると，その周辺の家々を破壊し延焼を阻止してきたのである。

　また延焼拡大を防止するため，今で言う延焼遮断帯としての「火除地（防火用の空地）」や，幅の広い「広小路」という街路を設置していた。これらは1657年の明暦の大火の後に，延焼火災が江戸城に及ばないように設置されたものである。〔図8-2〕は両国橋のたもとにできた広小路である。都市の安全を考えて生まれた火除地であるが，平常時には都市のオープンスペースとして出店が開かれ，人が集まり，相撲や花火というイベントにより賑わいのある場として機能していた。現在の隅田川花火大会や大相撲の文化は，この地を拠点として繁栄してきたのである。被災→復興→防災→文化→繁栄という図式の好例である。

　その他に幕府は，瓦葺き土蔵づくりの町並みの奨励，市中の要所に番人を設ける木戸番制度，町ごと，家ごとに水桶を常備させる水桶常備令，

図8-1　破壊消防之図（消防絵巻より）

図8-2　両国の広小路（江戸東京博物館内の展示）

そして二階での火の使用禁止令など，細かい法整備も行っていた。

(3) 戦後の大火
　明治・大正・昭和と徐々に日本の近代化が進むとともに，都市大火と

呼ばれる災害も減少していった。1970年代以降は、酒田の大火（1976年）を例外として、都市大火と呼ばれるものはほとんど発生していない。その理由としては、都市にかつてあった古い木造の建築物の多くが、耐火建築物や不燃建築物に取って代わったことと、消防力が向上したことが挙げられる。しかし、木造密集地帯は都市部に依然として多く残っており、そのような地域では地震を起因として、都市大火に発展する可能性もあるため、さらなる対策が求められている。

3. 都市大火のメカニズム

（1）燃焼の条件

燃焼するためには、可燃物、酸素、熱という3つの基本的な要素が必要である。可燃物には、都市ガスやプロパンガスなどの気体、ガソリンや灯油などの液体、そして紙や木材などの固体がある。そして熱には、炎によるものや、電気や静電気のスパークによるものなどがある。それぞれの要素が様々な状態で組み合わされ、燃焼が発生するのである。

（2）火災の基本構造

都市火災のメカニズムを〔図8-3〕に示す。燃焼が始まることを出火というが、出火は地震の揺れに伴い発生することがある。暖房器具や調理器具の転倒により建物内部で出火し、消火が遅れると建物自体が燃え始め、それが隣接する建物へと延焼することもある。そして、気象条件によっては更なる周辺の建物へと急速に拡大延焼していく。火災が拡大していく要因としては、まず建物自体の燃えやすさによる自己拡大性がある。次に出火した建物と隣接する建物の関係による建築空間による自己拡大性がある。これは隣棟間の距離や、窓の位置、そして建築材料

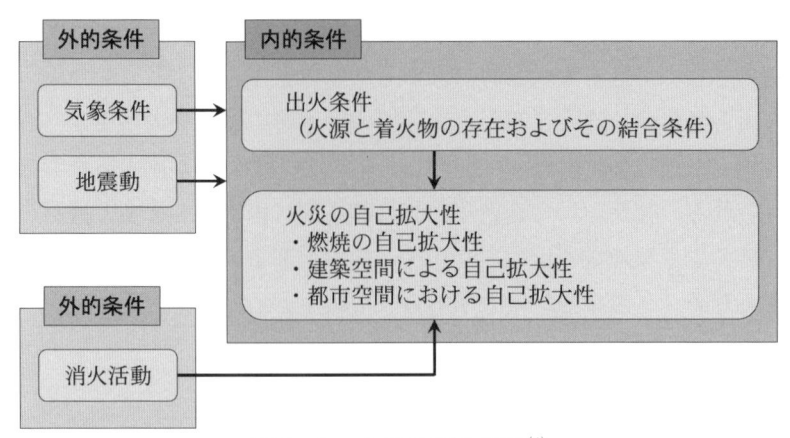

図8-3　火災の基本構造[4]

や仕上げによる各建物の燃えやすさなどと関係してくる。さらに延焼が進むと街区レベルの問題へと発展していく。その際には，面的な延焼を抑止する延焼遮断帯の有無なども重要な要素となってくる。これが都市空間による自己拡大性である。これらは建築・都市空間という物的な要因であるが，事後の延焼をいかに軽減するかは，人的な消火活動によるところも大きい。

(3) 延焼拡大要因

具体的な延焼拡大要因としては，① 気象状況（風速），② 飛び火，③ 火災旋風が挙げられる。

① 気象状況（風速）

大火発生時の風速と延焼速度の関係を〔図8-4〕に示す。これは，大正10年函館市の大火から昭和24年能代市の大火までの事例について，風速と延焼速度の関係を示したものである。風速と延焼速度は密接に関係しており，風速が上がるほど延焼が速まっていることがわかる。

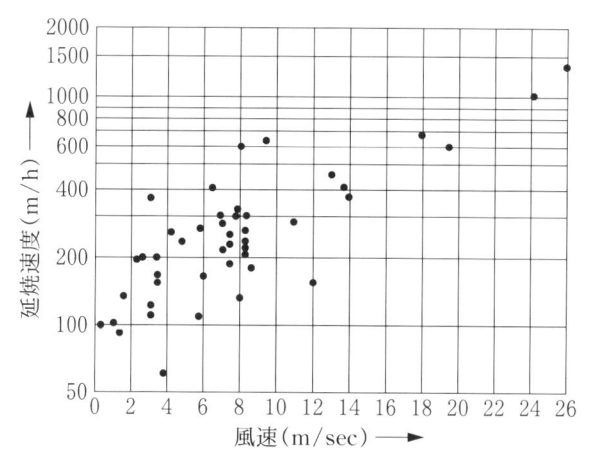

図 8-4　大火発生時の風速と延焼速度の関係 (文献 5 を改変)

② 飛び火

ある建物が火災したあと，火が隣棟建物に移る理由として飛び火が挙げられる。飛び火とは，「火災の時には火災建物から吹き上げる火炎あるいは熱気流にのって，いわゆる火の粉が舞い上がり，これが風に流されて遠くあるいは近くの地物の上に落下する。この火の粉が付着して建物などの対象物に着火し，火災を起こさせる[6]」ものである。飛び火の例としては，1923年関東大震災による大火，1940年の静岡の大火，1976年の酒田の大火などがある。

③ 火災旋風

火災旋風とは，地震や空襲によって都市部に発生した多数の火災から，炎を伴う旋風が発生し，さらに大きな被害をもたらす現象である。1657年の明暦の大火や1945年の和歌山市の空襲の際に発生しているが，特に知られているのが1923年関東大地震での旋風である。9月1日の午後3時頃に隅田川に近い被服廠跡地を襲った旋風は一瞬にして38,000人を超

える人々の命を奪ったとされている。

4. 延焼火災の対策

　関東大震災の例のように，地震の発生による建物倒壊，出火，強風などの要因が重なると，木造密集市街地などは延焼火災の発生する可能性がある。延焼火災を防ぐことは，鉄筋コンクリート造の建物が増えた現代においても，重要な都市防災上の課題である。ここでは都市の延焼火災を防ぐ対応策について述べていく。

（1）消火対策

　火災が発生した際に，まず行わなくてはならないのが消火である。消火をするためには前節で挙げた「燃焼の要素」のいずれかをなくす必要がある。〔図8-5〕は燃焼の条件で挙げられた各要素を取り除くための消火方法を示している。江戸時代の破壊消防は可燃物である建物を壊して取り除く除去消火の一手法であった。通常イメージする消防車による放水は熱を下げるための冷却消火法であり，また泡消火器による消火活動は酸素を断つ窒息消火法である。

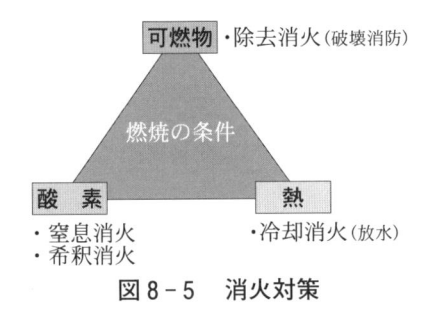

図8-5　消火対策

建物内で出火すると，隣棟に延焼する可能性がある。すなわち個々の建築物には延焼しない機能が求められる。そのために建築基準法では，特定の建物に対して，耐火性能もしくは準耐火性能であることを義務づけている。

(2) 延焼遮断帯の設置

出火が起こり，消火が間に合わなければ，隣棟へと延焼し，やがては街区レベルへと拡大していく。そうなると個人としての建物所有者による防火対策の範囲を超え，街区レベル，都市レベルの対策が求められる。都市レベルで延焼を防ぐためには，木造家屋が密集する地域を，防火ブロック（都市防火区画）に分割しておき，同時多発火災によって延焼拡大した火災を防火ブロック内で焼け止まらせるという方法が用いられる。

延焼遮断帯とは防火ブロックを構成する焼け止まりの要素であり，一般的には，河川，鉄道，道路，公園，耐火建物建築物群，空地などを指す。〔図8-6〕は1976年酒田大火における焼け止まり要因を示したものである。10月下旬の夕刻に商店街に立地していた映画館から出火し，強風にあおられ，まわりの木造家屋や百貨店さらには周辺の街区へと延焼し，22.5haを焼き尽くした大火であった。この図によると，道路・河川，空地，耐火建物等が延焼遮断帯として有効に働いたことがわかる。

また函館のように，幾度もの大火の経験を活かして，延焼遮断帯を計画的に配置している街もある〔図8-7〕〔写真8-2〕。

5. 都市計画的規模での延焼火災対策の取り組み

市民の自主防火対策，公設消防力による初期消火対策，建築的対策，

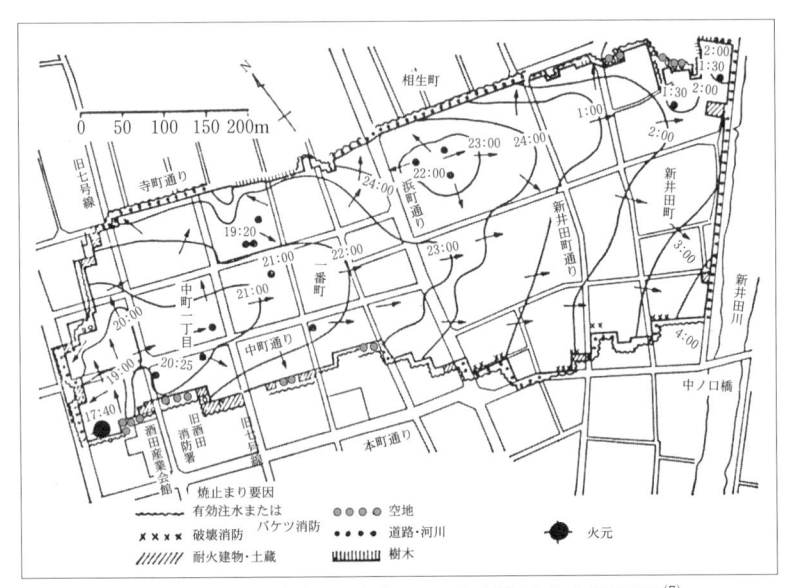

図8-6　1976年酒田大火における焼け止まり要因[7]

図8-7　函館の延焼遮断帯ネットワーク

写真8-2　函館の延焼遮断帯

街区レベルの対策，そして都市計画的対策など，空間的規模に応じて消火延焼の対策方法は異なってくる。ここでは都市レベルの取り組みについて述べていく。

(1) 白鬚東防災拠点の開発

　隅田川と荒川に囲まれた地域は江東デルタ地帯と呼ばれている。この江東デルタ地帯の南部分は1923年の関東地震により大きな被害を受け，その結果，帝都復興計画の中で区画整理が行われた。しかし，焼け残ったところは区画整理が進まず，狭隘道路の多い木造密集地帯となっている。これらの場所は，都内でも地震時の危険度が高い地域とされており，もし火災が発生した場合に，都市大火に発展する可能性がある。

　そのため，この地域の居住者が大火の際に逃げられるような都市の仕組みをつくるプロジェクトが1960年代から進められてきた。

　〔図8-8〕はそのプロジェクトのコンセプトである。区画整理をして，

延焼遮断帯を設けることは，用地の買収や住民の賛同を得るのに時間がかかるなど，多くの困難を抱える。それらを解決するために，このように高層建物による火災延焼を遮断する壁をつくり，周囲が燃えても逃げられる場所をつくるという構想で進められた。

　こうしてこの構想は都市再開発事業により1970年代に着手し，1980年代に完成した。その概観を〔写真8-3〕に示す。このプロジェクトにより，南北1km以上におよぶ住宅群を配置し，周辺の木造密集地帯で発生する火災延焼を食い止める仕掛けが生まれたわけである。災害時には4万人が収容できるよう計画され，それだけの食料や水が備蓄されており，また，延焼を防ぐために，建物の壁には防水銃やシャッターが設けられている。災害時の拠点として，防災センターや病院などの機能も含まれている。

(2) 広域避難場所

　日本の都市では，木造密集地帯の存在が大きな問題とされている。先に白鬚東防災拠点という再開発の事例を紹介したが，防災を目的とした

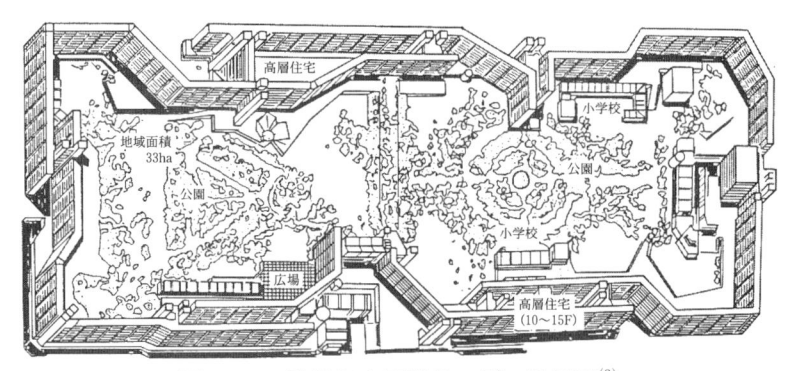

図8-8　防災拠点再開発モデル予想図[8]

写真 8-3　白鬚東防災拠点の外観[8]

　このような巨大再開発プロジェクトは，いつでも，どこでもできるというわけではない。しかし，白鬚東防災拠点ほどの規模でなくても，ある一定規模のオープンスペースがあれば，地震や火災発生時の避難場所として利用することも可能である。このような理由から，東京都では一定規模（おおむね10ha）以上のオープンスペースが，広域避難場所として指定されている。

（3）防災のための都市構造
　数多く残っている木造密集市街地を減らすために，改善が必要な密集

市街地を指定し、事業化してまちを変えていく動きもある。〔図8-9〕は国土交通省資料に基づく防災都市構造のイメージである。

危険な地区を改善するために、延焼遮断帯として、幹線道路の拡幅、オープンスペースの確保、防災にも役立つ緑地を設置し、建物の不燃化・耐震化を進め、さらに地区の避難場所を確保するというものである。

またここで災害後に避難をする場所を、一時（いっとき）避難場所（または一時集合場所）、避難所、広域避難場所の三段階に分けている。一時避難場所とは、例えば地震発生直後にとりあえず逃げ、家族の安否確認などをする一時的な退避の場所であり、近所の駐車場や小さなオープンスペース、小さな公園や小学校の校庭などがこれに相当する。避難所とは災害後に暫定的な生活ができる屋根のある場所であり、小中学校の体育館などがこれに相当する。また広域避難場所とは、周辺市街地の大

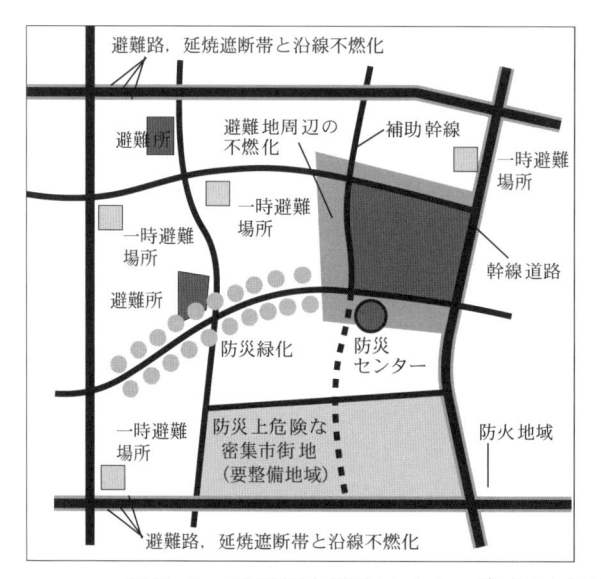

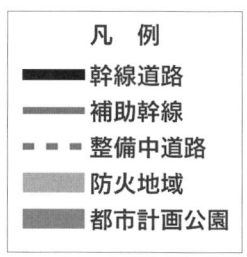

図8-9　防災都市構造のイメージ（国土交通省資料を修正）

火に対して安全が確保され，地区の避難者人口に基づき指定された場所である．

ここで紹介した防災都市構造を持った都市は，火災災害だけではなく地震など他の災害後の対応においても有効に働く．しかし，災害に強い都市をつくるためには，このような都市空間規模の対策とともに，各建築物の耐震・耐火性能を向上させる努力が不可欠である．

引用文献

（1）日本自然災害学会『防災事典』築地書館，2002
（2）建設産業調査会『最新建設防災ハンドブック』1037，1983
（3）田邊平學『耐火建築』資料社，1949
（4）地震防災『予知の現状と対策の具体策』白亜書房，1979
（5）川越邦雄『新訂建築学体系21　建築防火論』彰国社，1970
（6）中田金市編『防災科学技術シリーズ14　火災』共立出版，1969
（7）自治省消防庁消防研究所：酒田大火の延焼状況等に関する報告書，1977
（8）村上處直『都市防災計画論』同文書院，1986

参考文献

・酒田市ホームページ，酒田大火，http://www.city.sakata.lg.jp/sakata_tmp/taika/

9 ｜土木・建築構造物の安全性

目黒公郎

《**本章の学習目標＆ポイント**》 私たちの生活は，社会基盤施設などの土木構造物と建物などの建築構造物から構成される地域の住環境（Built Environment）によって支えられている。これらの構造物は，少なくとも当初想定されている供用期間中は，建設目的を満足できるように，様々な材料と工法を用いて建設されている。本章ではこれらの構造物の安全性について学ぶ。

《**キーワード**》 被害抑止（Mitigation），耐震基準，共振現象，固有周期（固有周波数），強度，変形能，エネルギー吸収能，静的設計，動的設計，震度法，応答スペクトル，被害想定・地域危険度評価，地震・災害保険

1. 被害抑止力と構造物対策の関係

　すでに第4章で説明したように，総合的な災害マネジメントは三つの事前対策と四つの事後対策によって構成される。本章で扱う構造物の安全性は，三つの事前対策の中の被害抑止対策（Damage Mitigation）に深く関係している。被害抑止対策は，主として構造物の性能アップと危険な場所や地域を避けて住む土地利用政策で，ハザードが起こったとしても被害をなるべく発生させない環境整備を目指すものである。構造物の性能アップは強いハザードに対しても被害の発生量を減らす機能であり，地盤条件の悪い地域を避けるなどの土地利用政策は，将来のハザードのレベルを低くして，同じ性能の構造物であっても発生する被害を減らす効果がある。これらの関係は，構造物の設計や被害想定，地震保険

などにも深く関係するものである。

地震に対する被害抑止対策として構造物の性能を向上する方法には，「耐震，免震，制振（震）」の3つがある。免震と制振（震）については，それぞれ第10章と第11章で取り上げるので，ここでは耐震について説明する。

2．構造物としての安全性

（1）構造物の安全性と外力

すべての構造物には期待される利用目的があり，その目的に見合う機能を想定される供用期間中に発揮することが求められる。土木構造物や建築構造物の多くは地盤の上や地中に建設されるので，その期間中に構造物を襲うであろう地震や台風，豪雨や温度変化などの外力や外乱に対しても期待される機能を保持しなくてはいけない。水上や水中に建設される構造物の場合には，波の影響や水圧，浮力なども外力の対象になる。

またほぼすべての土木・建築構造物は地球上に存在するので重力の影響を受ける。言い換えると，構造物自体の質量に重力加速度（G）を掛けた自重が作用する。構造物を構成する柱や梁，床や壁などの構造部材には，それぞれの自重に加え，それよりも上部の構造物の自重や設備の重量も作用する。このように通常は静止して動かないものの重量による荷重を固定荷重（死荷重），構造物を利用する人々や鉄道橋の上を走る列車など，時間によって移動・変動する荷重を積載荷重（活荷重）という。一般に構造物の自重とそれ以外の付加重量（設備や人間，自動車や列車などの重量）の割合は，構造物の規模が大きくなるほど，構造物の自重が占める割合が高くなる。建物を設計する上で最も支配的な影響は，一般的なサイズの土木・建築構造物と大規模構造物の基礎構造では地震

の影響が，超高層ビルや長大橋梁などの上部構造では風の影響になる。地震の影響による荷重を地震荷重，同様に風による荷重を風荷重と呼ぶ。地下埋設構造やトンネルなどの地中構造物では，周囲の地盤の変位の影響を受けるので，その変位に対して安全性を確保する必要がある。気温の変動の大きな環境下で，温度変化の影響を受けやすい鉄鋼（スチール）などの材料を用いて建設されている構造物では，温度変化によって材料のボリュームが増減する影響を受ける。このように温度の変化によって構造物に生じる荷重を熱荷重と呼ぶ。建設材料の多くは利用環境の影響を受け，維持管理が適切でないと，初期に有していた性能を保持できなくなる。木材の腐朽やスチールの錆，コンクリートの中性化などがその典型である。

ところで構造物の安全性は，一般的には外力に対して構造物全体が有している「強さ＝強度」と「変形しても壊れない性能＝変形能」と「揺れのエネルギーを吸収する性能＝エネルギー吸収能」の3つの能力で評価される。これらを適切に組み合わせることで，高い性能を有する安全な構造物を経済的に建設することが可能となる。さらに実際に構造物を安全に利用するには，ライフライン（電力や通信，水やガスなど日常生活の利便性を向上する生活線）をはじめとする構造物に付帯する設備の安全性が問われることは言うまでもない。

以上のように構造物の安全性を確保するには，様々な条件を満足する必要があるが，本章では付属物としての設備などの不具合によって構造物の安全な利用が妨げられるケースではなく，構造体としての安全性能が損なわれる問題を中心に話をする。

（2）構造物の安全性と材料

〔図9-1〕に示すように，等間隔で縦に直線を描いた軟らかい材料で

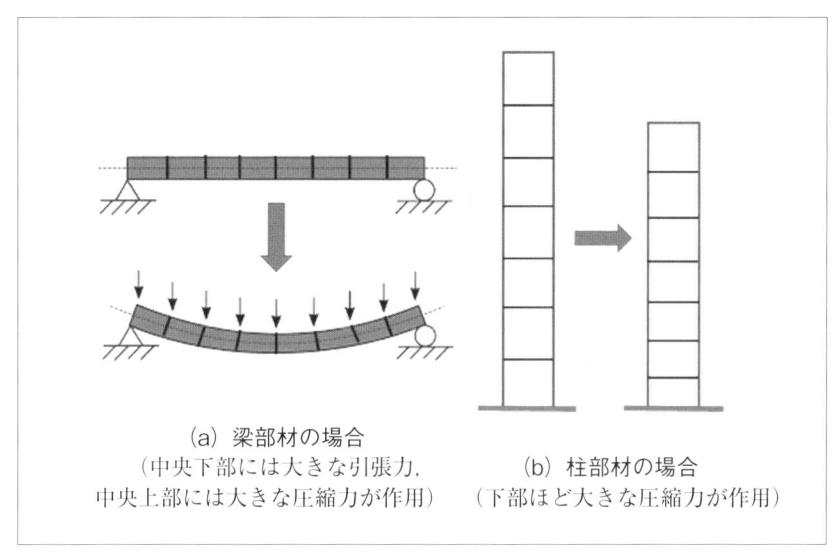

(a) 梁部材の場合
（中央下部には大きな引張力，中央上部には大きな圧縮力が作用）

(b) 柱部材の場合
（下部ほど大きな圧縮力が作用）

図9-1　材料の変形と断面に作用する力

つくった梁状の構造物を両端で支えると，梁の中央部分の下部の間隔は広がり，上部では狭くなる。これは材料の自重によって，中央部の下部では引張力が，上部では圧縮力が働くからである。同様の構造物を立てて柱状にすると，直線の間隔はどの場所でも元よりも狭くなるが，その間隔は下ほど狭くなり，より大きな圧縮力が作用していることがわかる。構造物を構成する部材には，様々な力が作用するが，引張力が作用する部分には引張に強い材料を，圧縮力が作用する部分には圧縮に強い材料を用いないと壊れてしまう。

　土木構造物や建築構造物では，土や石，レンガ（焼成レンガや日干しレンガ）やコンクリートブロック，木材や鉄鋼（スチール），コンクリートやポリマー繊維などが良く用いられる。これらの材料の特性を良く考えて利用しないと安全な構造物は実現できない。たとえば，石やレン

ガ，コンクリートは圧縮には強いが引張には弱い。一方，ポリマー繊維は引張に強く，スチールや木材は引張にも圧縮にもある程度強い。ただし，圧縮力を受ける部材では，部材の寸法が長く断面が小さいと座屈（ざくつ）という現象が起こって，本来は耐えうる圧縮力の範囲でも部材が大きく変形して不安定になる。引張にはこのような現象はないので，実際の断面積に応じた引張力を発揮できる。

引張力が乏しい材料で構造物をつくる場合は，すべての断面に圧縮力が働く構造をつくればいいということになる。石やブロックなどを用いて構造物をつくる場合に用いられるアーチ構造はすべての断面に圧縮力が作用する構造形式で，アーチを支える基礎部分で十分な反力が得られる条件が満足されれば，地震に強い構造を引張力の低い材料を使って実現できる〔写真9-1〕。

また鉄筋コンクリートは，圧縮力には強いが引張には弱いコンクリートの中に，引張に強い鉄筋を入れることによって，圧縮力はコンクリートで，引張力は鉄筋で担う複合材料である。弱アルカリ性のコンクリー

写真9-1　引張力に弱い材料でも強い構造が実現できるアーチ構造
（1975年大分中部地震，伯野元彦撮影）

トによって覆われている鉄筋は錆ることはない。また両者の熱による膨張率に大きな差がないので、温度変化があっても相対的に大きな変位差が生じることもない。ゆえに鉄筋コンクリートは、コンクリートと鉄筋の双方の欠点を補い、長所を組み合わせた材料と言える。

(3) 構造物の揺れとその特性

　土木・建築構造物が地震の際に振動することは良く知られているが、地震が発生していない状態でも、風の影響や交通振動などの影響を受けて構造物は常に振動している。振幅が小さいので、人間には感じないが、感度の高い地震計を用いるとこれが観測される。この振動を常時微動というが、これを分析すると、各構造物はある特定の周期（＝1/周波数）を多く含んだ応答をしていることがわかる。この構造物ごとに特有な揺れやすい周期を固有周期、周波数を固有周波数と呼ぶ。構造物は固有周期や固有周波数を多く含む振動外力を受けると良く揺れ、応答変位が非常に大きくなって（この現象を共振現象という）、被害が出やすくなる。

　一般のビルのように、地面に基礎が固定され上層階が自由に振動できる構造物は、〔図9-2〕に示すように最上階で振幅が最大になるような形状で振動する。このような振動の形状を振動モードと呼ぶが、最も振動しやすいモードは1次モードで、下層階から上層階に向かって振幅が

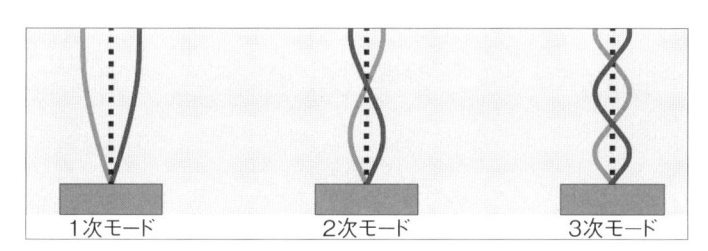

図9-2　構造物の振動モード

単調に増加する形状である。途中階で振幅が最小になる箇所（振動の節になる所）が1つ現れる振動モードを2次モード，2つ現れる振動モードを3次モード，n個現れる振動モードを（n＋1）次モードと呼ぶ。階数が増えるほど，モードの数は増え，モードの次数が高くなるほど固有周期は短くなる。ビルなどでは，高次の固有周期は高さ方向の質量や剛性の分布などの建物の特性によって異なるが，特殊な形状の建物でなければ，2次，3次，n次モードの固有周期は1次モードの固有周期のそれぞれ$1/3$，$1/5$，$1/(2 \times n - 1)$で概算できる。

〔図9-3〕に様々な構造物や施設の1次の固有周期を示す。地上の配管や付帯設備などの固有周期は0.05～0.1（秒）と非常に短い。わが国の構造物で数が最も多い一般の木造建物の周期は0.1～0.5（秒）程度である。一般に規模が大きくなると固有周期は長くなるが，原子炉建物は硬い岩盤上に非常に厚く堅牢なRC壁で建設されていることから，規模の割に固有周期は短く0.5（秒）以下である。

一般のビルの固有周期は，高さや階数に応じて長くなる。一般に日本のビルの1次固有周期T（秒）と建物高さH（m）や階数Nとの関係は，以下の式で概算できる。設計基準の異なる他国の建築物では，式中の定

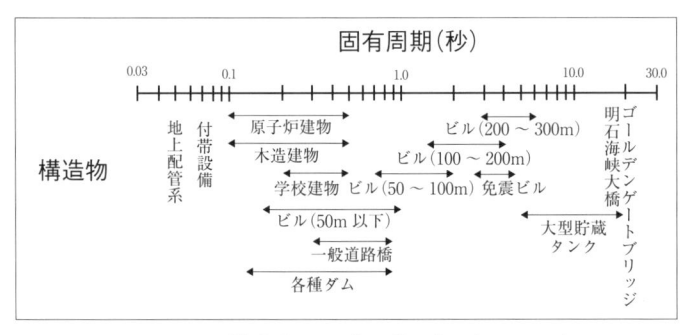

図9-3　構造物の固有周期（1次モード）

数が変化する。

$T = 0.02H$, $T = 0.06N \sim 0.08N$ （S造）

$T = 0.015H$, $T = 0.045N \sim 0.06N$ （SRC造・RC造）

なお，S造とは鉄骨造，SRC造は鉄骨鉄筋コンクリート造，RC造は鉄筋コンクリート造を意味する。上式によれば，新宿副都心に立ち並ぶ200m級のS造の超高層ビルの固有周期は約4秒，横浜のランドマークタワー（高さ296mのS造）の固有周期は約6秒と概算できる。

固有周期が長い構造物の代表は，石油やLNGの貯蔵タンクと長大橋などである。貯蔵タンクのスロッシング周期（中の液体が共振する現象）はタンクの直径と液深（貯蔵される液体の深さ）で決まるが，大型のタンクでは10～20（秒）の周期になる。長大橋の代表で中央径間長が世界最大である明石大橋や，サンフランシスコ湾に架かるゴールデンゲートブリッジの固有周期はそれぞれ，17秒と20秒に達する。

3. 構造物の地震に対する安全性

(1) 地震の揺れ（地震動）の種類とその特性

自然地震（爆弾や発破などによる人工的な地震を除くという意味）の原因は地下の断層の破壊現象であり，その破壊箇所から放出される応力波が地表まで及んだ場合に，これが揺れとして感じられる。一般的には地震と地震が及ぼす地面の揺れの両者を地震と呼ぶが，これは間違いで地震の揺れは「地震動」と言う。〔図9-4〕に示すように，断層が破壊した箇所からは四方八方に応力波は放射されるが，その中で直接観測点まで到達する地震動を実体波，いったん地表まで到達し，その後地表に沿って観測点まで伝わる波を表面波と呼ぶ。実体波には速度の速いP波（Primary Wave：最初の波と言う意味）と速度の遅いS波（Secondary

Wave：2番目の波と言う意味）がある。表面波はS波よりも伝播速度が遅い。一般に構造物に被害を及ぼす揺れはS波である。P波は波の進行方向に対して平行な成分を持ち，S波は波の進行方向に直角（90度）

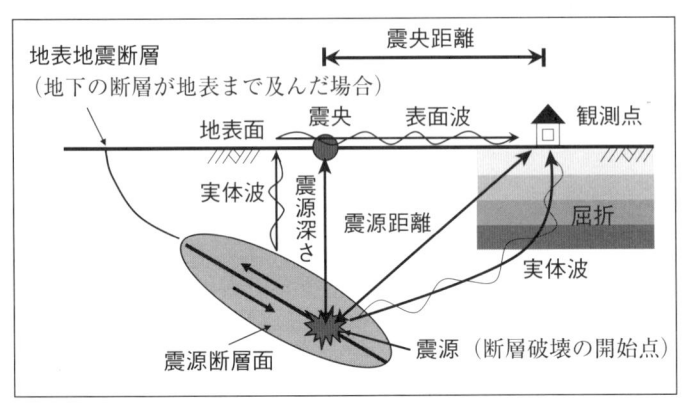

図9-4　地震断層と地震動

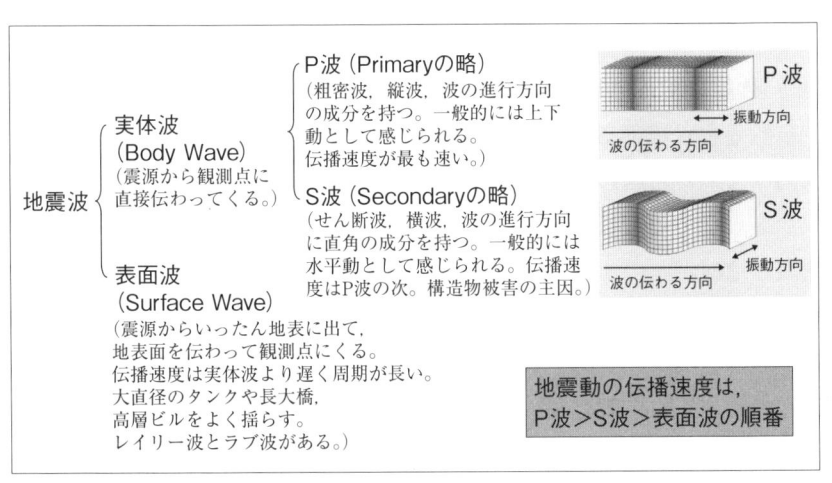

図9-5　地震動の種類と特徴

の方向の成分を持つ〔図9-5〕。

　地震動の伝播速度は媒質の特性（硬く比重が小さいと速い）で変わり，地下の深い場所の剛性（硬さ）が浅い場所よりも高いので，地表に近くなるにしたがって伝播速度が遅くなる。伝播速度が速い媒質から遅い媒質に地震動が入射すると，先に速度が遅い軟らかい地盤に到達した側の地震動が遅くなるので，内側に折れるように進行方向を変える。この現象を屈折と呼ぶが，これは運動会の行進で陸上トラックの内側の選手が速度を遅くすることで全体としての進行方向をトラックの曲面に沿って進行できることと同じである。何層もの地層を通ってくる間に屈折を繰り返し，地表に到達する時点での地震動の方向は地表に対してほぼ真下から入射してきた状態になる。その結果，波の進行方向と平行な成分を持つP波は上下動として，進行方向に90度の成分を持つS波は水平動として感じられることになる。

（2）地震動の特性と構造物被害の関係

　地震の揺れを地震計で観測すると，〔図9-6〕に示すような波状の運動が記録される。地震計が建物などに設置される場合は，建物の形状に合わせて設置される場合が多いが，地表や地中に設置される場合は，東西（EW）と南北（NS）の方向と上下（UD）の成分を記録するように設置される。〔図9-6〕のEWやNS，UDはそれぞれの方向の揺れを示している。

　地震動と構造物の被害の関係を理解する上で欠かせない地震動の持つ3つの重要な性質（最大振幅，主要動の継続時間，周波数特性）がある。被害は，最大振幅が大きいほど，継続時間が長いほど大きくなる。周波数特性に関しては，既に説明した構造物の固有周期（＝1/固有周波数）とそれに近い周期（実際には，被害によって固有周期が伸びるので，固

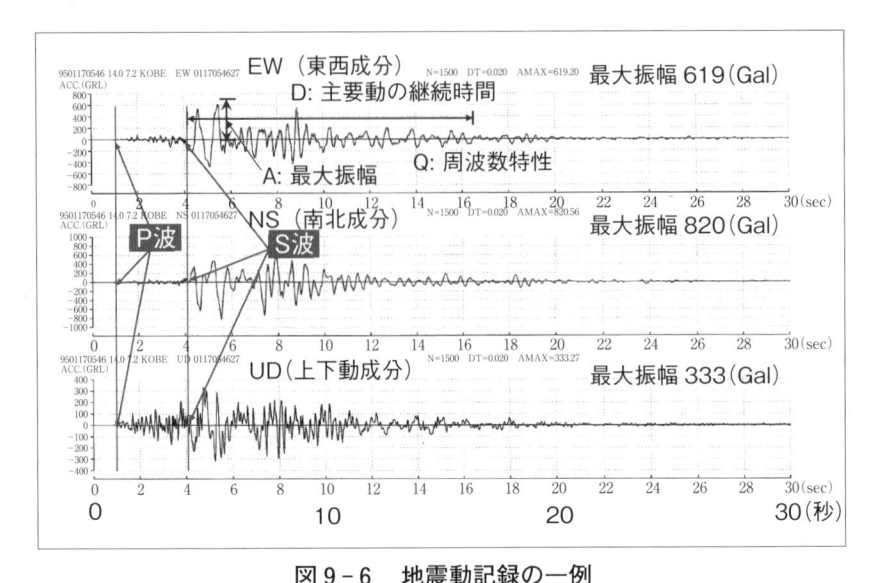

図9-6　地震動記録の一例
（兵庫県南部地震の際に神戸海洋気象台で記録された加速度記録）

　有周期から少し長い周期，周波数でいうと固有周波数から少し低い周波数）成分を多く含む地震動が襲うと，共振現象を起こし被害が出やすくなる。

　これらの3つの揺れの性質に影響を及ぼす要因が，〔図9-4〕に示した3つ（震源特性，伝播経路，観測点特性）である。一般に震源特性はマグニチュードと断層メカニズム（断層の壊れ方）によって，伝播経路は震源から観測点までの距離と媒質，観測点特性は観測点の地盤特性（表層地盤の硬さと層厚）や地形によって決まる。

　これらの地震動の性質と決定要因の「3×3」のマトリックスの関係が地震被害を理解する上で最も重要である〔図9-7〕。1つの決定要因の影響を考える時は他の2つは固定して考える。マグニチュードの影響

		地震動の決定要因 (他の2つを固定して考える)		
		b1 Mが大きければ	b2 震源距離が長ければ	b3 軟らかければ
地震動の重要な性質	a1 最大振幅	大きくなる	小さくなる	大きくなる
	a2 主要動の継続時間	長くなる	長くなる (ただし振幅は小さくなるので被害は一般に減る)	長くなる
	a3 周波数特性	低周波が増える	低周波が増える (高周波成分が減衰するので)	低周波が増える

図9-7　地震動の重要な性質と決定要因

を，震源距離と地盤特性を固定して考えると，マグニチュードが大きくなると断層の大きさも破壊時間も長くなるので，最大振幅は大きく継続時間も長くなる。周波数特性は低い周波数成分が増え，結果として被害は大きくなる。同じマグニチュードでも，断層の破壊メカニズムの違いから，観測点に近づいてくる方向に断層が壊れる場合には，観測点から遠ざかる方向に壊れる場合よりも地震波の重ね合わせの影響で地震動は強くなる。

　次に，マグニチュードと地盤特性を固定して，震源距離の影響を考える。震源からの距離が遠くなると，最大振幅は減衰するので小さくなる。遠い地震の際にP波とS波の到着時間の差が大きくなることからもわかるように，継続時間は長くなる。しかし距離減衰によって振幅が小さくなるので，被害は一般に小さくなる。周波数特性は，高周波成分が低周波成分よりも早く減衰するので，相対的に低周波の波が多くなる。理由は同じ距離を伝播する際に，高周波は低周波に比べて数多くの振動を繰

り返す必要があり，減衰比が同じでも繰り返し数が大きいので急激に減衰するからである。逆に低周波は周期と波長が長いため，遠い距離を伝播しても減衰が少なく，結果として遠くまで伝播する。

最後は地盤特性で，マグニチュードと震源距離を固定して考える。「硬い地盤」と「軟らかい地盤」で揺れ方がどう変わるのか。これは，硬めの羊羹と軟らかい葛きりなどを例に考えると良くわかる。両者を同じサイズの器に満たして机の上に載せ，「ポン」と机を叩いた場合を考えると，中身の揺れ幅は軟らかい葛きりの方が大きく，しかも「ぷよんぷよん」とゆっくりと長く揺れる。つまり最大振幅は大きく，継続時間は長く，周波数特性としては周期が長く周波数は低くなるということだ。なお，同じ軟らかさの地盤が厚く堆積している場合は，その傾向はさらに顕著になる。

(3) 地震動を受ける構造物の応答と応答スペクトル

前項で地震動の特性と構造物の被害の関係を学んだが，ここではもう少し詳しく説明する。〔図9-8(a)〕に示すように，固有周期の異なる様々な構造物（減衰は一定）を1つの質点とバネでモデル化したもの（これを1自由度系のバネ質点モデルと言う）を振動台の上に固定し，これをある地震動で揺らし，各モデルの時刻歴応答を描き，その最大応答値を求める〔図9-8(b)〕。これと固有周期の関係をプロットすると，〔図9-8(c)〕のようなグラフが求められ，これを応答スペクトルという。入出力が加速度の場合は加速度応答スペクトル，同様に，速度と変位の場合は，それぞれ速度応答スペクトルと変位応答スペクトルという。

〔図9-8〕は〔図9-7〕で説明した内容を定量的に説明するもので，同じ地震動であっても構造物の固有周期が変わると，応答（被害）には

大きな差が出ることがわかる。設計する構造物が将来的に受ける地震動を断定することはできないので、過去の様々な地震動記録（変位や主要動継続時間、周波数特性が異なる）を同様に振動台に入力して応答スペクトルを求め重ね描きしたうえで、その包括線を描くと〔図9-8(d)〕のようなグラフが得られる。このグラフの意味は、各固有周期の構造物はこの包括線の応答に耐えられるように設計すれば良いということであり、これを設計用スペクトルという。

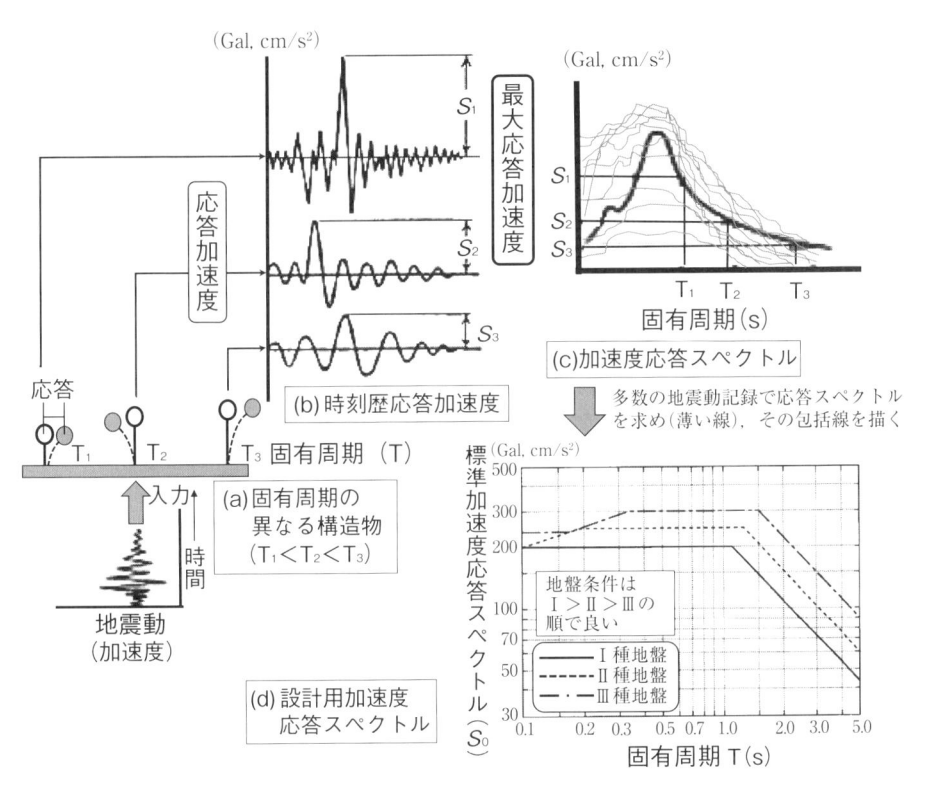

図9-8　応答スペクトルと設計スペクトルの考え方

（4） 地震動に対する構造物の安全性の確保

　構造物の安全性が，外力（地震被害の場合は地震動）に対して構造物全体が有している「強度」と「変形能」と「エネルギー吸収能」の3つの能力で評価されることはすでに述べた。この時，災害のメカニズムでの説明［第2章3．（2）］と同じように，地震動をインプット，構造物をシステム，被害を含めた構造物の応答をアウトプットと考えると，インプットとしての地震動を低減することで同じ構造システムでも被害が出にくくするのが免震である。耐震は強度を中心として，変形能とエネルギー吸収能も合わせて向上させることで地震被害の軽減を目指している。制振（震）は構造物の変形を制御して小さくすることで，同じ構造システムでも被害の軽減を目指すものである。なお，著者が途上国の組積造建物を対象に開発している安価で簡単な耐震補強法（PP－バンド工法）は，世界中で入手可能な荷造り紐（ポリプロピレンバンド）を用いる耐震工法であるが，これは変形能とエネルギー吸収能を大幅に向上させることで耐震性能を高める方法である。

（5） 構造物の耐震性

　世界で初めて地震に関する学会が設立されたのはわが国であるが，これは1880年（明治13年）2月22日に横浜市に現在の震度階で震度5弱程度の揺れをもたらした地震（横浜地震，M5.5程度）を経緯としている。この地震では横浜で多くの煙突が破損し，家屋の壁が落下するなどの被害が発生した。当時，工部大学校（東京大学工学部の前身）で鉱山学を教えていた「お雇い外国人教師」の1人であったジョン・ミルン（1850-1913年）がこの地震の揺れに驚くとともに，強い興味を示し，同年に日本地震学会（初代会長は東京大学の服部一三，ミルンは副会長）を発足させた。

写真9-2　佐野利器

　ミルンは同僚の「お雇い外国人教師」であったユーイング（機械工学・物理学）やグレイ（電信工学）らと共に地震計の開発を始め，地震学と耐震の研究を精力的に行った。1886年に帝国大学が発足し，ユーイングの弟子であった関谷清景（1854-1896年）が理科大学の地震学の初代教授（2代目は大森房吉，3代目は今村明恒）になった。

　1891年に旧美濃藩と旧尾張藩の両藩にまたがる内陸直下でM8.0の巨大地震（濃尾地震）が起こった。その地震による死者は7,000人を超え，住家や工場を含め，多くの土木・建築構造物に大きな被害が発生した。地震を考慮していなかったレンガ造建物の被害は特に甚大であった。

　この地震で有名なのは，岐阜県本巣市（旧根尾村水鳥地区）で大きな変位を伴う地表断層が出現したことである。根尾谷断層と呼ばれる断層は上下6m，水平2mのずれを生じた。地震の原因が地下の断層運動であることが広く知られるようになった地震であるが，この地震の翌年の1892年には震災予防調査会が文部省に設置され，地震学や耐震構造学の研究が精力的に行われた。

1906年にアメリカ合衆国のサンフランシスコで巨大地震（サンフランシスコ地震，M7.8）が起こり，約3,000人の死者と多くの土木・建築構造物が被害を受けるとともに，大火災も発生した。この地震の被害調査に，震災予防調査会から大森房吉と一緒に行ったのが当時26歳の東京帝大の建築学科を出た佐野利器（1880-1956年，写真9-2）であった。佐野は1910年に欧米を視察，1911～1914年にはドイツに留学し，1915年に「家屋耐震構造論[1]」を著して設計震度の概念を提唱した。「震度法：Seismic coefficient method」は，静的な地震慣性力に耐えるように構造物を設計するという簡潔な方法である。

　1923年（大正12年）の大正関東地震（M7.9）で多数の構造物が甚大な被害を受けたことから，翌年の1924年（大正13年）に佐野の震度法の考え方が市街地建築物法に導入された。これは世界で最初の耐震設計法規である。土木構造物に関しては，内務省土木局が1926年（大正15年）に「道路構造に関する細則案」[2]を通達した。これは建築構造物と同様に佐野による「震度法」に基づく耐震設計である。建築構造物に関しては，1950年（昭和25年）に市街地建築物法に代わって建築基準法が制定され，水平震度0.2以上が定められた。

　その後の耐震基準や耐震設計の変遷は〔表9-1〕に示すとおりであるが，土木・建築構造物ともに，地震被害を受けるたびにその教訓を盛り込んで，基準を改定してきたことが良くわかる。結果として，構造物の耐震性が大きく改善され，同じ強さの地震動による被災度が大きく低下したことがわかる〔図9-9〕。〔図9-9〕に示すグラフを被害関数と呼ぶが，効果的な地震防災対策を実施するために行う被害想定や地域危険度評価は，これと〔図9-7〕の関係を利用した調査分析である。

表 9-1　土木・建築構造物の耐震設計関連の規定の変遷と地震被害

年代と地震	土木構造物の耐震設計の変化	建築構造物の耐震設計の変化
1891年（明治24年）濃尾地震		
		1920年　「市街地建築物法」の施行
1923年（大正12年）大正関東地震	1926年　耐震設計の導入（大正15年「道路構造に関する細則（案）」）	1924年　「市街地建築物法」大改正（木造家屋等で耐震規定の初導入。筋かいなど）
	1939年　設計震度の標準化（設計震度0.2）（昭和14年「鋼道路橋設計示方書（案）」）	
1944年（昭和19年）昭和東南海地震		
1945年（昭和20年）三河地震		
1946年（昭和21年）昭和南海地震		
1948年（昭和23年）福井地震		1950年　「建築基準法」制定（市街地建築物法廃止）許容応力度設計の導入（床面積に応じた壁量規定）
1952年（昭和27年）十勝沖地震	1956年　地域，地盤条件に応じた設計震度の算定（設計震度0.1～0.35）（昭和31年「鋼道路橋設計示方書」）	1959年　「建築基準法」改正（防火規定，壁量規定の強化）
1964年（昭和39年）新潟地震		
1968年（昭和43年）十勝沖地震	1971年　地域，地盤，重要度，構造特性に応じた設計震度の算定（設計震度0.1～0.24），液状化判定法の導入，修正震度法（昭和46年「道路橋耐震設計指針」）	1971年　「建築基準法」改正（基礎に関する規定，RC造の帯筋の基準等の強化）
1978年（昭和53年）宮城県沖地震		
	1980年　液状化に対する設計の考え方の導入　主鉄筋段落とし部の設計法（昭和55年「道路橋示方書」）	1981年　「建築基準法施行令改正（新耐震）」一次設計，二次設計の概念導入
	1986年　「コンクリート標準示方書」限界状態設計法の導入	
	1992年　道路橋免震マニュアル	
1995年（平成7年）兵庫県南部地震	1996年　「道路橋示方書耐震設計編」見直し　地震時保有水平耐力法の導入，液状化による側方流動に対する設計法の導入，「レベル1，2地震動」の導入	1995年　「耐震改修促進法」
		2000年　「建築基準法及び同施行令改正」性能規定の概念の導入，構造計算法として限界耐力計算法が承認。（木造では，地盤調査，構造材と継手・仕口の仕様特定，耐力壁の配置バランスの計算）
2011年（平成23年）東北地方太平洋沖地震	2013年　「防波堤の耐津波設計ガイドライン」策定「レベル1，2津波」の導入	

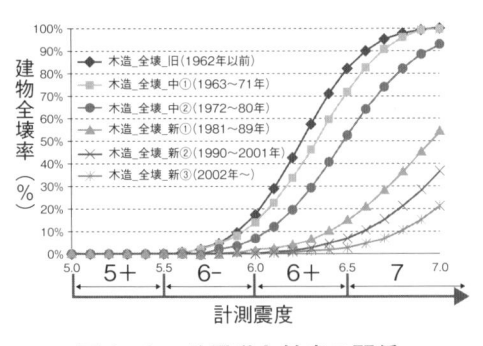

図9-9　地震動と被害の関係
（木造建物の被害関数）

図9-10　材料の強度と許容応力の考え方

4. 構造物の耐震設計

（1）最もシンプルな耐震設計法としての震度法の考え方と限界

　耐震設計の手法は大きく静的設計と動的設計に大別できるが，ここで紹介する「震度法」は静的設計の代表である。すでに説明したように，構造物の自重のある割合（これを震度と名付け，特に設計に用いる場合には設計震度と呼ぶ）を鉛直と水平方向に付加質量として静的（時間で変動しない，非常にゆっくりと，という意味）に作用させ，それに耐え得るように構造断面を設計するものである。震度法で用いる震度は英語では seismic coefficient と言い，地震動の強さを表す震度階（seismic intensity）と紛らわしいが，両者は別の指標である。

　〔図9-10〕の図中の右下に示すように，構造物に用いる材料の圧縮強度や引張強度を調べる試験を行うと，ある程度のばらつきを持った試験結果が得られる。このばらつきは，自然素材と人工素材でも違うし，作成過程の品質管理によっても変化する。耐震設計は，地震外力という

見極めの困難なハザードと品質特性にばらつきのある材料を前提に行うので，その不確定性さを「安全率：safety factor」として考慮する。例えば，〔図9-10〕では多数の供試体の結果を平均して平均強度（平均応力）を求め，それを安全率（ここでは3）で割り，これを許容応力とする。この意味は，「平均をかなり下回る材料が紛れ込んだとしても，全体の平均強度の1/3程度の強度は有しているだろう，また地震外力が多少想定を超えても材料の平均強度の3倍を超えることはないだろう」と考えているということ。ゆえに材料特性のばらつきが大きく，ハザードの不確定性さが高い場合ほど，大きな安全率を考えることになる。用いるすべての部材に作用する応力が許容応力度以下になるように，材料とその断面を決めて構造物を設計する方法を許容応力度設計法という。結果として，〔図9-10〕の左下のハッチのついた範囲の性能を対象に設計していることになり，弾性域内（荷重と変形の関係が比例関係）での設計と言える。

さて設計震度として，水平震度（horizontal seismic coefficient：Kh）と鉛直震度（vertical seismic coefficient：Kv）をそれぞれ $Kh = 0.2$，$Kv = 0.1$ とした場合，鉛直には元々の自重と Kv による「$(1 + Kv) \times$ 自重」の荷重を，水平方向には「$Kh \times$ 自重」の荷重を考えることになる。結果的に，鉛直方向には自重の1.1倍，水平方向には自重の0.2倍の荷重を作用させることになる。安全率を3とした場合には，本来の材料や構造部材は平均的に許容応力の3倍の強度を持つので，鉛直方向には自重の3.3倍，水平方向には自重の0.6倍の荷重に耐えられる設計になる。このように，鉛直震度が水平震度の半分であっても，構造物はもともと自重を支えているので，上下方向の強度は高く，地震時にも上下の揺れで壊れる可能性は低い。

以上のように，震度法はシンプルであるが構造物の動特性（固有周期

など)を考慮していないし,対象としている変形も小さいので,短周期構造物を対象にしていることがわかる。

(2) その他の耐震設計の考え方

a) 修正震度法(Modified seismic coefficient method)

　地震動を受ける構造物の応答はその動特性によって,入力よりも増幅されたり,逆に低減されたりする。震度法はこれを考慮していないので,この欠点を補うために考え出された手法が修正震度法である。修正震度法では,〔図9-8〕で説明した設計用応答スペクトルによって,構造物の動特性(特に固有周期)を考慮して震度を決める。「自重×震度」の付加質量を考える点では静的手法の範疇であるが,構造物の応答の影響を考慮している点では準動的な設計法と言える。

　固有周期の少し長い構造物の簡易的な設計法である。なお,〔図9-8(d)〕の中に地盤種別の違いが表されているが,この意味は軟弱地盤など,地盤条件が悪くなると地震動が増幅される〔図9-7〕ので,その影響を考慮するものである。

b) 動的解析法(Dynamic analysis method)

　動的設計は構造物の動特性を考慮する方法であり,いくつかの方法が用いられている。応答スペクトルによる動的設計では,高次の固有周期(修正震度法は1次のみを考慮)や地盤との相互作用なども考慮した全体系の動特性も考慮し,各モードに対して応答振幅を求め,これらを重ね合せて全体の応答を算出する(モード解析法)。各モードの最大値の時間が不明なので,モードの重ね合せの方法としては近似的に2乗和の平方根をとることが多い。

　より厳密な方法としては,時刻歴応答解析がある。対象となる構造物を多自由度の質点バネモデルや有限要素モデルとしてモデル化し,これ

をコンピュータを用いて時刻歴応答解析し安全性を照査するものである。
　c）応答変位法（Seismic deformation method）
　構造物の安全性と外力〔第9章2．（1）〕で説明したように，地下埋設管やトンネルなどの地中構造物では，揺れの影響は小さいが，周囲の地盤の変位の影響を受けるので，その変位に対して安全性を確保する必要がある。そこで，周辺地盤の地盤変位（歪）を計算し，構造物に作用させて安全性を照査する設計法として応答変位法が用いられている。

5. 構造物の耐震設計と地震保険の関係

　〔図9-11〕に，ここまで学んできた構造物の耐震設計と地震保険の料率の設定法を対比して示す。耐震設計では，それぞれの設計法で得られた標準的な設計外力に対して，様々な係数を乗じて最終的な設計外力を算出し，それに対して耐えうる構造を決定する。この考え方は地震保険の料率設定でも同様（契約期間の考慮を除いて）である。ただし両者において，用いている係数の種類やその値によって，被害抑止効果に大きな差が出ているので，その点を補足説明しておく。
　地震保険の料率の算定では，都道府県を単位として一律の等地区分と建物の耐震性による割引を採用している。一方で，耐震設計では考慮している構造物の建設サイトの地盤条件は考慮していない。結果としてどのようなことが起こるか。津波の危険性は海岸付近のみで，海岸から10km程度以上内陸，あるいは海岸近くでも標高が20～30m以上あれば基本的にゼロである。地震動に関しては，〔第9章3．（2）〕で説明したように表層地盤や地形の影響を強く受けるし，液状化発生の可能性も大きく異なる。さらに耐震性による割引率は現在は最大50％であるが，〔図9-9〕を見れば，最新の建物と古い建物の被害率の差が割引率のレ

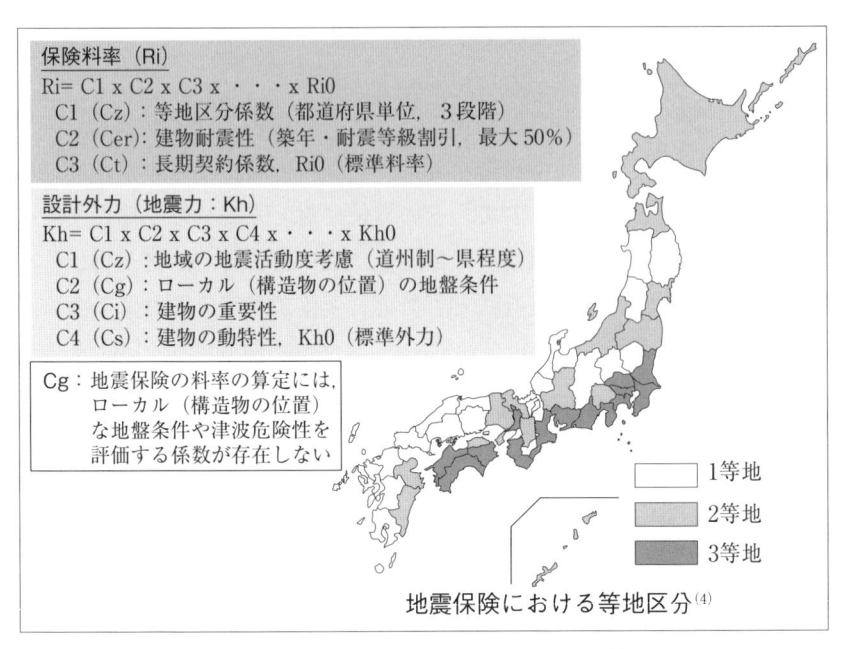

保険料率（Ri）
Ri= C1 x C2 x C3 x ・・・ x Ri0
C1（Cz）：等地区分係数（都道府県単位，3段階）
C2（Cer）：建物耐震性（築年・耐震等級割引，最大50％）
C3（Ct）：長期契約係数，Ri0（標準料率）

設計外力（地震力：Kh）
Kh= C1 x C2 x C3 x C4 x ・・・ x Kh0
C1（Cz）：地域の地震活動度考慮（道州制〜県程度）
C2（Cg）：ローカル（構造物の位置）の地盤条件
C3（Ci）：建物の重要性
C4（Cs）：建物の動特性，Kh0（標準外力）

Cg：地震保険の料率の算定には，ローカル（構造物の位置）な地盤条件や津波危険性を評価する係数が存在しない

1等地
2等地
3等地

地震保険における等地区分[4]

図9-11　保険料率と設計外力の関係

ベルではない（数10倍のオーダー）ことは自明である。

　現在の仕組みでは，内陸の良質な地盤に最新の基準でつくった家に住む人は，津波の危険性の高い海岸沿いや地盤条件の悪い場所の既存不適格建物に住む人と比較して，最大100倍を優に超えるリスクを負担している可能性が高い。リスクに応じた公平な保険料を確保する公平性の原則が成立していないと言える。さらに人々を災害の危険性の高い場所に固定し，将来の被害を減らすことにも貢献していない。現在の地震保険はリスクファイナンスの役割はあっても，リスクコントロールには貢献できていない。本来は，地域が有する各種の危険性を考慮する係数を追加するとともに，その値を適切に評価した料率を設定し，公平の原則を

確保するとともに，危険な場所から安全な場所に人口誘導することが重要である。

引用文献

（1）佐野利器：家屋耐震構造論，震災予防調査会報告83号，1915年（大正4年）
（2）内務省土木局：道路構造に関する細則案，1926年（昭和元年）
（3）（公益社団法人）日本地震学会：ジョンミルン特集，http://www.zisin.jp/modules/pico/index.php?content_id=2649，2015年3月アクセス
（4）損害保険料率算出機構：地震保険基準料率，http://www.giroj.or.jp/service/ryoritsu/quakeHekiyou.html，2015年7月アクセス

10 | 建築物の免震構造

和田 章

《**本章の学習目標＆ポイント**》 現在の建築の耐震構造は四つに分類される。①壁式構造のように構造物の強さを高くして地震に耐える強度抵抗型構造，②柱と梁でつくられる骨組を用い，強さは十分でないが，大きな変形を生じても倒壊しないように骨組の粘りに期待した靱性期待型構造，③柱と梁でつくられる骨組の設計を従来よりしなやかにつくると同時に，骨組の各所に地震時の揺れのエネルギーを吸収する部材を組込んだ制振構造，および④建築物の最下階とその下の基礎との間に水平方向に柔らかく動く装置を組み込み，さらに地震時の揺れによるエネルギーを吸収するためのダンパーを組み込んだ免震構造がある。ここでは④の免震構造を取り上げる。
《**キーワード**》 建築基準法，耐震設計，強さと粘り，免震構造，積層ゴム，ダンパー

1. 地震と建物

　我々は普段，住宅，学校，病院，駅，公民館，劇場など，建築物の中でほとんどの生活を行っている。つい忘れがちであるが，世界有数の地震国であるわが国では，建築を耐震的につくることは極めて重要である。

　日本において，江戸時代までは建築と言えば木造であった。しかし，明治維新の後，ヨーロッパからレンガ構造，鉄骨構造，鉄筋コンクリート構造など，いろいろな建築様式や構造の方法が導入され，東京や大阪などの多くの街がつくられていった。そして，1891年濃尾地震が名古屋

近郊を襲った．この地震により，レンガ造でつくられていた工場や鉄道橋など，いろいろな構造物が被害を受けてしまった．このような被害を反省して，日本の建物を耐震的につくるという動きが徐々に生まれてきつつあった1923年に関東大震災が発生した．10.5万人以上の方が亡くなり，丸の内などにある欧米式のビル建築も大きな被害を受けた．

その後，建築をどのように耐震的につくるかという取り組みが，戦時中から戦後にかけて行われてきたが，その改良の成果もなかなか上がらないまま，1968年に十勝沖地震が起き，函館や青森の建築が被害を受けた．

当時の日本は戦後の復興を遂げており，産官学で共同していろいろな耐震構造の研究が進められていった．その中で，このような鉄筋コンクリート構造や鉄骨構造の建物の耐震性を高めるための研究も行われてきた．その際に古くから建てられている木造の建物にはあまり関心が向いておらず，1995年兵庫県南部地震時に多くの木造住宅が被害を受け，六千数百人の死者を出してしまった．さらに耐震性を考慮していたはずの鉄筋コンクリート造や鉄骨造のオフィスビル，住宅，官庁の建物も被害を受けてしまう結果となった．

建物が壊れないようにするにはどうしたらよいかという研究は，この阪神・淡路大震災以前から進められてはいたが，この地震の後でより注目されるようになった．今回はこのような技術の一つである免震構造について述べていきたい．

2．建築構造の考え方

日本で最初の免震構造建築は1983年に千葉県の八千代台でつくられた小さな住宅である．その前には，ニュージーランド，アメリカ，フラン

スなどで，数年違いで原子力発電所や，小規模な公共建築，古い建物の改修など，いろいろな建築物に使われ始めていた。

　地震が来た時に建物はいろいろな揺れを起こすが，地面は東西南北に複雑に揺れ，もちろん上下方向にも揺れる。この三つの揺れは，別々に起きるのではなく，もつれた糸のようにいろいろな軌跡を描いて起きるのである。ただし，これらのうち上下の動きについては，地震が来ない時でも重力が常に下向きにかかっているため，建物をつくること自体上下の力を考慮したものになっており，相対的にとらえれば，それほど心配するものではない。しかし，通常横に揺れるということはないため，横に揺れても壊れないようにつくるということが構造物を耐震的にするということの第一歩と考えて良い。

　どのくらいの水平力に建物が耐えられるようにしたら良いかということが，関東地震をはじめとするいくつかの地震の後に，考えられてきた。強ければ強いほど良いのであるが，大きな地震はまれにしか起こらないので，建物をどの程度地震に対して強くつくるかというのは簡単には決められない。この関係を具体的にしたのが，住宅性能表示制度における

表10-1　住宅性能表示制度における3段階の耐震等級

	耐震等級1	耐震等級2	耐震等級3
大地震 （震度6～7程度） （倒壊防止）	極めてまれ（数百年に一度程度）に発生する大地震に対して倒壊しない程度	耐震等級1の1.25倍の地震動に対して倒壊しない程度	耐震等級1の1.5倍の地震動に対して倒壊しない程度
中地震 （震度5強程度） （損傷防止）	まれ（数十年に一度程度）に発生する中地震に対して損傷しない程度	耐震等級1の1.25倍の地震動に対して損傷しない程度	耐震等級1の1.5倍の地震動に対して損傷しない程度

耐震等級〔表10-1〕である。

　建物は数十年，もしくは100年ほどの寿命を想定して建設される。その期間中に，20年から30年に一度起こるような「まれに発生する中地震」が発生し，建物にひび割れが生じることもある。こうした地震の際に，銀行なら銀行としての，病院なら病院としての機能が維持されるだけの強度が保持できればそれほど問題はない。しかし，数百年に一度程度の「極めてまれに発生する大地震」が発生することも考えられる。こうした巨大地震に対して，どのように考えるのかが重要である。

　「巨大地震が万が一発生し，建物が傾いてしまい，取り壊さなくてはならなくなっても仕方ない」，「その代わり，建物内にいる人々の命は守らなければいけない」というのが，現行の日本の耐震設計の普通の建物に対する考え方である。これでは十分ではないと考え，「極めてまれに発生する大地震」に対して被害を受けないように考えられたものが，免震構造や制振構造である。

　免震構造のルーツをたどると，大きな地震が起こるたびにいろいろな発明家や研究者，エンジニアなどが，地震の横揺れからの建物被害を免れるためのアイデアを発表している。昭和10年ごろの本によると，「家屋建築構造」を耐震構造の面から以下の四つに分類している。

　① 　地面と建物を絶縁すべきだとする絶縁構造
　② 　やはり建物は地面にきちっととめてつくるべきだという固定構造
　③ 　固定構造でも若干ゆらゆら揺れて壊れにくい柔性構造
　④ 　がっちりと地面と一緒にくっついて剛につくろうという剛性構造

3．免震構造の考え方の変遷

　田邊平學の「耐震建築問答[1]」という中で，建物を耐震的にするため

の技術が紹介されているが，免震構造に対する考え方にも触れられている。ここに述べられている六つの例を説明したい。

① まずはじめは建物をスプリングの上に載せたらいいのではないかという考えである。これは確かに地面が前後，左右，上下に動いた時に建物がバネの上に載っていれば何となく地震の力が来ないというふうに思われがちだが，左右，前後に動いた時，建物が回転してしまい（ロッキング），実用的でない。ロサンジェルスに一つだけこういう方法で建てられた免震ビルがあるが，余り良い方法ではない。

② 次の方法は，建物の柱の下が基礎の上で滑るように，左右，前後に滑る方法である。建物には敷地があり，その敷地から外へ出てしまっては困るため，元あった場所に戻るように板バネで左右，前後から押さえている。大きな列車を支える車輪と車両の間にバネがたくさん並んでいるのを見たことがあると思うが，それが横向きに置いてある（板バネ）のと同じである。

③ 三つ目の例は，プールのようなものをまず敷地につくり，その上に船を浮かせておくものである。その上にビルを建てれば地震のガタガタした波は水のところで縁が切られて，建物はあたかも船の上に載っていて，被害を受けない。すなわち耐震的になるのではないかという考え方である。関東地震の後に出されたアイデアだが，しばらくの間，実用化はされていなかった。ただ最近，日本でこの考え方を用いてつくられた建設会社の研究所棟が一つある。

④ 次はコロとかベアリングの上に建物を載せておけば，地面がガタガタ揺れても，建物は地面との間で縁が切られているためガタガタ揺れなくなるという考えである。日本では小規模な住宅でも実用化されるようになった。当時は不可能であったものが，ベアリングの技術向上によって実現されたものと見て良い。

⑤　次の構造は，台形になっている部分が基礎につながり，ここから強い針金のようなもので吊り下がっており，建物の柱が真ん中の棒につながり，下の腕で吊り下がっているものである。地震が来て地盤が揺れると，振り子がゆっくり動くことによって，こうした建物には地震の力が入って来にくい。このような考え方で，振り子の長さをある程度長くすればゆっくり揺れる非常に良い免震構造ができる。名古屋の近くにある陶器の美術館がこの方法を取り入れている。

⑥　最後の例は，大きな車輪の上に台車の台を設けて，その上に建物をつくり，地面が揺れても建物はあまり揺れないという考えである。実際にそのとおりにはなるが，地震には左右，前後といろいろな揺れ方があるため，車輪と地面の間の摩擦を完全になくすことはできない。そのため，揺れている間に建物がどちらかに動いてしまうという恐れがあり，建物が敷地から出て隣の建物にぶつかってしまったり，ガスの配管がちぎれてしまうなどの問題が発生してしまう。これはあたかも大きなスケートリンクの上に建物を置いておけば，地面が動いても建物はとまっているという考えに近い。

　これに対して，車輪の中心ではなく，少し下の方にずらしたところに軸をとり，地面の上に置き，少し動かすと，ちょうど振り子の上に載っているようになり，必ず元あった場所に戻ろうとする性質がある。これで地震が来るとガタガタ地面が揺れても建物はゆっくり動き，なおかつ地震が終わった後には元に戻って来るようになる。車輪を使うと左右の動きに対してしか抵抗できないが，この仕組みを球面上にすれば前後，左右の揺れの縁を切ることができる。

　実際は，車輪と同じように回転の中心は球の中心より下に付けてある。これはちょうど建物の1階分の高さになっているので，普通に柱をつくる代わりに，その階にある柱を全部この形でつくっておくと地

面が揺れても建物はゆっくり揺れ，なおかつ地震が終わった後は元の位置に戻る。日本では戦前に銀行の建物などに２件ほどこのアイデアが使われている。

1923年の関東地震以降，このようにいろいろなアイデアが出て，戦前に実用化されたものもあった。その後，建物は地盤に剛にきちんととめて，建物をなるべく剛につくるという方法が最も安全性が高いという意見が大勢を占めた。このような免震構造に対する研究や開発は，第二次世界大戦前後にはほとんど行われず，1980年頃まであまり研究もされていなかった。

戦後になると，ニュージーランド，フランス，それからアメリカの西海岸の技術者が新しい装置やダンパーを考え，免震のビルが建てられるようになった。日本でも1980年頃に免震構造の小さな住宅がつくられるようになった。

普通の建物の内部は大きな地震を受けると，地面の揺れの３倍ぐらいの加速度で大きく揺れる。一方，免震構造の建物の内部は地面の揺れの1/3ぐらいの揺れ方になる。結果として，内部の揺れは1/10になる。このような特徴を生かして，日本では免震ビルが次々に建てられている。

1995年の兵庫県南部地震の前年に神戸市の郊外にかなり大きな免震ビルが竣工していた。そこでは地震観測も行われており，データが公表されている〔図10-1〕。この図の横軸は０秒から60秒，縦軸は建物に生じた加速度を示しているが，一番下のグラフは地表の記録を表している。上の二つは建物の中の揺れを示している。

地面の揺れ方の振幅が300ガル，それに対して建物の中は100ガル程度であり，先ほど述べたように地面の揺れの大体1/3ぐらいに小さくなっている。また，この波の形をよく見ると，１階と６階がほとんど同じ形

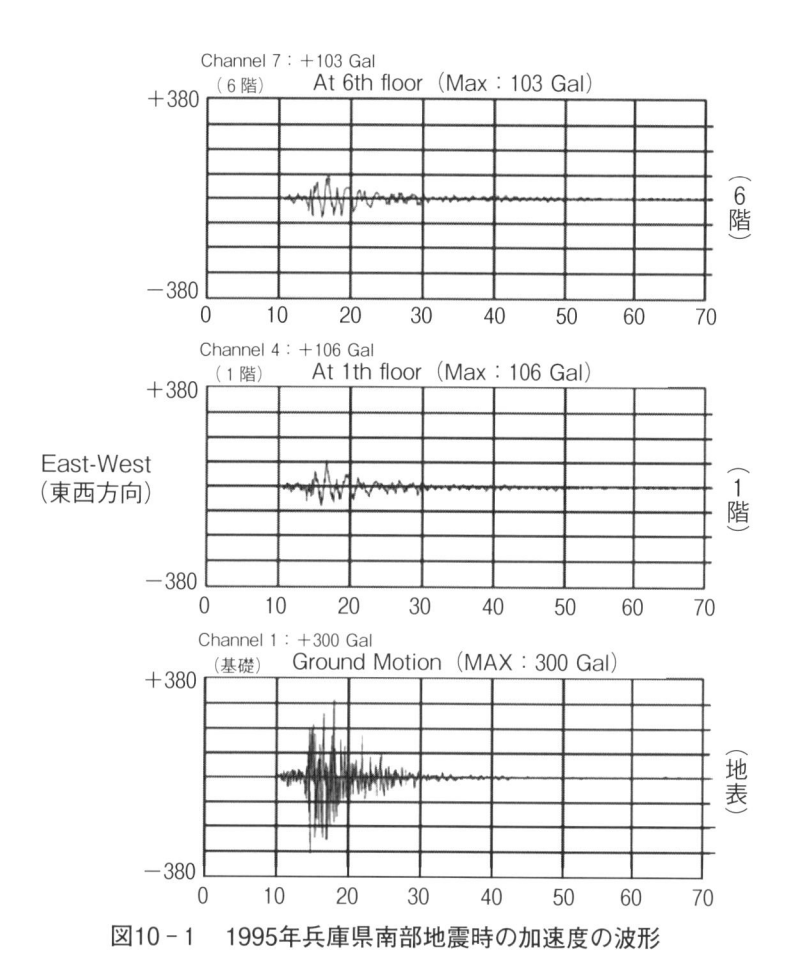

図10-1 1995年兵庫県南部地震時の加速度の波形

で動いているのがわかる。すなわち，この免震装置の上に載っている構造物はほとんど剛な箱のように左右，前後にゆっくり揺れているということになる。

1995年兵庫県南部地震の前年の1994年の同じ日に，ロサンジェルスのノースリッジというところで大きな地震があり，南カリフォルニア大学

の免震病院でやはり今と同じような記録が観測されて公表された。病院の中にある花束，縫い包みなどの売り場では，何も落ちなかったという報告がされている。

4．免震構造の概要と特徴

（1）免震構造の概要

　免震ビルの揺れ方と普通のビルの揺れ方の違いを述べていこう。免震ビルでは，免震装置の部分がゆっくり変形することによって建物はほとんど止まっているように見える。それに対して普通のビルは，地面の揺れに応じて建物がガタガタ揺れる。場合によっては柱や梁の強さの限度を超えて建物が傾いたり壊れたりしてしまう。

　地震の揺れ方には，東西，南北，上下があると述べたが，それに加えて地球の重力が建物を引っ張っているため，建物をまず重力に耐えられるようにつくることが重要である。重さを支えるための，十分な強さがあり，地面が左右，前後に動いた時に，これらが変形することによって建物をゆっくり支えるというものである。それを積層ゴムやアイソレーターと呼ぶ。ゴムでできているが，これだけで支えていると，揺れの振幅がどんどん大きくなったり，いつまでも止まらなかったり問題が起きてしまうため，ダンパーをつけて振動の振幅が増えていかないように工夫されている。積層ゴムとダンパーの2つの組み合わせによって免震構造が成り立っている〔写真10-1〕。

　積層ゴムの上下は地面と建物にそれぞれ接合され，ゴムと鉄板が何重にも層状になっている。上から押さえられた力に対して，ゴムが外に広がろうとするが，中に薄い鉄板が何枚も入っているアイソレーターにより広がらずにすみ，この上下の力に対する抵抗力は普通の1階部分の鉄

写真10-1　積層ゴム（左）とダンパー（右）

骨や鉄筋コンクリートの柱と同じぐらい強い。

　それに対してこれを前後左右に動かそうとすると，中のゴムが柔らかく動き，30〜40cm，場合によっては50〜60cm左右前後に動いても壊れずにゆっくり前後左右に動く。

　一方，建物の振動を減衰させて振幅がどんどん増えたりしないようにするのがダンパーである。何度も曲げたり伸ばしたりしても切れにくい，非常に粘り強い鋼材でつくったダンパーもある〔写真10-2〕。U字型になっているものが4つくっついており，基礎と建物の側と上下をつないでいる。力が加わるとU字型の鋼棒が伸ばされたり曲げられたりすることによって振幅が増えることを抑えている。地震の後，ここを触ると少し熱くなっているのが感じられ，地震のエネルギーを熱に変換して

写真10-2　粘り強い鋼材でつくったダンパー

いることがわかる。
　この他に，鉛を用いたダンパー，それからオイルを使ったダンパーなどいろいろな種類のダンパーが使われている。

（2）免震構造の特徴

　ここでは免震構造の特徴について説明する。まず，積層ゴムやダンパーの上に載せられた建物は，全体として剛な箱のように左右，前後に動いているだけなので，まず建物は壊れない。そのため，地震があった後にせっかく何億円や何百億円もかけてつくった建物が価値を失うことはなく，財産の保全ができる。

　次に，ゆっくり揺れるため，人命，建物の中の貴重品，例えばコンピュータ，病院内のレントゲンの機械，美術館の展示品，ふだんの生活に使う食器などが壊れないですむ。

　三番目に，建物が壊れず，中にあるものも壊れないため，建物としての機能が地震の後も保持できる。第一には住宅に住み続けられるように，行政を担う官庁，消防関連の建物，病院，銀行，レストランなど機能も継続でき，震災による社会的な支障を軽減することができる。

　さらに都市全体としての耐震性の向上が挙げられる。建物が壊れても，人命さえ守れば良いということが普通のビルの設計の考え方を前述したが，免震ビルは極めてまれな何百年に一度の地震でも機能を失わないという設定になっているため，都市に免震ビルがどんどん増えると都市全体の耐震性が高まっていく。結局，店じまいする建物の数が減ってくる。

　最後にデザイン上の長所が挙げられる。日本の建物は，どうしても柱が太かったり，壁が多かったりして，耐震を考慮するあまり，建築デザインの自由度が少ないという問題がある。免震ビルにすることによって，もう少し自由なすばらしい建築物がつくられるようになる。

5. 免震構造建築の事例

ここでは、免震構造で設計された建築を紹介したい。

（1） ポーラ美術館

2002年、日本の免震の歴史を踏まえて、ポーラ美術館が箱根の地に免震構造でつくられた〔写真10-3〕。箱根の大自然の中に建っており、この自然を守りながら、いかに美術館をコンパクトに建てるか、自然の中に美術館がいかにうまく共存していくかということが、設計で重視された。また大事な美術品を守ることがポイントとなり、免震構造が採用された。

美術館は、自然の中に溶け込むように高さ8mに抑えられ、建物のほとんどが、地中に埋没されている。地下に埋没させながら免震構造にするため、一つ大きな基礎としてすり鉢状の基礎がつくられ、その中に建物、地上2階、地下3階の建物が免震ゴムを介して浮き上がっている構造になっている。大きなすり鉢状の基礎と、それから建物とが16個のアイソレーター、免震ゴムで支えられており、揺れを止める鉛ダンパーが20個、上下の揺れを抑える制振ダンパーも配備されている。その揺れの幅が約70cmのクリアランス（隙間）をとって建物と基礎がぶつからな

写真10-3　ポーラ美術館（撮影：村尾修）

いようになっている。

建物が四角い形となっており，中央で2つに分かれて，トップライトとなっている。こうした空間や細い柱も免震構造によって可能になった。

(2) 首相公邸

政府の建物は災害時対応において極めて重要となる。首相官邸は，全館が免震建物で建てられており，もし東京が大きな地震に襲われても，国の中枢がダメージを受けないようになっている。

1929年に竣工した旧首相官邸は，現在の首相官邸が完成した際にその役目を終えたが，すばらしい建物なので首相公邸として今後も残そうということになり，新しくつくられたコンクリート基礎そして免震装置の上に載って現存している〔写真10-4〕。古い建物をあまりいじらずに耐震的にして長くもたせようという事例である。

写真10-4　首相公邸

(3) 神奈川のマンション

ふだん我々が住んでいるマンションや住宅にも免震の技術はどんどん使われている。神奈川県に最近建設されたマンションについて紹介したい。敷地1.4haのところに7棟のビルが建っており，全部免震ビルである〔写真10-5〕。

写真10-5　免震構造で設計された集合住宅

　地下が駐車場になっており，その上に積層ゴムがあり，その上に建物が載っている。大きな地震が来ると，相対的に30cm～40cm，前後左右に動く。出入り口や階段，テラスなども免震構造により，地震時に支障が出ないような仕組みとなっている。

（4）サンフランシスコ市庁舎

　免震構造は，サンフランシスコの市庁舎，ロサンジェルスの市庁舎にも使われている。1915年につくられたサンフランシスコ市庁舎のビルは，外見上，石造のように見えるが，ちょっと近寄って柱を見ると，中は鉄骨になっている。実はこの建物は鉄骨構造であるが，これを免震ビルに入れ替えようという試みがなされた。

　まず地下階の柱に剛強な梁を取り付け，その両側にオイルジャッキを入れ，圧力をかけることによって，もともと働いていた建物を支える力を開放した。そしてこの柱を切り取り，基礎を取り払い，新しく大きな基礎をつくった。この上に積層ゴムを置いて，梁をかけて，元の柱とつないで，ジャッキを緩めて梁をどけると，ゴムの上に剛の梁があって，

柱も立っているということになる。これを隣の柱すべてで行った。

このようにすべての柱の下にゴムを入れて新しい床をつくり，新しく壁を設けて，耐震性の増した市庁舎というのができあがった〔写真10-6〕。

写真10-6　サンフランシスコ市庁舎（写真：ユニフォトプレス）

近年では，このように古い建物，官庁の建物，住宅，銀行，コンピュータセンター，いろいろな建物に免震構造が使われるようになった。一つ一つの建物が耐震性を増すことによって，大きな都市に地震が来た時に壊れない建物の数の割合が増え，都市の耐震性も増していくと言える。

1929年に世界大恐慌が日本を襲ったが，1923年の関東地震の大きな被害がこれに追い打ちをかけたと言われている。日本の経済を守るためにも，大きな地震の時に全体の損失が起きないようにすることは非常に重要である。1995年兵庫県南部地震で失われた直接被害額は10兆円と言われているが，もし東京が襲われたら100兆円，国の予算の一年分を超えるような被害が予想される。人命だけでなく，建物そのものの財産価値や機能のすべてを守ることは非常に大切になってきている。

引用文献

（1）田邊平學『耐震建築問答』丸善，1933

11 | 建築物の制振構造

和田　章・村尾　修

《本章の学習目標＆ポイント》　前回の免震構造に続き，しなやかに変形できるように，柱と梁でつくられる骨組は鉛直荷重を支持することに専念させ，地震時には壊れないようにし，骨組の中に地震時のエネルギーを吸収させるダンパーを組み込んだ制振構造に関する基本的な考えと実例の仕組について講義する。
《キーワード》　新しい耐震技術，財産保全，機能維持，制振構造，免震構造，寺田寅彦，東京スカイツリー

1．制振構造の背景と考え方の経緯

　わが国における地震に対する建築構造の最低限の考えは，「対象地域の周辺で数十年に一度や二度は来るかもしれない地震については建物を壊れないように，そして続けて使えるようにつくり，数百年に一度襲ってくるような頻度の低い大地震に対しては建物が壊れても仕方がないが，人命だけは守ろう」というものである。ただし，極めてまれに起きる大地震に対しても建築物を壊れないようにしようとしたのが前章の免震構造である。
　本章では，制振構造について扱うが，制振構造は「極めてまれに発生する大地震〔表10－1〕」が起きても，制振部材の健全性を調べ，問題があれば新しい制振部材に取り替えれば，早い時期にもう一度同じ建物が使えるということを目指して考えられた構造である。

地震に強い建物の考え方は，昭和初期からあった。それによると，地震による建物被害を避けるためには，地盤と建物を絶縁する方法と固定する方法があり，固定する場合には建物をしなやかにつくる方法と剛につくる方法が考えられていた。前者が免震構造であり，後者のしなやかにつくる構造に少し条件を加えることによって，今考えられている制振構造ができるのである。

免震構造は1980年頃から日本で実用化され，1990年代にはいくつもの建物が存在していたが，それが1995年兵庫県南部地震の際に高い性能を証明した。制振構造についても，1960年代から建てられた超高層ビルなどにその考え方が採用され，それはプレキャストのコンクリートの壁に先に分散したひび割れが入るようにすることによって骨組を守ろうというものだった。

しかし，やがてより施工の容易さが重んじられるようになり，70年代から80年代にはこのような考え方が忘れられ，骨組だけで建物をつくろうという考えが多くなってきた。これは米国の地震の多い西海岸でも同様であった。それでも1990年代に入って，やはり制振構造の考え方が重要であろうと再認識されて研究が進み，1995年の阪神・淡路大震災以降，大きなビルに次々と使われるようになった。

2．寺田寅彦の「鎖骨」

物理学者の寺田寅彦は，地震学・防災・減災について多くの随筆を書いている。寺田寅彦が若いころに書いた随筆に「鎖骨」[1]がある。子供が転んでけがをして，そのときに鎖骨を折った。鎖骨というのは折れやすいが治りやすい骨で，それが壊れるおかげで肋骨や中の心臓や肺が助かるということを医者から聞いて書かれた随筆である。鎖骨〔写真11-

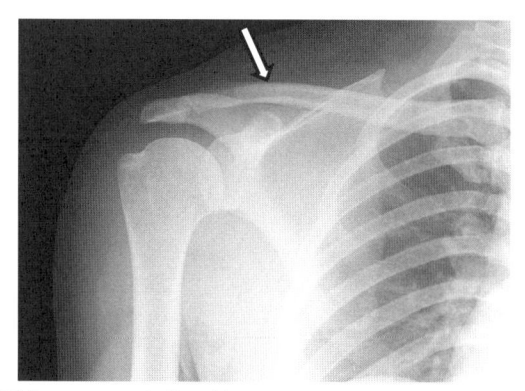

写真11−1　人体の鎖骨（写真：ユニフォトプレス）

1〕は，ちょうど自動車のバンパーのように体の前面にあり，後ろの大事なものを守りつつ，折れたとしても息ができないなどの支障は起きない。前衛にいて，先に壊れて後のものを助けるような役目をしているわけである。

　寺田は，「いっその事，どこか「家屋の鎖骨」を設計施工しておいて，大地震がくれば必ずそこが折れるようにしておく。しかしそのかわり他のだいじな致命的な部分はそのおかげで助かるというようにすることはできないものかと思う。こういう考えは以前からもっていた。時々その道の学者たちに話してみたこともあるが，だれもいっこう相手になってくれない」と嘆いている。

　さらに，この随筆には，「人間が風邪をひくと熱が出て外に出かける気がしなくなる」，「もし風邪をひいても熱が出なければ，仕事に出ていってもっと重病になってしまうのを，先に熱を高めることによって知らせるようになっている」など，人間や動物の持っている仕組を建築構造にも適用したらどうかと書かれている。

　電気製品で言えば，例えば我々はパソコンに電源をつないでふだん使

っているが，雷などが落ちて急に高い電流が流れると高価なパソコンが壊れてしまう。しかし，電源の入口のところにヒューズがあって，それが先に溶けてしまうことによって，中の高価なパソコンを助けるという仕組みもある。そして，新しいヒューズを入れればパソコンを普通に使えるようになるというような具合に，いろいろな工業製品には非常時に大事なものを守るという仕組みを持っているものは多い。先ほどの車のバンパーなどもその例である。

3. 制振構造の仕組み

寺田寅彦がイメージした建築骨組みの概念は定かでないが，我々が解釈するところ，〔図11-1〕のようなものではないかと思う。

中央の濃く描かれているのが柱と梁による基本構造としての建築の骨組みであるが，これに鎖骨に相当する部材を追加していこうという考えである。我々はこの部材をダンパーと呼んでいるが，これを骨組みに追加していくのである。1カ所に入れるのではなくて各階に，それから建

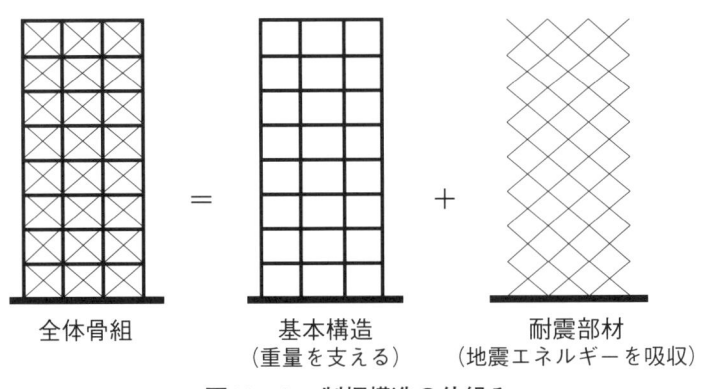

全体骨組 ＝ 基本構造（重量を支える） ＋ 耐震部材（地震エネルギーを吸収）

図11-1　制振構造の仕組み

物の一方向だけでなく，その直角の方向などにもバランスよく配置していく。地震が来て，地面が揺れて，建物が揺れると，柱や梁にはひびは起こらず，ダンパーのところだけが建物に入ってくる地震のエネルギーを吸収するという考えである。

　一般的な耐震構造物は，地震により骨組みにひびが入り，鉄筋や鉄骨が変形しながら地震に抵抗するため，建築物が傾いてしまうこともあるが，倒れてしまうことはない。これが今までの耐震設計の考え方である。

　骨組は，柱と梁は直角になるように溶接したり，鉄筋コンクリートは鉄筋を通してコンクリートで固めたりしてつくられる。大きな地震を受けても，材料の持っている強さを超えないように本当に強いビルをつくればそれはそれで良いが，大きな地震の時にも被害を受けない建物をつくろうと思ったら非常に太い柱，梁になってしまう。大地震の時には梁の端部が大きな変形を受けてひびが入っても仕方ないのではないかというのが従来の考え方である。これを塑性変形という。この「塑」という字は，「曲がった後に放しても元のようには戻らない」ことを表しており，粘土を「可塑性のある材料」という時などに使われる。このような塑性変形を許すことによって，多額の費用をかけずに，地震後の傾きを許容しながら耐震設計をしようというのが従来の考え方である。

　これをバネのモデルに置き換えると，梁や柱の曲がることによるバネと，梁の端部が塑性化することによって生じる塑性変形のバネとが直列でつながれて，一つ下の階の床と上の階の床をつないでいると考えられる〔図11‐2左〕。ここに梁などの構造部材が曲がった後に元に戻らないという性質が使われているが，構造物を安くつくるためにはこれで良いが，地震の後，傾いた建物を元に戻すことはできず，あまり推奨できない。

　これに対して，制振構造の考え方は，柱・梁でできる構造にダンパー

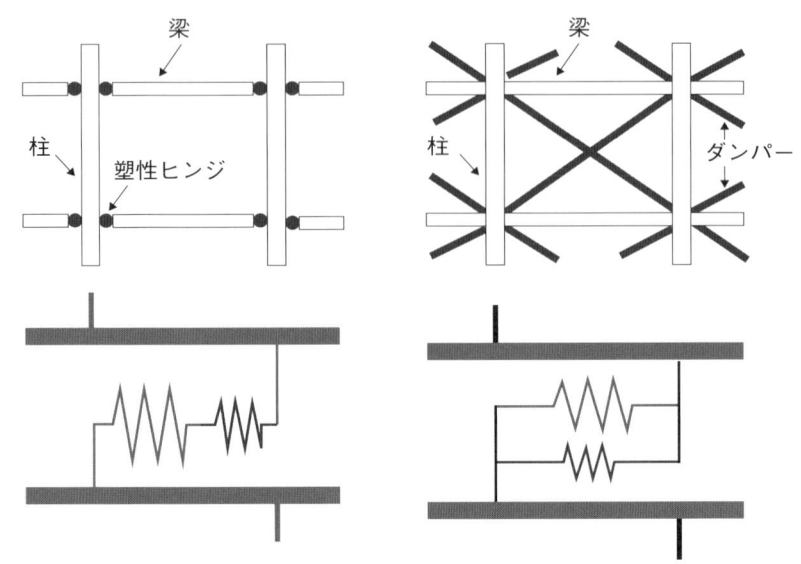

柱と梁による耐震構造（直列システム）　ダンパーを用いた制振構造（並列システム）
図11-2　従来の基本構造と制振構造のモデル

と呼ばれるものを追加して，それで大きな地震が来た時にはダンパーは塑性変形を起こして，地震のエネルギーを吸収するが，柱や梁にはひびが入らないようにしなやかに変形するだけにしようとするものである。すなわち，上の階と下の階をつないでいる柱と梁の仕組みにダンパーを並列に置くことにより，床と床の間を二つのシステムがつないでいるという考え方になる〔図11-2右〕。

　ダンパーの塑性変形によって地震のエネルギーを吸収することにより，柱や梁で構成される骨組本体は被害を受けないですむことになる。それで大きい地震が来たらダンパーだけ調べて，問題がなければそのまま使い，問題があると判断されたら，ダンパーを取り外し，交換すれば

よい。柱と梁は塑性変形を起こさないので，鉛直荷重の支持能力を失わない。

4. 制振構造の事例

（1）大阪の事例

〔写真11-2〕は，制振構造で設計された大阪府立国際会議場である。右側の写真に人が写っているので，ダンパーが非常に大きいことがわかるが，これはこの階から一つ階を飛ばしてもう一つ上の階のコーナーまで突き抜けている。20数mの長さがある座屈拘束筋違である。こういうものを上手に設置することによって大規模な建築物の耐震性を高めて，なおかつ経済的に設計しようとしている例である。

制振構造には，オイルダンパーと呼ばれるオートバイのハンドルと前輪の間にあるものと同じ仕組みが使われることがある。シリンダーがあり，中にピストンが入っている。この中にはシリコンオイルが詰められており，例えば引っ張る時には一方のシリンダーにあったシリコンオイ

写真11-2　大阪府立国際会議場

ルが他方のシリンダーのほうに移る。その時シリコンオイルは狭い隙間を抜けて移動する。今度は圧縮を受けると先ほどの逆に，狭い隙間を通るというようにシリコンオイルがシリンダー間を移動する。

　この狭い隙間を無理やりシリコンオイルが通り抜ける時に熱が出るが，それが地震のエネルギーを吸収してくれる。こうした仕組もアメリカや日本，ヨーロッパなどでいろいろな建物に使われている。

　オイルダンパーは，斜めに設置して，そこの途中に入れるやり方もあり，水平に設置する方法もある。おおよそ1個のオイルダンパーは1,000kNや2,000kN程度の大きな力に抵抗できる。

　他にも，制振壁と呼ばれる壁状につくられたダンパーもある。これを左右に動かすと，中にネバネバしたシリコンオイルが入っているので，地震のエネルギーを吸収していく仕組みである。こうした装置を使った制振ビルも東京や大阪のみならず，各地の超高層ビルに頻繁に使われるようになった。

（2）晴海トリトンスクエア

　〔写真11-3〕は，晴海にあるトリトンスクエアとその建設風景である。10haの敷地に38万m^2のオフィスと16万m^2の都市型住宅を併設し，2001年の4月に竣工した。3つの建物が1つのロビーを介して，複雑に絡み合っているので制振構造のほうが適しているという判断で設計された。

　ここにもオイルダンパーが使われており，3つのビルの振動がお互いに増長しないようなコントロールがされている。この建物は，前述した座屈拘束筋違を用いた耐震のための制振構造でできている。

　非常に耐震性の高い超高層ビルであるが，これらの他にも，オイルダンパーや制振壁を使って，国土交通省の新しいビル，汐留や新橋に建てられている超高層ビル，六本木の高層ビルなど最近のほとんどの高層建

写真11-3　晴海トリトンスクエアと建設風景

築に使われている。

　大規模な構造物で開発された制振の技術が一般の住宅にも応用できるのではないか，ということで木造の住宅を対象とした制振構造の研究も進められている。

5．先進技術を集めた東京スカイツリー

　東京スカイツリーは，2012年5月に開業した観光施設の機能を有する電波塔である〔写真11-4〕。日本一を誇る634mの高さは，東京の旧称である武蔵（むさし）にちなんで決められた。そして，そのデザインと構造には，わが国の誇る伝統文化と技術が盛り込まれている。

　塔の基本色であるスカイツリーホワイトは，日本の伝統色の中で最も薄い藍染の色である「藍白」に基づいている。デザインの基本コンセプトは，空に向かって伸びる大きな木であり，そのシルエットは，伝統的な日本建築に見られる「そり」や「むくり」を意識している。低層部の

平面は三角形であり，これは最も少ない数で安定している合理的な形態である。この足元の三角形平面は，高さが上がるに連れ円形へと変化していく。そのため，見る角度や場所によって見え方が変わっていく。

構造物を実現するために，首都直下地震や南関東地震，そして強風で最も長い再現期間を2000年とした構造設計がなされ，先端技術の粋が集められた。すなわち，「中央シャフトの質量を用いた全く新しい概念の制振システムの開発と，地盤の逸散減衰利用を意図した対策[2]」が講じられた〔図11-3〕。そのために，600m上空の風の状況，地下3kmまでの深い地層構造がシミュレーションによって調査され，「木の根」の

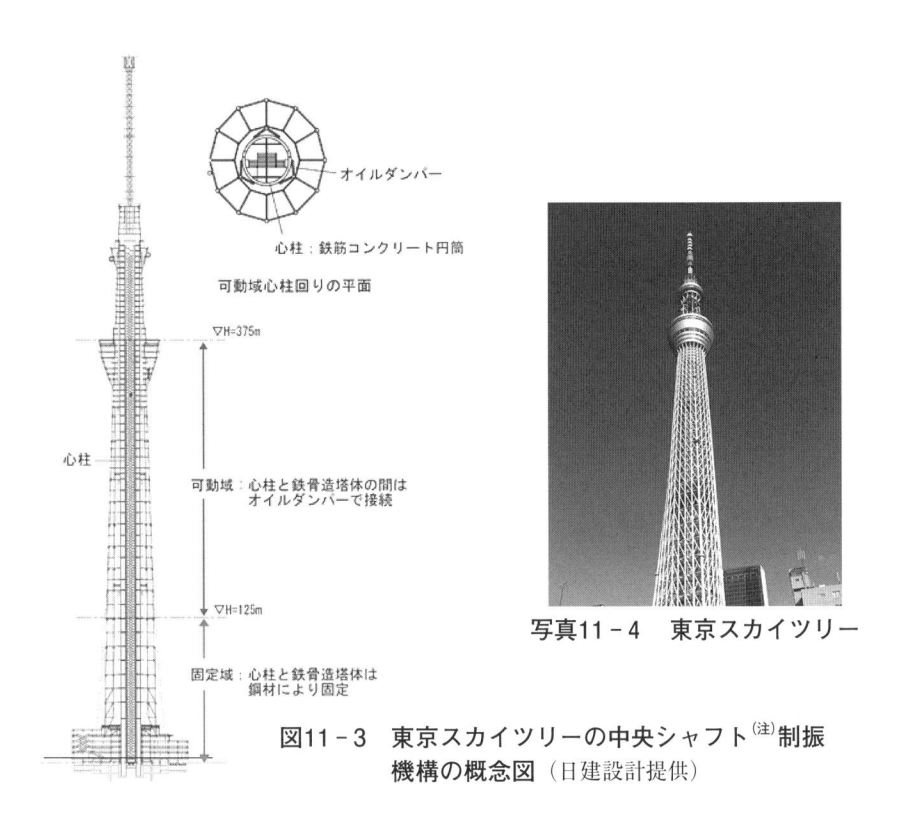

図11-3 東京スカイツリーの中央シャフト(注)制振機構の概念図（日建設計提供）

写真11-4 東京スカイツリー

(注) 五重塔の心柱は信仰の対象であり，各層の床とは隙間があり耐震的な効果はないとされている。

ような摩擦抵抗を大きくするための節の付いた壁状の基礎杭，標準的な鉄骨よりも約2倍も強い鉄を使用した高強度鋼管，海洋構造物での工法を利用したトラス構造などを用いて建設された。

建物全体の構造は，中央部に設けた鉄筋コンクリート造の円筒形の中央シャフトと外周部の鉄骨造の塔体を構造的に分離した新しい制振技術を用いている。これは五重塔に見られる日本の伝統的な構法をヒントに開発されたものだ。

6. 免震構造と制振構造

前章では免震，本章では制振について取り上げた。どちらが良いのかというような話を良く聞く。基本的には，地面から縁を切っていく免震構造のほうが良いと思うが，敷地の条件や，隣接建物との関係によっては，制振構造を使わざるを得ない場合もある。また，複雑な建物の場合にも制振構造が適している場合もある。

免震構造は低い建物の場合に装置を入れた下にもう一つ床をつくらなければいけないので，どうしてもコストアップになってしまうが，制振構造はそういうことをあまり心配しなくても良い。しかし免震建物であっても階数が高くなっていくと，1層余計につくり，ダンパーやアイソレーターを設置する費用は全体でならされるのでコストがそれほど上がらず，安くすることもできる。

制振構造も同じようにダンパーを入れる分だけ柱や梁を従来の方法より少し細くつくっても良くなるため，加算すればそれほど費用をかけずに実現できるようになってきた。

いずれにしても地震があった後，大きな被害が生じるとその修繕が大変である。取り壊さなくてはならない場合，被災者は何もできないから，

公共に頼ろうと考える人が多い。免震や制振構造の建物を建てれば，初期費用は若干高くなる場合もあるが，万が一大地震を受けた場合でも，ほとんど被害を受けなくなるので，総合的に考えれば，こうした構造を選択することで，建物一生のコストは安くすむ。自分の買ったマンションや自分の建てた本社ビルがもし将来の地震のときに壊れなければ，孫の世代，ひ孫の世代が助かるということである。

　寺田寅彦は，「天災は忘れた時分にやってくる」と言っている。

　さらに寺田は，「津浪と人間[3]」という随筆の中で次のように「五風十雨」に触れている。「五風十雨」とは，「五日に一度風が吹き，十日に一度雨が降ること。転じて，風雨その時を得て，農作上好都合で，天下の太平なこと（広辞苑）」を指す。

　「こういう災害を防ぐには，人間の寿命を十倍か百倍に延ばすか，ただしは地震津浪の週期を十分の一か百分の一に縮めるかすればよい。そうすれば災害はもはや災害でなく五風十雨の亜類となってしまうであろう。しかしそれが出来ない相談であるとすれば，残る唯一の方法は人間がもう少し過去の記録を忘れないように努力するより外はないであろう。」[3]

　　大地震は極めてまれにしか起こらないから，遭わなくてもすむ人が多い。人間の数十年の寿命に対して，大地震は数百年に一度のように極めてまれにしか襲ってこないので，皆が丈夫でない建物をつくっている。ここに大きな間違いがあるのではないかと，寺田は指摘している。

　運悪く大地震に遭って建物が壊れてしまったら，もう諦めるというやり方を続けていては，地震被害を無くそうと努力しているとは言えない。明治の初めから進められてきた100年以上の研究に基づき，免震構造と制振構造の利用をさらに普及させねばならない。

7. 都市の耐震設計

　ニュージーランドのクライストチャーチは，2010年9月と2011年2月に2度の地震を受けた。2011年の地震から4年が過ぎ，市内の2,400棟の建物のうち，地震で損傷を受けた建築物が1,700棟以上も取り壊されて次々と更地になっている。大地震に対して人命だけを守れば，都市は更地になっても良いという考え方は正しいとは言えない。津波に襲われるまちにも同様の問題がある。両者とも，人びとの命を助けても，残ったまちや村には暮らせない。

　奈良や京都は1000年以上前，江戸が始まったのは400年前である。数百年の再現期間の地震動に対して，人命を守れば建物は取り壊すことになっても良いという考えは，一つの建物に注目している場合には妥当なように感じる。しかし無数の建築物で成り立ち，千万人以上の人びとが活動し，数千年の命を持つ都市を考えると，合理性がないことに気づく。損傷制御設計の必要性を1990年以前に指摘した川合廣樹は「骨組の塑性変形能力に頼り，大都会に次々と超高層ビルを建設しているが，大地震を受けこれらが傾いたままになり，誰も暮らせなくなったら，我々の建てている建築は墓石群になってしまう」と言っていた。地震保険が支払われたとしても，都市には住めなくなり，仕事場もなくなり，都市の命は絶えてしまう。

　前述したとおり，わが国の耐震設計の仕組みは，数十年の間には必ず襲う中小地震動には「機能維持」，「財産価値保全」，「人命保護」の三つの要求を満たそうとする。しかし，数百年に一度襲われる大地震では，「人命保護」のために構造物の倒壊が防止できれば良いとし，「機能維持」と「財産価値保全」は諦め，建物を取り壊すことを覚悟している。しかし，科学の粋を集めた免震構造・制振構造などの耐震構造を以ってすれ

ば，巨大災害にもある程度耐え抜く都市をつくっていくことが可能になってきた。

引用文献

（1）寺田寅彦：鎖骨，工業大学蔵前新聞，1933
（2）小西厚夫，渡辺一成，中西規夫，江坂佳賢：「東京スカイツリーの耐震・耐風設計」，日本大学理工学研究所第4回講演会「建築・土木とその関連分野の研究と実務の最前線」，http://www.rist.cst.nihon-u.ac.jp/prsn/paper/1_konishi.pdf，2010
（3）寺田寅彦：津浪と人間，1933

12 | 被害軽減のための事前準備

村尾　修・目黒公郎

《本章の学習目標＆ポイント》 災害対応の循環体系（Disaster Life Cycle）の中の「被害軽減のための事前準備（Preparedness）」について理解する。また，各地における避難計画，防災訓練など被害を軽減するための事前準備の事例を通じて，自助・共助・公助の必要性を学ぶ。
《キーワード》 防災教育，防災訓練，避難計画，防災マニュアル，研修，自主防災組織，自助・共助・公助

1. 被害軽減のための事前準備の概要

　わが国は戦後の復興期にも地震・台風等が多発し，甚大な被害を受けた。当時は復興も思うように進まない混乱した状況下で，災害関係の法律も一本化されておらず，災害対応が効率的に機能しているとは言えない状況であった。1959年伊勢湾台風を契機として，体系的な災害対策を要望する声が高まり，その結果として1961年に災害対策基本法が成立した。現在，各自治体では地域防災計画に基づき，災害時に対応できる体制の整備が義務づけられている。ここでは，被害抑止と対比させながら，被害軽減のための事前準備について学習する。

（1） 被害軽減のための事前準備の定義

　被害軽減のための事前準備とは，「危機が迫っている際または災害発生後の救命・救助活動を通じて被害を最小限に抑えることを目的として

実施される事前準備」を指す。またアメリカ合衆国連邦緊急事態管理庁（FEMA）の言葉を借りると，「災害に対して準備し，災害の影響を構造物によって軽減し，被災後の被災者の要求に対応し，効果的な復興政策につなげることを目的として，それらに関わる住民・地域行政・技術者を強化するために行われる，指導と統率，訓練，備えと活動支援，技術的・財政的援助などの活動」と定義されている。

（2）地域防災計画と被害軽減のための事前準備

災害が発生した場合に現地での災害対応にあたる各市町村の地域防災計画には，「当該市町村の地域に係る防災施設の新設又は改良，防災のための調査研究，教育及び訓練その他の災害予防，情報の収集及び伝達，災害に関する予報又は警報の発令及び伝達，避難，消火，水防，救難，救助，衛生その他の災害応急対策並びに災害復旧に関する事項別の計画」と明記されている。また，これらの措置に要する「労務，施設，設備，物資，資金等の整備，備蓄，調達，配分，輸送，通信等に関する計画」について，定めることになっており（災害対策基本法第42条2），これにしたがって事前準備は行われる。ここに挙げた各項目は相互に関連しており，それらを考慮した計画が地域防災計画として練られ，準備と事前訓練により，災害対応に要する時間を短縮させ，災害時の対応力を高めることになる。

（3）被害抑止と被害軽減のための事前準備

それでは，「被害抑止」と「被害軽減のための事前準備」とは何が違うのだろうか。まず被害抑止は災害対策の第一歩である。たとえば津波防災に関していうと，「津波被害を受けないよう沿岸部から離れて住んだり，津波防波堤や防潮堤を築くなど，津波による被害を受けない施策

を施すこと」がその第一歩となる。これは外力（地震の揺れや台風の風力，津波の波力など）による人間や構造物に対するインパクトを抑えるものであり，予算が許す範囲で継続的に実施されていくべき施策である。しかし，様々な事情，たとえば漁業施設など沿岸部に立地しなくてはならない場合や，十分に予算がない場合などもある。その際には，最低限の物的環境の安全性を確保したうえで，物的に被災はしても，災害対応力によりその被害程度が小さくなるよう努める必要がある。そのために平常時から準備しておくことが被害軽減のための事前準備である。被害抑止は立地の選定や構造物の性能を向上するなど，主としてハード面に関する対策（ハード防災）であるのに対し，被害軽減のための事前準備は発災後の対応に必要となる備品を備えたり，災害対応に関する人的活動能力を高めたりすることである。それは災害対応に関する組織の機能的側面を司る行為であり，ソフト防災などとも呼ばれる。また被害抑止も被害軽減のための事前準備も災害発生以前に行われるものであるが，その効果は前者が主として災害発生時に現れるのに対し，後者はその後の応急対応から復旧・復興に至る全ての過程で現れる。

2. 被害軽減のための事前準備の理論[1]

　被害軽減を図る災害対策を行ううえでは，多くの組織や内容が複雑に関連してくるため，体系的な取り組みが求められる。〔図12−1〕は被害軽減のための事前準備を確立するうえで組織がたどらなくてはならない循環を示している。内側の円環ではまず，当該地区特有のハザードを特定すること（Assessment of Threat）から始まる。次に地区の状況に応じた脆弱性，すなわち対象地域や組織の弱い部分や不足している項目を査定し（Assessment of Vulnerability），その時点での課題・問題点・

必要な要素を抽出（Identification of Shortfalls and Requirements）し，それらを解消するための策を講じて実効性を向上させる取り組みを考えていかなくてはならない（Implementation of Enhancements）。なお，ここで講じられる策は法や条例と矛盾したものであってはならない。そして，ここで新たに整備された体制で災害対応の訓練を実施し（Exercise of Training），その問題点や課題を抽出し，再評価していくというものである（Reassessment）。我々をとりまく社会や主体となる組織構造は，時代とともに変化するため，新たな災害要因の抽出などとも絡めて，この循環により常に自己点検していくことが重要である。そして，災害対応と関連する多くの組織によりこの仕組みが理解され，組織ごとに確実

図12-1　被害軽減事前準備のサイクル[1]

な災害対応ができるよう準備を積み重ねていく必要がある。この循環を繰り返すことによって災害対応力を高めていくのであるが、この過程は外側の円環により、Assessment（査定）、Planning（計画）、Preparation（準備）、Evaluation（評価）の4段階に分けられる。

これと類似した手法として、PDCAサイクルがある。PDCAサイクルは、Plan（計画）→ Do（実行）→ Check（評価）→ Act（改善）というサイクルを用いた事業活動における生産管理や品質管理などに用いられる手法の一つである。〔図12-1〕もこのサイクルと主旨は同じだが、より災害マネジメントに特化したものである。また、〔第4章3.〕で取り上げている災害対応の循環体系とも関連している。災害対応の循環体系は、発災から次なる発災までを考慮したものであり、通常は数年以上の長期にわたるタイムスパンとなる。一方、ここで取り上げているサイクルは、事前準備に必要な体制を訓練等によって強化していくプロセスである。

3. 被害軽減のための事前準備の事例

（1）地方自治体における事前準備

都道府県および市町村では、災害時の対応は各地の地域防災計画にしたがって進められる。そのため、各自治体では災害時の対応が地域防災計画に沿って円滑に進められるよう備えなくてはならない。〔表12-1〕は川崎市地域防災計画（震災対策編）[2]の内容構成である。被災規模を軽減し、かつ災害時に適切に対応するために、災害予防、災害初動対策、災害応急対策、復旧・復興についての取り組みが連携の必要な公共事業施設の防災計画とともに細かく規定されている。

また災害直後の救命・救助活動および避難生活に供するため、〔表

表12-1　川崎市地域防災計画（震災対策編）（平成25年度修正）の構成[2]

川崎市地域防災計画（震災対策編）
第1部　総則
　第1章　計画の方針
　第2章　市の概況と過去の震災
　第3章　被害の想定
　第4章　減災目標，地震防災戦略及び業務継続計画
　第5章　市及び防災関係機関等の業務大綱
　第6章　市民及び事業者の基本的責務
第2部　予防計画
　第1章　防災都市づくり
　第2章　公共施設等の安全対策
　第3章　土砂災害・宅地災害対策
　第4章　地震火災の防止
　第5章　震災に対応するための情報システムの整備
　第6章　地域防災拠点及び避難所の整備
　第7章　物資の備蓄及び協定
　第8章　緊急輸送体制の整備
　第9章　防災力の向上
　第10章　防災訓練の実施
　第11章　災害ボランティアとの連携
　第12章　災害時要援護者対策
　第13章　混乱防止及び帰宅困難者対策83
　第14章　津波対策
　第15章　高層集合住宅の震災対策94
　第16章　臨海部における液状化，長周期地震動対策
第3部　初動対策計画
　第1章　組織
　第2章　配備
　第3章　初動活動体制
　第4章　災害情報の収集・伝達
第4部　応急対策計画
　第1章　消防対策
　第2章　警備活動
　第3章　交通対策
　第4章　医療救護
　第5章　応援体制
　第6章　避難対策
　第7章　混乱防止及び帰宅困難者対策
　第8章　輸送計画
　第9章　飲料水・食料・生活必需品の供給
　第10章　応急危険度判定及び被災宅地危険度判定
　第11章　災害廃棄物等処理計画
　第12章　防疫・保健衛生
　第13章　行方不明者の捜索，遺体の取扱い
　第14章　文教対策
　第15章　応急住宅対策
　第16章　公共施設等の応急対策
　第17章　災害救助法
第5部　復旧計画・復興体制
　第1章　民生安定のための緊急措置
　第2章　公共施設の災害復旧
　第3章　復興体制
第6部　東海地震に係る事前対策計画
　第1章　基本方針
　第2章　東海地震に関連する情報及び警戒宣言
　第3章　東海地震に関連する調査情報（臨時）発表から警戒宣言発令（東海地震予知情報発表）までの対応措置
　第4章　警戒宣言発令（東海地震予知情報発表）時の対応措置
　第5章　混乱防止対策
第7部　公共事業施設防災計画
　第1章　電力施設防災計画
　第2章　ガス施設防災計画
　第3章　通信施設防災計画
　第4章　東日本旅客鉄道株式会社防災業務実施計画
　第5章　東京急行電鉄株式会社防災計画
　第6章　京浜急行電鉄株式会社防災計画
　第7章　京王電鉄株式会社防災計画
　第8章　小田急電鉄株式会社防災計画
　第9章　首都高速道路株式会社防災計画
　第10章　中日本高速道路㈱東京支社横浜保全・サービスセンター防災計画

表12-2　自治体における防災備蓄物資の配置状況と総量の例

分類	ID	備蓄物資名	備蓄箇所数	合計個数
資機材等	1	雨ガッパ（着）	3	95
資機材等	2	コードリール（巻）	82	410
資機材等	3	シャベル（本）	56	648
資機材等	4	スコップ（本）	2	20
資機材等	5	つるはし（本）	57	584
資機材等	6	リヤカー（台）	5	180
資機材等	7	SBパイル（120cm）（本）	1	13
資機材等	8	掛矢（本）	59	67
資機材等	9	ロープ（本）	59	567
資機材等	10	トランジスタメガホン（個）	73	486
資機材等	11	手斧（本）	52	106
資機材等	12	投光機（個）	83	406
資機材等	13	脚立（台）	73	184
資機材等	14	発電機（台）	75	139
資機材等	15	発電機用ガソリン缶（缶）	41	119
資機材等	16	ハンマー（本）	53	94
資機材等	17	ブルーシート（枚）	10	320
資機材等	18	ポリタンク（防災タンク　7リットル）（個）	10	507
資機材等	19	キーメイトマスク　1箱200枚入（箱）	1	4
資機材等	20	ゴザ（1畳／3畳）（枚）	2	39
資機材等	21	スリーピングバック（個）	1	35
資機材等	22	ダンプレート（枚）	2	40
資機材等	23	チリトリ（個）	1	3
資機材等	24	チリバサミ（個）	1	5
資機材等	25	テーブル（台）	4	19
資機材等	26	テント（式）	5	7
資機材等	27	トレー（個）	2	9
資機材等	28	なた（個）	2	3
資機材等	29	のこぎり（本）	2	6
資機材等	30	バール（個）	5	29
資機材等	31	バケツ（個）	8	120
資機材等	32	バンジュー（個）	3	84
資機材等	33	ハンドマイク（個）	1	6
資機材等	34	ひしゃく（本）	4	18
資機材等	35	ボート（隻）	1	4
資機材等	36	鎌（本）	1	7
資機材等	37	メガホン（個）	1	10
資機材等	38	リス容器長角40K（本体）（個）	1	12
資機材等	39	リッキテナ（1箱200枚入）	1	14
資機材等	40	ロンテナー（1箱50枚入）（個）	1	9
資機材等	41	ベッド（台）	2	2
資機材等	42	椅子（脚）	1	3
資機材等	43	机（台）	3	10
資機材等	44	ポリロンチュウブ（6,000枚入）（式）	2	5
資機材等	45	ローソク（本）	3	148
資機材等	46	給水容器（式）	1	39
資機材等	47	空気入れ（個）	6	12
資機材等	48	固形燃料（箱）	4	15
資機材等	49	三角巾（本）	3	695
資機材等	50	鉄せんきょう（個）	3	3
防災グッズ	51	フルコン（土嚢袋）（個）	2	700
防災グッズ	52	ガスマスク（個）	3	9
防災グッズ	53	ライト（個）	2	52
防災グッズ	54	ヘルメット（個）	7	358
防災グッズ	55	懐中電灯（個）	1	8
防災グッズ	56	照明棒（本）	1	15
防災グッズ	57	長靴（足）	4	350
防災グッズ	58	防災服（着）	4	307
防災グッズ	59	防災帽子（個）	1	435
防災グッズ	60	防水シート（枚）	1	2
防災グッズ	61	簡易避難器具（フトンデレスキュー）（式）	1	8
防災グッズ	62	安全靴（足）	3	184
医薬品	63	医薬品セット（式）	2	19
医薬品	64	包帯9m（個）	1	24
医薬品	65	白衣（着）	1	9
医薬品	66	折り畳み式車イス（台）	13	26
医薬品	67	担架（台）	1	129
調理用具等	68	多目的炊事ユニット　K-1（式）	1	1
調理用具等	69	炊事器具セット（式）	52	54
調理用具等	70	コンロ（台）	56	112
調理用具等	71	釜（台）	12	16
調理用具等	72	鍋（個）	18	22
調理用具等	73	お盆（鉄）（個）	1	5
調理用具等	74	ザル（枚）	6	32
調理用具等	75	炊き出し袋（式）	1	100
調理用具等	76	まな板セット（式）	1	5
調理用具等	77	やかん（個）	3	24
調理用具等	78	豆炭　1袋1.8g入り（袋）	1	77
調理用具等	79	哺乳瓶（60本入）（箱）	1	58
トイレ関係等	80	ベンクイック（式）	23	189
トイレ関係等	81	汚物処理袋（式）	4	59
トイレ関係等	82	トイレットペーパー（ケース）	41	343
トイレ関係等	83	ボックストイレ（式）	78	449
トイレ関係等	84	簡易（仮設）トイレ（機）	85	1788
トイレ関係等	85	生理用品（箱）	76	968
トイレ関係等	86	紙おむつ（箱）	75	2153
食糧品	87	精製塩（箱）	1	109
食糧品	88	梅干し（式）	5	27
食糧品	89	粉ミルク　1箱（360g缶×24／箱）（箱）	1	728
食糧品	90	アルファ米（1式：50食）	80	8518
食糧品	91	おかゆ（1式：1食用24食／食）	79	1679
食糧品	92	乾パン（箱）	12	193
生活必要用具	93	毛布（10-20枚／箱）（箱）	76	5015
生活必要用具	94	タオル（白）（枚）	1	300

12-2〕のように各地で災害時に必要な物資が備蓄されている。これらは定期的に点検し，いつ発生するともわからない災害に備える必要がある。

(2) 家庭用の防災マニュアル

誰もが一個人としての顔を持つ。各家庭は，個人生活をするうえでの拠点であり，時間と場所を選ばない災害が職場や学校等を離れた個人生

図12-2　川崎市が提供する家庭用防災ハンドブック

活を送っている時間帯に発生する割合は，おのずと高くなる。そのため，各家庭における災害への備えも大変重要である。各家庭で必要となる防災対策を促進するため，各自治体で家庭用の防災マニュアルを配布することもある〔図12−2〕。その中には，一個人もしくは家庭内で対応できる家具の転倒防止策や住宅の耐震化，そして災害時の対応策等が記載されている。また災害時の避難場所や自治体の対応についても紹介され，災害時に必要な情報が盛り込まれている。こうしたマニュアルを参考にしながら，さらに家族とともに家庭用の独自のマニュアルを作成すると，問題点も浮き彫りになり，防災力が向上する。そのためには，災害イマジネーションを高めておく必要があり，また防災マニュアル等を作成することによって，災害イマジネーションが高まるという側面もある。

（3）BCP（緊急時企業存続計画または事業継続計画）

BCP（Business Continuity Plan）とは，日本語では緊急時事業継続計画と呼ばれ，企業が自然災害，大火災，テロ攻撃などの緊急事態に遭遇した場合において，事業資産の損害を最小限にとどめつつ，中核となる事業の継続あるいは早期復旧を可能とするために，平常時に行うべき活動や緊急時における事業継続のための方法，手段などを取り決めておく計画のことである。また，企業が災害等の有事にいかに事業の継続を図り，サービス提供の欠落や損失を最小限にするための包括的な経営手段をBCM（Business Continuity Management−事業継続マネジメント）という。中小企業庁は，中小企業へのBCPの普及を促進することを目的として，中小企業関係者や有識者の意見を踏まえ，BCP策定運用指針を作成している。指針には，中小企業の特性や実状に基づいたBCPの策定および継続的な運用の具体的方法が，わかりやすく説明されているのでHP等で参照されたい。

2011年3月の東日本大震災発生時点にも多くの企業でBCPは作成されており，一部の企業ではそれが有効に働いたため事業を早期に再開することができ，地域の復旧活動にも活かされた。しかし，ほとんどの企業では甚大な被害により，計画どおりの事業継続が困難であった。今後は実効性の高いより具体的な計画が求められている。

　BCPやBCMに関して，以下のような点に注意する必要がある。BCPやBCMの取り組みは重要だが，欧米で取り組まれてきたこれらのシステムを，社会環境や組織運用体制，対象となる災害も異なるわが国にそのまま導入することは難しく，わが国あるいは地域特性に適した形に組みかえて適用させる必要がある。またわが国では，BCPやBCMという呼び方をしないだけで，以前から有事向けの対策を講じている企業や組織も少なくない。今後は，BCPやBCMの導入が，実質的な事業継続能力の向上につながるのではなく，企業イメージ向上のための単なるスコアメイキングにならないような適切な評価・診断法を含めた体制づくりが大切である。同様に，わが国では一般企業以上に，行政や公共機関の業務継続計画や管理システムが遅れているので，これらの対策は急務といえる。

（4）防災士研修

　防災士とは日本防災士機構が定めたカリキュラム〔表12-3〕を履修し，資格取得試験に合格し，かつ消防署等が実施している普通救命講習を修了した者に認定される民間資格である。防災士は「自助・共助を原則として，社会的な様々な場で減災と社会の防災力向上のための活動が期待され，かつ，そのために十分な意識・知識・技能を有する者として認められた人」と定義されている。防災士の認定は「大震災発生の可能性が予測される今日の状況下，大災害の発生時に，その被害の規模が大

きいほど公的な支援の到着が遅れるという現実に対応して，消防，自衛隊等の公的支援が到着するまでの間（概ね3日間），防災士の活躍で生命や財産に関わる被害を少しでも軽減できるよう，家庭をはじめ地域や職場の災害現場において実際に役に立つ知識と技術が効果的に発揮されること」を目的として設立された制度である[4]。

防災士は，「平時においては防災意識の啓発に当たるほか，大災害に備えた自助・共助活動等の訓練や，防災と救助等の技術の練磨などに取り組み，災害発生時にはそれぞれの所属する団体・企業や地域などの要請により，避難や救助・救命，避難所の運営などに当たり，地方自治体など公的な組織やボランティアの人達と協働して活動」することが期待されている。防災士認証登録者数は2015年3月末日時点で92,100人であり，すべての都道府県で防災士が地域の防災活動に携わっている。

（5）災害図上訓練 DIG

災害図上訓練 DIG とは，参加者が地図を使って防災対策を検討する訓練である。DIG の名前は，Disaster（災害），Imagination（想像力），Game（ゲーム）の頭文字を取って命名された。また，dig は「掘る」という英語の動詞でもあり，探求する，理解するという意味もある。そのため，DIG という言葉には，「災害を理解する」，「まちを探求する」，「防災意識を掘り起こす」という意味も込められている。

DIG は基本的に，①自然条件の確認（地形や地質といった自然条件から見た「まち」の特徴の把握），②都市構造の確認（道幅や市街地のつくりといった都市計画から見た「まち」の特徴の把握），そして③人的・物的防災資源の確認（「誰が・何が」，「どこに」，「どのくらい」，「いる・ある」といった人的・物的防災資源から見た「まち」の特徴の把握），という手順を踏んで行われる。こうして浮かび上がってきた「まち」の

表12-3　防災士養成研修カリキュラムの構成と内容

項目	科目	内容
Ⅰ　防災科学（実学） 計47時間（計31講座）	1．災害から自分を守る（自助） 12時間（8講座） 対象：個人，企業，自治体	・我が家の対策 ・避難とは ・被災後の対応 ・災害関連法令 ・地震保険 ・被害者生活支援 ・被災者の心理ケア ・PTSD ・危機直面時の行動 ・ライフラインの危機管理 ・家具の固定 ・構造物の耐震化 ・飲料水や食料の備蓄など
	2．地域で活動する（協働・互助） 9時間（6講座） 対象：自主防災組織，企業	・地域の防災活動 ・避難所運営 ・ボランティア活動 ・救援物資 ・防災関係機関の対応 ・行政の対応 ・企業の危機管理 ・消防水利 ・相互応援協定 ・災害復旧 ・防災意識 ・被害想定など
	3．災害発生の仕組を学ぶ（科学） 9時間（6講座）	・地震，火山噴火，津波，台風，豪雨，豪雪，旱魃などの災害発生の仕組み ・活断層，群発地震，延焼火災，火災旋風，斜面崩壊，地盤災害等専門用語の解説など
	4．災害の状況を知る（情報） 8時間（5講座）	・災害情報の種類 ・流言飛語 ・伝達システム ・安否情報 ・被災状況調査 ・被害情報の発信 ・情報収集システムなど
	5．災害の知識・技術を深める 9時間（6講座） 最新の防災科学を聞く 緊急救助技術を身に付ける	・防災GIS ・ハザードマップ ・免震制振装置 ・最近の地震活動 ・最近の災害体験談 ・地震予知システム ・リアルタイム地震学 ・早期被害状況予測システム ・崩壊家屋からの救出技術 ・災害現場における防火技術 ・災害弱者の避難所等への誘導技術など
Ⅱ　救命技術（実習） 計3時間（計2講座） ※消防署の普通救命講習あるいは日本赤十字社の救急法を以って充てる。	6．命を守る 3時間（2講座） 応急手当 救命手当 その他の応急手当	・応急手当の基礎知識 ・心肺蘇生法 ・大出血時の止血法 ・傷病者管理法 ・怪我・骨折に対する応急手当 ・運搬法

災害に対する強さと弱さを理解し，これらを踏まえて「災害に強いコミュニティーをどうやってつくっていくか」を議論するものである。大きな地図を用いて議論することにより，災害時の状況をイメージし，ゲーム感覚で災害時に必要な対応を学ぶことができる。この図上訓練は参加者に応じて使い分けることが可能であり，市民・子供向け，危機管理担当者向け，国際協力用などに利用されている。

（6） 避難所 HUG[5]

避難所 HUG は，災害後の避難所運営を円滑に進めることを目的として静岡県により開発されたゲームである。HUG という名称は避難所（Hinanzyo），運営（Unei），ゲーム（Game）の頭文字により名付けられたが，同時に英語の hug が「抱きしめる」の意を持つため，避難者を優しく受け入れる避難所のイメージも含ませている。

避難者の年齢，性別，国籍，それぞれが抱える事情の書かれたカードを，避難所の体育館や教室に見立てた平面図にどれだけ適切に配置できるか，また避難所で起こる様々な出来事にどう対応していくかを模擬体験するゲームであり，避難所運営の過程をイメージできるよう工夫されている。

（7） 防災訓練

災害時に備えた計画，体制，防災備蓄物資等が活用され，実地での防災力を高めるために，防災訓練が行われる。防災訓練には，学校で実施されるもの，政府，地方公共団体，防災関係機関，民間企業等で実施されるものなどがある。9月1日の「防災の日」および防災週間（8月30日から9月5日まで）には，政府による総合防災訓練をはじめとして，各自治体で実践的な訓練が実施されている。

写真12-1　2012年度に取手市の小学校で実施された地域ぐるみの防災訓練

　2011年3月11日に発生した東日本大震災による直後の死者・行方不明者は2万1千人を超えた。その多くは津波によるものであったが，釜石市の小中学校では市内の2,926人の生徒の中で，当日学校を休んでいた子と，地震の直後に家族に引きとられた子を合わせた5人を除いて，学校にいた2,921人が津波に巻き込まれずに避難できた。これは「釜石の奇跡」と呼ばれているが，群馬大学の片田敏孝教授らによる平常時からの防災教育と実戦的な避難訓練が功を奏したものである。これらの教育と訓練では，「想定にとらわれるな」「最善をつくせ」「率先避難者たれ」という津波避難の三原則を徹底的に教え込んだ結果である。

　東日本大震災以降，各地の小中学校では地域ぐるみの防災訓練も頻繁に行われるようになっている〔写真12-1〕。こうした機運を風化させないようにする努力が，自治体，小学校，地域，住民に求められている。

4. ソフト防災としての備え

　本章では，被害抑止と並んで事前に必要となる被害軽減のための事前準備について述べた。構造物など物的環境措置を講じる被害抑止と比べて，被害軽減のための事前準備では機能面の体制づくりがより重要である。ハード防災（被害抑止策）は，莫大な費用と数年の時間を要することも多いが，ここで扱っているソフト防災（被害軽減のための事前準備）は，それと比べると少ない費用ですぐに取り組めるものも多い。まず，身の回りを観察し，今災害が発生したらどのような対応をすれば良いのか考えてみよう。意識の持ち方とちょっとした行動を起こすだけでも，軽減できる被害があるはずである。そして災害時に何が起きるのかをイメージし，それらに対応できるよう計画を立ててみよう。その計画を定期的に見直し，この循環を通じて災害対応力，実効力を高めていく努力を継続することが重要である。

引用文献

（1）George D. Haddow, Jane A. Bullock: Introduction to Emergency Management Second Edition, 2006
（2）川崎市：川崎市地域防災計画（震災対策編）（平成25年度修正），2013
（3）中小企業庁：中小企業 BCP 策定運用指針，http://www.chusho.meti.go.jp/bcp/index.html
（4）日本防災士機構ホームページ，http://www.bousaisi.jp/
（5）避難所 HUG-HUG ってなあに？，ふじのくに静岡県公式 HP，http://www.pref.shizuoka.jp/bousai/seibu/hug/01hug-nani/01hug-nani.html

参考文献

・防災行政研究会編『逐条解説災害対策基本法　改訂版』ぎょうせい，1997

13 | 都市における災害と復興

村尾 修

《**本章の学習目標＆ポイント**》 数十年，あるいは数百年という都市形成の長い歴史の中で，災害・復興という変局点は重要な意味を持つ。復興を契機として社会や都市のシステムが大きく変わることもある。ここでは災害対応の循環体系（Disaster Life Cycle）の中の復旧・復興について学び，国内外の復興事例を通じて，その意義を理解する。また阪神・淡路大震災や東日本大震災における課題についても学ぶ。
《**キーワード**》 仮設住宅，住宅再建，復興住宅，震災復興，帝都復興計画，事前復興計画，復興事例，より良い復興（Build Back Better），レジリエンス，復興モニタリング

1. 復興都市のアイデンティティ

（1）都市史における災害と復興の意義

　現在，我々が目にしている地域や都市という空間は，一朝一夕で形成されてきたわけではない。何もなかった場所に限られた人々が何らかの目的で住み始め，数十年，数百年，あるいは数千年にわたる人類の様々な営みを通して，今我々が地域や都市として認識している現在の姿へと成熟してきたのである。その中には，長期にわたる都市史の中で，戦争や災害により被災した地域や都市も少なくはない。そうした地域や都市は，被災からの復興という過程を多かれ少なかれ経験している。この復興過程を通じて，現在の都市のアイデンティティが形成されたという事例も世界中で多く見られる。村尾は，「被災から復興への過程が，その

後の都市のアイデンティティを形成する上で重要な役割を担った都市」を復興都市と呼んでいる[1]。災害からの復興を通じて，その後の都市形成に大きな影響を与えた都市の事例を俯瞰してみよう。

（2）1666年ロンドン大火

1666年に英国のロンドンで発生した大火の後，ロンドン再建計画が議論された。都市の衛生と整備に関心が高まっていた社会にも後押しされ，煉瓦造建築および外装材規定の遵守，道路拡幅，街角広場の形成などが取り決められるようになり，ロンドンは不燃都市として生まれ変わったのである。この不燃化都市の仕掛けは，1872年銀座大火の後に整備された銀座煉瓦街の模範ともなった。

（3）1755年リスボン大地震

大航海時代の1755年には，世界貿易の中心であったポルトガルのリスボンでMw8.5～9.0と言われる巨大地震が発生した。この地震による建物倒壊と引き続き発生した津波により6万人が亡くなった。その後の復興過程の中で，丘に囲まれた平地部分が区画整理され，それまで曲線だらけの狭隘道路ばかりであったリスボンの中心部には，街の中心となるロシオ広場と海に面したコメルシオ広場による都市軸が生まれ，広場と格子状の都市構造を持つ街へと生まれ変わった。また，耐震のために格子状の木構造が検討され，建物内部の壁は火災延焼を避けるために屋根より高くつくられるようになった。後に，こうした被害抑止のための建築様式がポルトガル各地に広がっていった。

（4）1871年シカゴ大火

米国のシカゴといえば，シアーズ・タワー（現ウィリス・タワー），

アモコ・ビルディング（現エーオン・センター），ジョン・ハンコック・センターなど，世界有数の超高層建築がひしめく摩天楼の都市として有名である。しかし，林立するこれらの超高層建築の建設も大災害からの復興を契機として始まったものだ。

シカゴでは1871年10月8日に大火があった。火は24時間以上燃え続け，木造建築で構成されていた当時のシカゴの街は焼け野原となってしまった。この時期は，産業構造の変化により事務所建築という新しい建築上の機能が求められ，また鉄やコンクリートといった新しい建築材料も検討されていた時代であった。そうした社会的背景の中でシカゴの新たな都市が計画された。

木造建築は禁止され，煉瓦，石，鉄が建物に使われるようになったが，何よりも超高層建築に大きな影響を与えたのは，1853年のニューヨーク万博でエリシャ・オーティスにより発表されたエレベーターである。こうしたいくつもの要因が重なり，超高層建築が現実のものとなり，20世紀には超高層都市としての立場が確立されていくのである。

（5）東京の帝都復興計画と戦災復興計画

わが国の首都東京の現在の姿も，1923年関東地震と1945年東京大空襲からの復興計画抜きには語れない。2度の破壊を乗り越えてきた東京の復興について，少し詳しく述べてみたい。

1923（大正12）年9月1日午前11時58分に関東地震が発生し，10万5千人以上の死者を出す大被害を起こした。いわゆる「関東大震災」である。その後，この震災からの復興計画（帝都復興計画）が策定され，その一部が現在の東京の基盤ともなっている。しかし，この帝都復興計画は地震後に急遽作られたものではなく，それ以前に作成された東京の未来像を抜きにしては語れない。それを推し進めてきた人物が後藤新平

(1857-1929) である。

　1910年代，明治中期から示されていた東京都市改造（市区改正）は依然として進んでいなかった。しかし，後藤新平らの努力が実り，1919年には都市計画法と市街地建築物法（今日の建築基準法の前身）が公布された。そして，1920年に東京市長に就任した後藤新平は，翌年「8億円計画」と呼ばれる東京改造のビジョンを示した。当時の東京市の年間予算が1億数千万円，国の予算は15億円という時代であった。官庁街の計画や，東京市全域の街路網が盛り込まれていたこの膨大な計画は，その時点では受け入れられなかったが，これがあったことにより，後藤新平は震災後ただちに帝都復興計画の作業に取り掛かることができた。

　地震の翌日に内務大臣に就任した後藤新平は，帝都復興のために迅速な行動を起こした。その基となった考え方は，「復旧（旧状のままの再建）ではなく，復興（抜本的な都市改造）」であり，以下の四つの方針を打ち出した。

1）　遷都を否定
2）　復興費に30億円をかける
3）　欧米の最新の都市計画を適用する
4）　都市計画の実施のために地主に断乎たる態度をとり不当利得を許さない

この帝都復興計画は，政治的理由や土地を所有していた財閥の反対にあうなどの理由により，その後大幅に縮小されてしまった。それでも，現代の東京にとって重要な意味を持つ以下のような都市改造が実現した。

① 昭和通りと区画整理による都市改造

　〔写真13-1〕は，区画整理で実現した昭和通りである。靖国通りと交差する地区が区画整理され，幅員44mの昭和通りと幅員36mの靖国通りが新たに計画された。既成市街地に区画整理を実施するというのは，

写真13 - 1　昭和通り

世界で初めての事例となった。こうして，江戸から続いていた都市形態が一新された。この時に区画整理がなされなかった地区は，狭隘道路と木造住宅が密集する地区として残されており，それらの多くは現在でも地震による危険度の高い地域となっている。

② 震災復興公園（大公園3，小公園52）

　帝都復興計画により，不燃構造の小学校と一体化して計画された52の小公園と，3つの大公園が造られた。〔写真13 - 2〕は大公園の一つである隅田公園である。これはわが国初のウォーターフロント公園であり，花見の名所として親しまれている。

③ 隅田川沿いの橋梁

　〔写真13 - 3〕は隅田川に架かる吾妻橋と墨田区役所周辺の再開発地域である。地震の際に木造の橋梁が壊れ，逃げられなかった多くの人々が焼死した。それを受け，帝都復興の際には隅田川沿いのいくつもの橋梁を，当時の最新の技術を用いて異なる様式の橋梁として架け直したのである。

写真13-2　隅田公園

写真13-3　吾妻橋

　この他にも，東京に13ヵ所，横浜に2ヵ所の同潤会アパートが震災後に計画された。同潤会アパートは2013年に取り壊された上野下アパートを最後に姿を消してしまったが，帝都復興計画により生まれたこれらの空間は，いずれも現代の東京の姿を印象づける光景となっている。

帝都復興計画により実現した都市改造の一部は，1945年の大空襲により破壊されてしまうが，戦災復興計画として引き継がれたものも多い。震災と戦災は，発生理由は大きく異なるが，都市が破壊され復興していく過程には共通項も多い。東京の場合もこの二度の破壊からの復興が，その後の世界都市東京の都市構造に大きな影響を与えている。

2．都市の復興モニタリング

災害は世界中のいたるところで発生する。災害が発生し，緊急時の対応をした後は，復旧そして復興という過程を踏むことになる。こうした復興過程を観察していくことを「復興モニタリング」と呼ぶ。前節で述べたとおり，災害から復興にいたる過程は時としてその地域の歴史の中で一つの大きなターニングポイントになる。ここでは1999年台湾集集地震の復興事例を取り上げ，復旧・復興という過程の概要とその目的について述べていく。

（1）復興過程における空間的様相の変化[1]

台湾集集地震は，1999年9月21日に台湾中部の南投県を震源とするMw7.6の地震である。この地震は20世紀に台湾で発生した地震の中で最も大きなものであり，2,300人以上の死者を出した。

震源に近い集集（チーチー）という鎮[注]における，1999年9月の被災状況と2004年12月までの復興状況の変化を〔図13－1〕から〔図13－4〕に示す。

① 被災以前の市街地状況

震災以前，対象地域の範囲内には1,700棟ほどの建物が存在していた。街は，観光客で賑わう集集鉄道駅を中心とした商業地域，集集国民小学

（注）鎮（チン）は，台湾における行政単位の一つ。

校北側の業務地域，檳榔（ビンロウ）畑等が多く見られる対象地域北部，および農地である線路南側と大きく4つに分類される。
② 被災状況（1999年9月）〔図13-1〕
　集集鎮ではこの地震により，全壊建物1,736棟，半壊建物792棟，死亡者42名，重傷者19名という被害を受けた[3]。対象範囲内では，全壊が396棟であり，公共施設を除く民間住宅等の全壊率は23.4%であった。
③ 復興状況Ⅰ（―2000年9月）〔図13-2〕
　一年後，全壊したほとんどの土地で瓦礫が撤去され更地化が進んでいるが，44棟は依然として全壊した状態で放置されている。そして2000年4月には52棟だった建設中の建物が，9月には160棟と約3倍に増加している。新築（震災時に空地であった土地に建築されたもの）は15棟，再建済（全壊建物を建替えたもの）は44棟とそれほど多くはない。和平国民小学校横と北東部の計3箇所に仮設住宅地が完成している。
④ 復興状況Ⅱ（―2002年8月）〔図13-3〕
　3年が経過しようとしているこの時期には小中学校の再建・修復が終了し，再建住宅192棟，新築住宅151棟と急増している。そして建設中の建物も2000年9月時点以降160棟以上を維持している。和平国民小学校北部には鎮主導の復興住宅が建設中であり，その周辺には新興住宅地が建設されつつある。復興の進展と引き換えに，仮設住宅は入居期限である2002年9月を目前に控えているため撤去が進んでいる。
⑤ 復興状況Ⅲ（―2004年12月）〔図13-4〕
　2004年12月時点では，建設中の建物はわずか13棟，また新築住宅が353棟，再建済住宅が253棟となり，復興過程はある程度の落ち着きを見せている。震災当時と比較すると，新築された建物は対象地域の北部および鉄道駅南部で増えており，集集の市街地開発が拡大していく様子が窺える。和平国民小学校横の仮設住宅跡地には広場が整備されている。

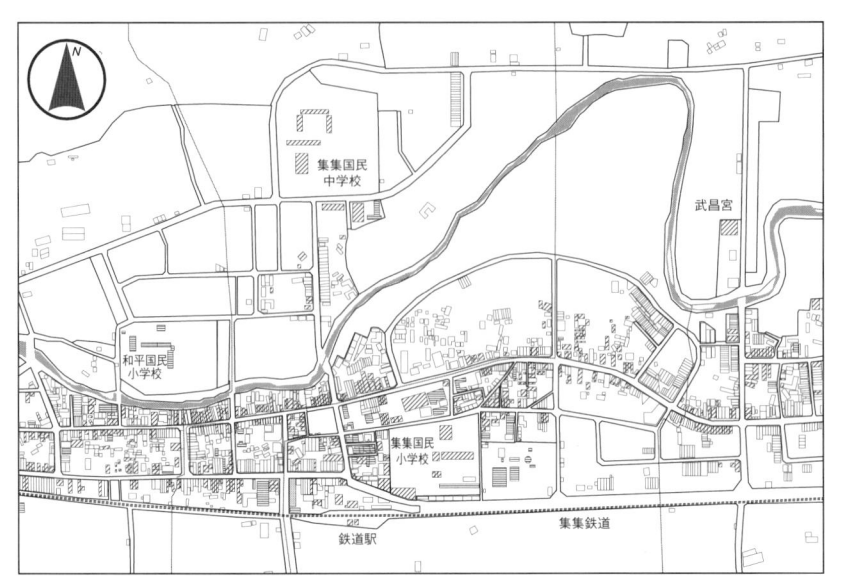

☒ 全壊　▤ 半壊　☐ その他

図13-1　集集鎮の被災状況（1999年9月―被災直後―）

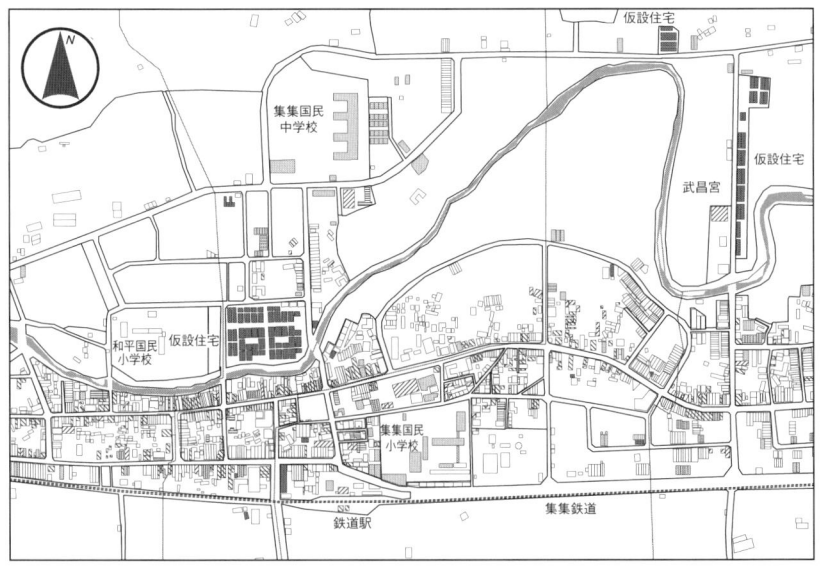

☒ 全壊　▤ 半壊　▦ 撤去中　☐ 被害なし・再建・修復済　▧ 建設中　▨ 更地　■ 新築

図13-2　集集鎮の復興状況Ⅰ（2000年9月―被災からおよそ1年経過時―）

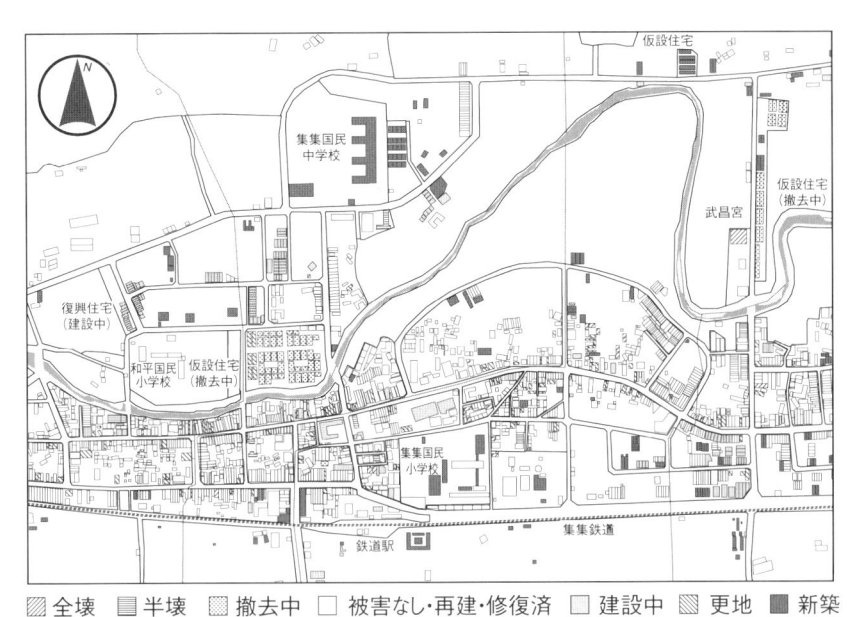

☒ 全壊　▤ 半壊　▦ 撤去中　□ 被害なし・再建・修復済　□ 建設中　▨ 更地　■ 新築

図13-3　集集鎮の復興状況Ⅱ（2002年8月—被災からおよそ2年11ヵ月経過時—）

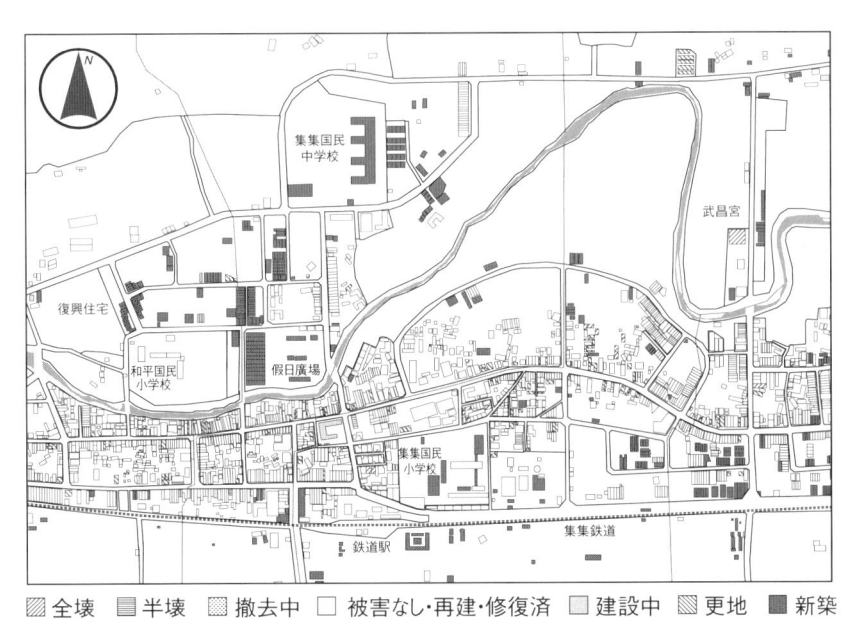

☒ 全壊　▤ 半壊　▦ 撤去中　□ 被害なし・再建・修復済　□ 建設中　▨ 更地　■ 新築

図13-4　集集鎮の復興状況Ⅲ（2004年12月—被災からおよそ5年3ヵ月経過時—）

（2）都市復興と住宅再建

　次に都市復興に関して重要なキーワードと関連づけて、この変化を写真で見ていく。〔写真13-4〕から〔写真13-7〕はそれぞれ駐車場、仮設住宅地、被災住宅、復興住宅の復興過程の変化を示したものである。数年間で大きく変わっていることがわかる。ここで挙げている避難場所、仮設住宅、住宅再建、そして復興住宅は、復旧・復興において大変重要な「住まい」の変化の過程と言うこともできる。生活の基盤である「住まい」を如何に早く確保できるかが、復旧・復興の良し悪しを評価する一つの「物差し」となる。

（3）復旧・復興のダイアグラムと復興曲線

　こうした街の変化を定量的に示すことができれば、復興の速さを定量的に比較できる。復興過程を、横軸に時間、縦軸に都市の状況（建物棟数、建物強さなど）で示すと〔図13-5〕のようになる。このように復興過程を定量的に示した曲線を復興曲線と言う。

　これはまず平常時の都市の状況を100（％）とし、被災から、緊急対応期を経て、復旧・復興していく様子を表している。被災の度合は、事前の抑止力や準備による対応力を高めることにより軽減できる。したがって、グラフにおける災害をもたらす外力による凹み、すなわち建物被害や人的被害などの直接被害は、事前の被害抑止対策によって、この被害量（減少幅）を軽減する必要がある。一方、都市を復旧・復興させる段階では、実際に被害を受けた後、そのレベルをなるべく早く100に近いラインまで持っていくことが重要である。防災的側面で考えた場合、復旧・復興の目的は結局、被災後に元の状態に至る時間をなるべく短くすること、そして次なる災害が来た時に被害がなるべく発生しないような都市に改善すること、の二点である。〔図13-6〕は集集を対象とした復興曲線[4]の例である。図中の3つの曲線は、立ち上がりの早いもの

第13章　都市における災害と復興　| **249**

1999/10
（避難場所）
↓
2000/04 
（駐車場）
↓
2002/08 
（南投県観光センターの建設）

写真13-4　駐車場利用法の変化

1999/10
（畑）
↓
2000/04 
（仮設住宅）
↓
2007/07 
（公園）

写真13-5　仮設住宅地の変化

1999/10
(建物倒壊)

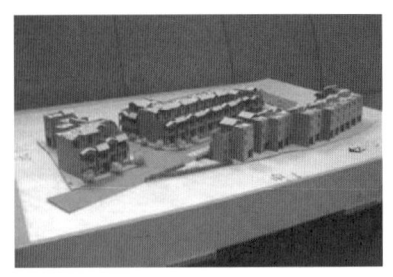

2002/01
(復興住宅計画時の模型)

2000/04
(更地)

2002/01
(復興住宅の建設)

2002/01
(再建)

2002/08
(復興住宅の完成)

写真13−6　住宅の被害と再建　　　　　写真13−7　復興住宅

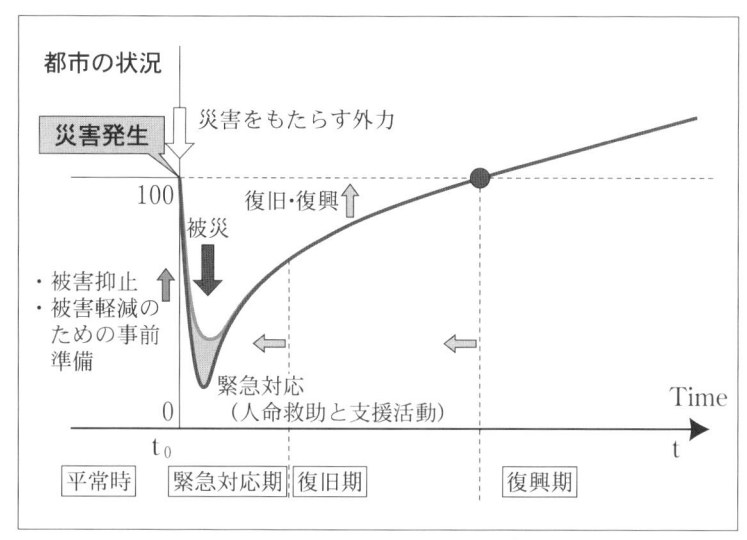

図13−5　被災および復旧・復興のダイアグラム

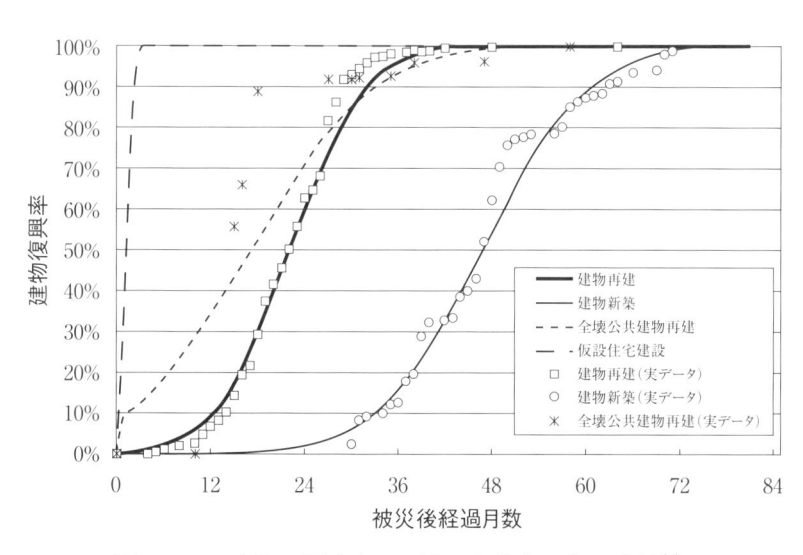

図13−6　建物の再建率から導いた集集の復興曲線[4]

から仮設住宅，被災して同敷地内に再建した住宅，新たな土地に新築された住宅を示している。いずれも，現地で収集したデータに基づき，被災から8年が経過した時点での建物総数から作成されている。

　新しく生まれ変わった街は，そこに住む住民が納得のいくものでなくてはならない。復興にかかる時間は，もちろん早い方が良いが，そこには住民の満足度という質の問題も考慮されるべきである。地震や津波による被災地は，面的な被害を受けているため，ステークホルダーとしての被災者数も多くなる。すべての関係者に満足のいく復興計画を策定することは容易ではないが，自治体には，住民も参画でき，かつ予算や将来の安全性も考慮した復興計画を策定する地道な努力が求められる。

3. 社会システムを変革する復興の意義

(1)「復旧」と「復興」の定義

　都市の被災から復興の過程を，集集の具体的な街の変化を取り上げて概観した。この過程の中には，被災直後の復旧という段階とその後の復興という段階が含まれている。では，「復旧」と「復興」の違いは何であろうか。ここではそれらの定義について述べる。

　「復旧」とは，「被害や障害を修復して従前の状態や機能を回復すること[5]」であり，被災前の状況への回復，最低限の機能の確保，生活や経済活動の維持などの意味が込められている。一方，「復興」とは，「新しい市街地，地域，社会システムを創出すること[5]」であり，市街地構造や住宅形態の修正や，被災前よりも高い防災性能の確保という意味が込められている。つまり，都市が被災し，復旧・復興していく過程の中では，新たな都市を築くとともに，より災害に強い都市が建設されるべきなのである。本章でとりあげたロンドン，リスボン，シカゴ，東京など

の都市は，災害から復興までの過程を通じて，社会の変化に応じた新たな都市構造を生み出した。

しかし，復興過程の中で築かれた都市構造が，時間とともに元の状態に戻ってしまうことも珍しくない。

2015年3月に仙台で開催された第3回国連防災世界会議において，「仙台防災枠組2015-2030（Sendai Framework for Disaster Risk Reduction 2015-2030）」が採択された。その中で「より良い復興（Build Back Better）」をすることが求められている。世界のどこで災害が発生しても，地域や都市の復興過程において，この考え方を忘れてはならない。また，地域や都市が再生するためには，レジリエントなシステムが欠かせない。その名詞形である「レジリエンス」とは「精神的回復力」「抵抗力」「復元力」「耐久力」などと訳される用語である。復興過程の中で，「より良い復興（Build Back Better）」と「レジリエンス」の二つの概念を頭の中に入れておくべきである。

（2）昭和三陸大津波後の復興と東日本大震災

東日本大震災の被災地となった三陸地域は，1896年と1933年にも大津波を経験している。1896年の明治三陸大津波では約22,000人の死者・行方不明者を出したが，同程度の津波が来襲した1933年の昭和三陸大津波では3,064人ほどに減った[6]。その理由は，ラジオ放送が開始されたことや，明治三陸大津波の記憶がまだ風化していなかったことなどが挙げられる。それでも，明治三陸大津波後に高台移転をしなかった集落，あるいは一度は移転したものの沿岸部に戻ってきてしまった集落は，大きな被害を被ってしまった[7]。

1933年昭和三陸大津波の後の復興施策によって，被災した沿岸部の多くの集落が高台に移転した。〔図13-7〕は，移転集落の一つである岩

254

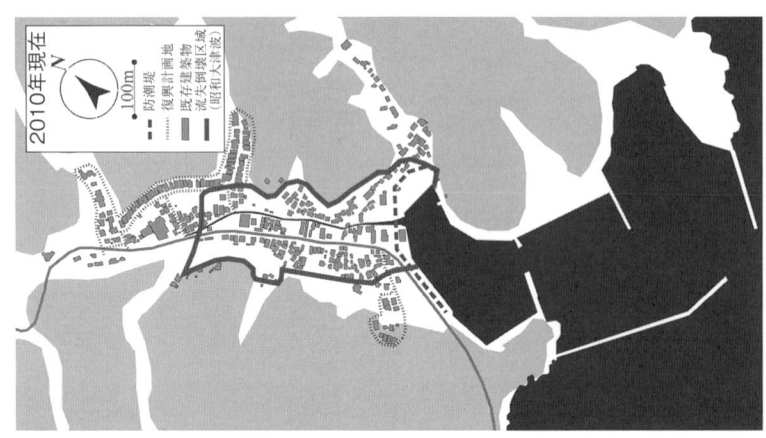

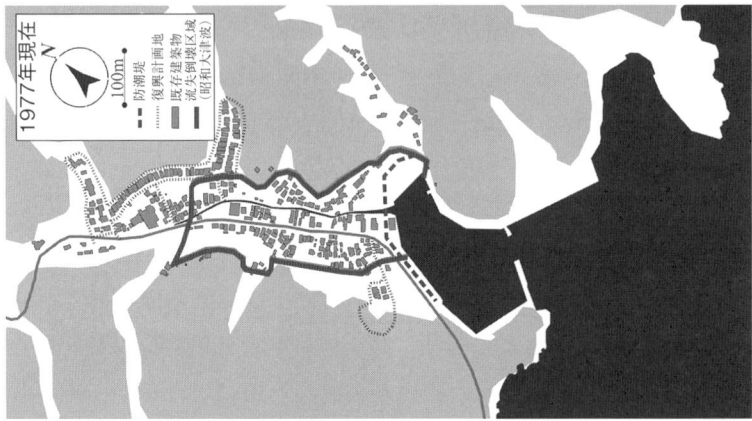

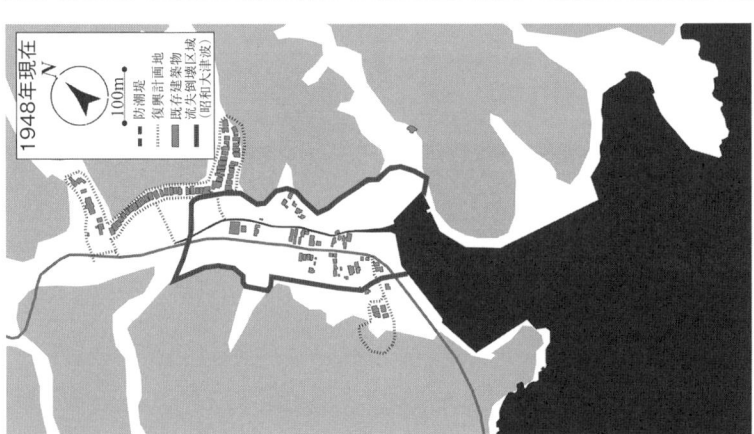

図13-7 昭和三陸大津波後の旧鵜住居村両石における住宅立地の変遷[7]

手県鵜住居村両石地区における，その後の住宅立地の経緯を示している。

　復興施策によって，一度は高台移転を遂げたものの，20世紀の間に沿岸部の住宅は増え続けていたことがわかる。筆者らが行ったこの調査[7]は2010年1月までのものであるが，その直後の2011年3月に東日本大震災が発生し，この地区においても沿岸部の住宅が壊滅してしまった。たとえ，復興施策により津波リスクの低い地域に住宅地が建設されても，それらを数十年にわたって維持するためには，法的な強制力が必要であったことを物語っている。

　本稿を執筆している2015年2月現在，東日本大震災による被災地では復興が着々と進められている。自治体，専門家，住民らが集まり，様々な議論を通じて，今後は復興が一つ一つの具体的な形に収まっていくことであろう。しかし，それが最善の策となっていたかは結論を出すのが難しい。今後起こりうる津波の発生予測，予算，リスク回避の仕組み，少子化，故郷に対する思い，政治など，復興まちづくりを具体化するうえで，多くの力学が働いている。被災直後に思い描いていた復興のイメージと一致していないことも多い。少子化の潮流の中で，必要以上に大きな街と施設が整備されていることもあろう。現代社会に普及している通信手段，移動手段などを考慮すれば，高層建築と漁業集落が組み合わされた新たな時代の沿岸部コンパクト・シティが実現できていたかも知れない。社会の変化を読み解き，新たな都市システムを創る努力はこれからも欠かせない。

4. 事前復興計画

　本章の最後に，事前に復興計画のビジョンを持つことの重要性を述べたい。

（1）神戸市真野地区まちづくり協定

　1995年の兵庫県南部地震後には各地で復興が進められた。日本で初めてとも言える近代巨大都市の震災は様々な課題を残したため，各地区の再建は困難を極めた。しかし，神戸市真野地区のように，住民との協働により，復興が比較的早く進んだ地区もある。

　真野地区では昭和50年代からまちづくり協定をつくり，将来の構想を練っていた。そのため兵庫県南部地震により被災した後もそのビジョンに基づき，復興のまちづくりがうまくいったのである。この真野地区の事例により，事前に復興計画を練ることの必要性が叫ばれるようになった。

（2）事前復興計画の重要性

　東京でもし兵庫県南部地震と同じ規模の大地震が発生した場合，大変な混乱が予想される。そのため東京都では，首都直下地震が発生した場合に備え，事前復興計画の取り組みがなされている。

　事前復興計画とは，「災害により甚大な被害が生じた場合には，被災後の混乱の中で速やかに復興計画を作成し，迅速かつ計画的に復興対策を実施していく必要があるため，予め大規模な災害が予想されている地域においては，予防対策の推進と併せ想定される被害に対応して事前に復興対策の基本方針や体裁・手順・手法などをまとめた計画を作成しておくべきであるという考え方[5]」である。

　この考え方に基づき，東京都の各地で事前復興計画策定の取り組みが行われている。それらは地域の住民，行政関係者，専門家によるワークショップ形式で行われることが多く，地域に応じた被災と復興のシナリオを作成することにより進められる。例えば，木造住宅密集地域の場合，被災直後の状態，すなわち全壊はどのくらい，焼失はどのくらい，とい

うようにイメージし，時限的な市街地のイメージを共有し，仮設住宅や店舗をどこに置くかなどを想定するのである。このように災害後の数年間のイメージを専門家や住民達が共有することにより，いざ災害が発生した場合には復興をスムーズに進めていく環境を整備する取り組みである。

　2011年3月の地震と津波により被災した東日本地域の太平洋側沿岸部では，2015年3月現在でも各地で復興が進められている。しかし，策定された復興計画を実現させるための予算や合意形成など，多くの課題も残されている。こうした課題を解消するためには，被災前から将来を見据えた地区，市町村，県など，それぞれの対象とする地域の空間規模の将来ビジョンに加え，国土計画も踏まえた地域相互の連携を考慮したグランドデザインを持つことが重要である。

引用文献

（1）村尾修『建築・空間・災害—リスク工学シリーズ10』コロナ社，2013
（2）村尾修：1999年台湾集集地震後の集集鎮における空間的変容と復興再建過程，日本建築学会計画系論文集，日本建築学会，No.607，95-102，2006
（3）南投県集集鎮公所：九二一集集大地震回憶録，2000
（4）村尾修，満田弥生：集集鎮における1999年台湾集集地震の建物復興曲線，都市計画報告集 No.5-4，101-104，2007
（5）日本自然災害学会『防災事典』築地書館，2002
（6）山下文男『哀史三陸大津波』青磁社，1982
（7）村尾修，礒山星：岩手県沿岸部津波常襲地域における住宅立地の変遷—明治および昭和の三陸大津波被災地を対象として—，日本建築学会計画系論文集，日本建築学会，Vol.77，No.671，57-65，2012.1

参考文献

・越沢明『東京都市計画物語』日本経済評論社，1991

14 | 情報とコミュニケーション

村尾　修・目黒公郎

《本章の学習目標＆ポイント》　災害時には適切な情報伝達の仕組みが重要である。また来たるべき災害に備え，各組織レベルでのコミュニケーションが欠かせない。ここでは，災害に対応するための各段階における情報とコミュニケーションの意義，近年の情報技術，東日本大震災からの教訓を学ぶ。
《キーワード》　災害情報，リスク・コミュニケーション，被害想定，地域危険度評価，ハザードマップ，GIS，リモートセンシング，復興アーカイブズ，防災教育，緊急地震速報

1. 災害対応における情報とコミュニケーションの意義

　災害対応の循環体系において，情報とコミュニケーションは各段階でその意義を変えつつも，重要な役割を担っている。災害が予測される時点では緊急避難を促す道具となり，被災直後には安否確認や救命・救助活動に関する重要な役目を果たし，復旧期には罹災証明の発行など被災者の生活再建に必要な内容が発信・受信される。また平常時には次なる災害に備えるための防災啓発活動あるいは防災教育等に活かされる。
　正確で迅速な情報伝達は，日頃から組織内の体制を強化しておくことにより，効率的な災害マネジメントに貢献する。災害に対応するための本質的な情報の役割は変わらずとも，昨今の情報技術の進化によって，その伝達できる情報の量は増加し，速度も増し，発信と受信のメディアの形態も年々変化している。そのため，災害発生時の情報の持つ意義は

以前にも増して重要になっている。

　情報は，収集され，発信され，受信され，共有されるものである。そこには情報の発信者と受信者が必ず存在する。こうした情報を伝達する仕組みがコミュニケーションである。その中には，国から地方自治体，地方自治体から住民（あるいは被災者）など，組織やグループの階層の違いによる直列的なコミュニケーションがある。また被災地Aから被災地Bにといった，地域間の並列的なコミュニケーションがある。様々なコミュニケーションの形態が考えられるが，被害を最小限に抑えるためには，こうした災害対応に必要な情報と人々の意思や思考を伝達し合うコミュニケーション能力も，普段から高めておく必要がある。

　本章では，災害に対応するための各段階における情報とコミュニケーションの意義や，近年の情報技術について習得するとともに，報道の仕方を通して見えてきた東日本大震災からの教訓を学ぶ。

2．災害対応の循環体系における情報と伝達

（1）災害情報とは

　災害情報とは，「発災直前の予警報，発災直後の災害関連情報，平常時の災害啓蒙情報，災害発生から一定期間を経た後の復旧関連情報」などを指す。災害情報が，早期の復旧・復興を促し，防災力を高めるための効果を適切に果たすためには，災害対応の循環体系の各段階における情報伝達の意義を理解し，情報伝達を適切にかつ効果的に行う必要がある。そして，それぞれの段階で必要な情報を共有し，災害対応に関連する組織間の連携を円滑にしておく必要がある。

（2）災害対応の循環体系における災害情報の役割

災害対応の循環体系〔図4-5〕についてはすでに何度も説明しているが，ここでは循環体系の中の各段階における災害情報について述べる。災害対応の循環体系における基本的な要素は，「被害抑止」，「被害軽減のための事前準備」，「災害時緊急対応」，そして「復旧・復興」であるが，補足的に災害発生の直前と直後に位置づけられている「災害予知と早期警報」と「被害評価」における災害情報は極めて重要な意味を持つ。それらを含めた各段階における災害情報の概要とその役割は以下のとおりである。

【予防対策】

① 被害抑止（Mitigation）：耐震化や災害の危険性の高い地域を避けるなど被害抑止策に関する情報。こうした情報を共有することにより，被害抑止活動の促進に資する。

② 被害軽減のための事前準備（Preparedness）：国・自治体組織・企業・住民コミュニティの防災計画や体制の周知，防災マニュアル作成などに関する情報。防災啓発活動や防災教育により防災関連の知識を普及させ，発災後の被害を軽減させるための知恵として活かす。

【災害の予測と被害の把握】

③ 災害予知と早期警報（Prediction & Early Warning）：台風の接近，噴火直前の火山活動，緊急地震速報，早期津波警報など，発災が予測される外力（ハザード）の客観的事実に基づく情報。災害の前兆をとらえてから，実際に発災するまでの時間は，数日間の余裕のある気象災害（台風や豪雨など）と突発的に発生する地震とでは大きな違いがあるが，なるべく早期にかつ適切に情報を受信し，警告し，避難を促すことにより，人的被害などを軽減させることができる。

④ 被害評価（Damage Assessment）：発生した被害の種類と量，さら

に分布の評価。巨大災害が発生すると，様々な情報システムに支障が生ずるため，被災地における被害の全体像を把握することが非常に困難になる。そうした中で，適切な緊急対応活動をするためには，事前に整備していたデータと限られた情報により，正確でなくとも被害の大まかな傾向をなるべく早く見積もる必要がある。また，様々な観測情報から実際の被害を把握し，アップデートしていくことで，限られた資源投入の優先順位を決めるなど，緊急対応の戦略を立てることができる。

【危機対応】

⑤　災害時緊急対応（Response）：発生した災害に関する様々な情報。自助，共助，公助による，救命・救助活動，避難活動，警報などに資する。発災後に被害の全体像が見えてからとりあえず落ち着くまでに，必要な情報のニーズは刻一刻と変化する。

【復旧から復興まで】

⑥　復旧・復興（Recovery）：災害により影響を受けた個人および組織に対する再建支援に関する情報。復旧・復興の期間は数ヵ月から数年以上におよぶ。その間，被災者は罹災証明の手続きや，仮設住宅への入居など生活と密接に関連する情報を欲し，さらに復興計画によって自分たちの街がどのように変わっていくのかなど，切実な問題と向き合うことになる。こうした中で，公正な情報共有は欠かせない。

（3）情報の発信者と受信者

災害に関する情報を取り扱う際には，その対象を考慮しなくてはならない。まず挙げられるのは，支援を必要とする被災者である。次に挙げられるのは，被災者を支援する立場である。国，都道府県，市町村などの公的機関や，被災者を支援することを目的として設立された企業や

NPOなどの組織がこれに当たる。また，災害支援を目的として設立されたわけではない企業なども，災害時には社会貢献のために，このような立場をとることもある。そして第三の立場がある。これには一般市民，マスメディア，研究者などが挙げられる。そして，ここで挙げたそれぞれの立場は，状況に応じて，ある時には情報を発信する立場，そしてある時には受信をする立場となる。東京大学社会情報研究所の故廣井脩教授によると，災害情報の伝達経路には，以下のものがある。

① 行政ルート：国の防災機関から都道府県および市町村の防災部局を経る住民への伝達（災害対策基本法や気象業務法による義務づけ）。専用電話，一般加入電話，防災行政無線，衛星通信，警察無線，消防無線，広報車，サイレン，警報など
② マスメディア・ルート：放送・新聞などの報道機関から視聴者への伝達（災害対策基本法や気象業務法による義務づけ）。速報性が高い。
③ 企業組織ルート：各種の事業所が事業所相互間あるいは従業員や客への伝達
④ 住民ルート：住民相互による伝達

（4）災害対応における情報の取り扱い

　災害対応の内容を情報と意思決定の観点から単純化したフローを〔図14-1〕に示す。まず，災害に対応するうえで狭義の情報として大きく2種類に分類できる。一つは事実そのものである「情報資源：data」であり，もう一つは「情報資源：data」を目的に応じて収集・処理することにより得られる「情報：information」である。「情報：information」にはその目的に応じて何らかの意味が付随することになる。その「情報：information」を，社会的な知見としての「叡知：intelligence」へと昇華させ，全体像を推定し，状況展開を予測し，必要となる対応をす

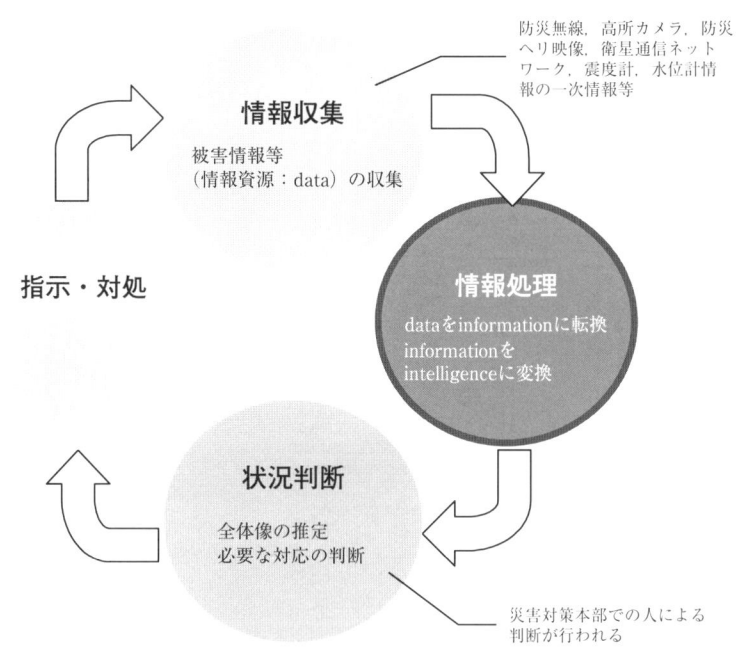

図14-1　情報面から見た災害対応の基本フロー

るための「判断（意思決定）」を行うことが可能となる。最後にそれらの状況判断をもとに，「指示・対処」を行うというものである。災害に対応するうえで，このサイクルを繰り返すこととなる。このように，災害に対応するうえで情報を取り扱う際には，まず「情報」の「収集」に努め，さらに，「状況判断」できるような「情報処理」を行うことが必要となる。そして，状況に応じて適切に「指示，対処」をすることになる。

(5) 需要の変化に伴う災害情報の推移

　ここでは，2004年新潟県中越地震後に，被災自治体のウェブサイトに

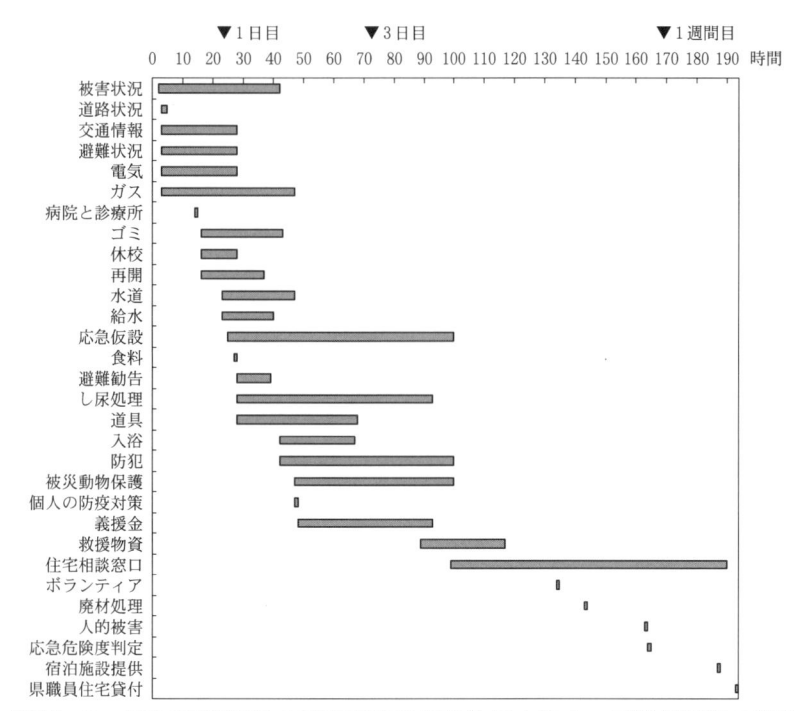

図14-2　2004年新潟県中越地震後の自治体によるウェブ発信情報の推移

掲載された情報を例として，地震後の発信情報の推移を整理する。〔図14-2〕は見附市，長岡市，柏崎市の被災3市において，地震発生時を始点としてそこからの時間経過を横軸にとり，各分類項目の最も早く掲載された時間と最も遅く掲載された時間を調べ，それぞれの項目の掲載時間を表したものである。被害情報等の掲載は災害直後のみに限られ，その後，生活再建に関連する項目が時間経過とともに適宜掲載され，生活再建窓口に関連する情報が長期にわたって掲載されていた。情報発信の時期は，住民ニーズに適応していたものと想定される。

3. 近年における災害対応のための情報技術

（1）進化する情報技術と災害への対応

　新たな災害が発生すると，それ以前にはなかった新たな課題が見つかることが多い。また年々進化していく情報技術の向上により，新しいシステムが開発され，災害対応のための利用法が考案される。

　例えば，1925年には日本初のラジオ放送が始まり，1933年の昭和三陸大津波の際には，津波が襲来する前に地震発生の情報を流すことができた。気象庁の津波警報システムも，1983年日本海中部地震や1993年北海道南西沖地震などの津波災害を経て，向上していった。日本でインターネット元年と言われる1995年の兵庫県南部地震以降は，情報技術も大きく進歩し，地理情報システム（GIS），カーナビゲーションシステム等にも用いられているGPS，携帯電話など様々な情報技術が災害情報システムの構築に活用されるようになった。2015年現在では，高性能のスマートフォンも生活の一部として欠かせない時代となり，個人個人が詳細なデータを発信・受信できるようになった。その結果日夜発信される膨大な情報がビッグデータとして蓄積され，様々な目的で処理することも可能となった。さらに宇宙には地球観測衛星が飛び交い，衛星から得られた情報を処理するリモートセンシングの技術を使った情報も災害対応のために使われるようになった。東日本大震災後には，被災地の様々な情報を蓄積していく「みちのく震録伝震災アーカイブ」というプロジェクトも，東北大学災害科学国際研究所の主導で動いている。

　ここでは近年の災害対応のための情報技術の一部を紹介する。

（2）緊急地震速報

　台風や豪雨などは，数百km離れた地点から徐々に接近してくる状況

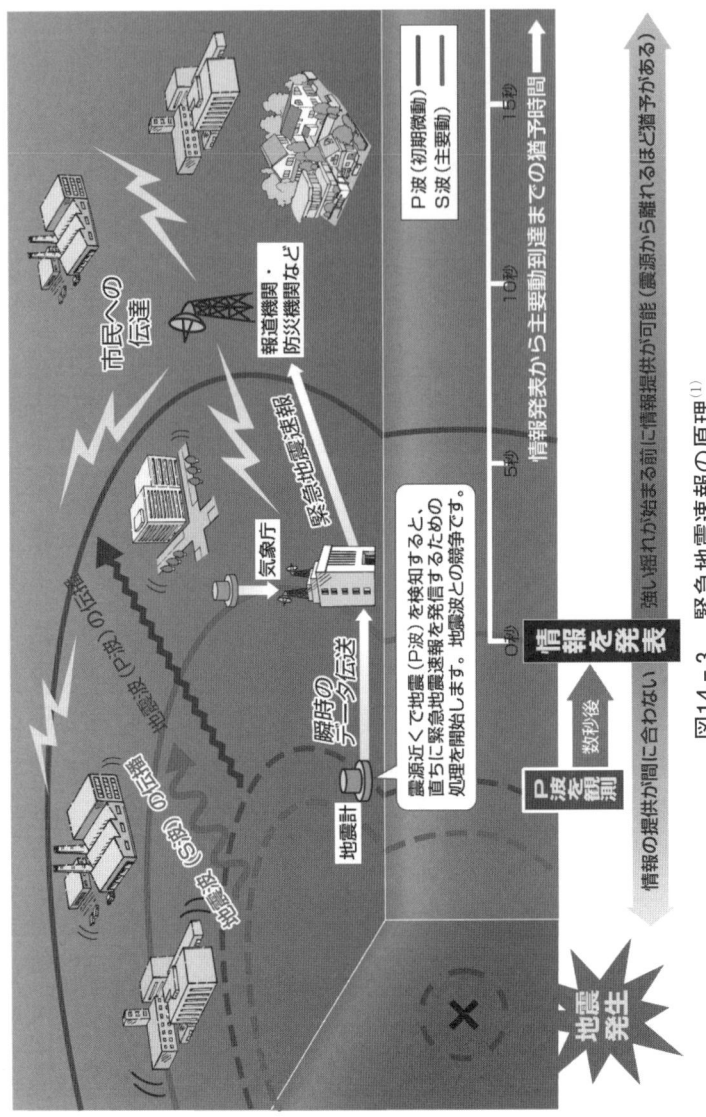

図14-3　緊急地震速報の原理[1]

が把握できるハザードである。しかし，地震は突発的に発生するため，台風や豪雨などのように発災までの時間的余裕がほとんどない。それでも，最初に縦揺れとして感じるＰ波の検知から，被害をもたらす横波であるＳ波の到着までに数秒から十数秒の時間がある場合がある。この限られた時間でも，その使い方によっては人的被害等を軽減できる可能性があることから生まれたのが緊急地震速報である。

　緊急地震速報とは，地震の発生直後に，震源に近い地震計でとらえた観測データを解析して震源や地震の規模（マグニチュード）を直ちに推定し，これに基づいて各地での主要動の到達時刻や震度を推定し，可能な限り素早く知らせる情報伝達システムである。これは，気象庁により2007年10月に開始されたシステムであり，〔図14－3〕のような仕組みとなっている。

（3）地理空間情報技術

　地理空間情報とは，「空間上の特定の地点又は区域の位置を示す情報（当該情報に係る時点に関する情報を含む）」とこれに「関連づけられた情報」と定義づけられている（地理空間情報活用推進基本法（平成19年法律第63号）第2条第1項）。すなわち，地域や地区にある建物や道路など物的環境を地球上の座標と関連づけた位置情報のことであり，こうした情報を処理する仕組みを地理情報システム（GIS）と呼んでいる。〔図13－1〕から〔図13－4〕に示された集集の復興過程は地理情報システムで処理したものである。

　コンピュータ性能の発達，情報技術の向上，それに伴う建物等のデータ整備などの条件が整った結果，現在のような空間情報を処理する環境が整ってきた。

　またデータの取得という観点からすると，衛星画像を処理するリモー

トセンシング技術が普及し，情報収集活動に質的な変化が起こっている。前述したとおり，災害直後の被害評価は，その後の緊急対応活動に大きな影響を与える。1995年兵庫県南部地震の際には，ヘリコプターにより上空から状況を把握していたが，現在ではリモートセンシングによる広域な被害状況把握が比較的早い段階でできるようになった。災害の発生は地域を選ばないが，災害の規模や被災地の地形的・社会的状況によっては，被害に関する情報がつかめず，外部からの支援をするうえで支障をきたすこともある。しかし，そういう状況にあってもリモートセンシングを用いることで，即座に大まかな被災状況を分析し，情報発信し，支援に役立てられる時代になってきた。

リモートセンシングの技術は，被災直後の被害評価のみならず，その

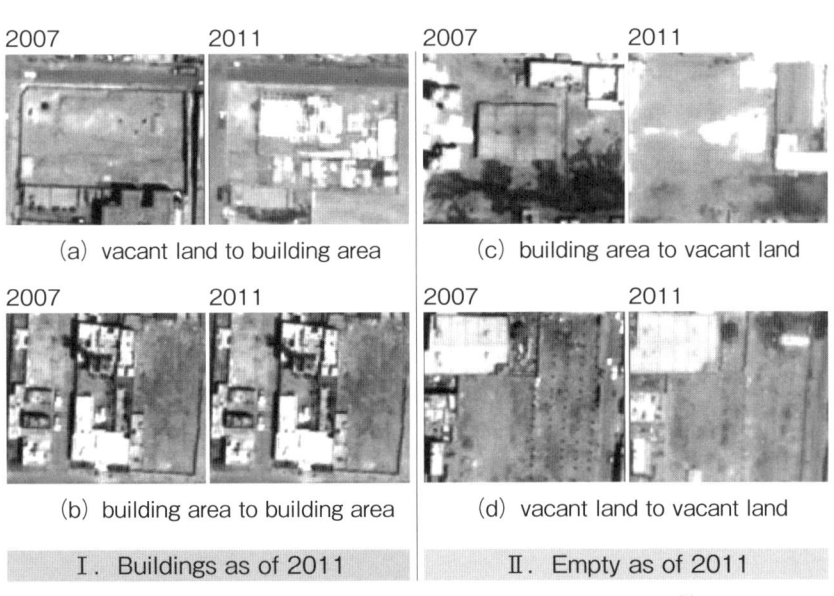

2007	2011		2007	2011
(a) vacant land to building area			(c) building area to vacant land	
2007	2011		2007	2011
(b) building area to building area			(d) vacant land to vacant land	
Ⅰ. Buildings as of 2011			Ⅱ. Empty as of 2011	

図14-4 2007年ペルー地震後のピスコの街の変化[2]

後の復興の段階においても重要なツールとなりつつある。〔図14-4〕は，2007年ペルー地震で甚大な被害を受けたピスコにおける街の変化を，リモートセンシング技術を用いて示したものである。地区による復興の様子が，衛星画像により把握できる。街の変化を正確に捉えたいならば，現地を踏査し，詳細な情報を定期的に取得するのが最も信頼できる方法であるが，それには時間的・財政的なコストが多大にかかるし，ある時点の記録を撮り忘れてしまったら，それっきりである。しかし，リモートセンシング技術を使えば，データ購入の費用はかかるが，必要な過去の情報も目的に応じて入手でき，1枚の画像データに収められている空間的範囲も広い。

　リモートセンシング技術を取り入れることによって，各段階での情報処理の可能性がますます広がっていくことであろう。

4．災害報道から見た東日本大震災からの教訓

（1）災害報道に関する課題

　2011年3月11日に発生した東北地方太平洋沖地震は，多様で甚大な被害を広域にわたって及ぼした。従来わが国は防災先進国と言われてきたが，想定外とも言われるわが国の観測史上最大級の巨大地震は，その危機管理能力の低さや防災上の多くの課題を突きつけた。災害（防災）報道に関しても同様で，〔表14-1〕に示すような様々な問題が指摘された。

　地震多発期を迎えたと言われる地震災害をはじめ，多様な自然災害に見舞われるわが国において，その影響を最小限にとどめ，人々が安全で豊かな生活を持続的に営むことのできる環境の実現は，先の東日本大震災を例示するまでもなく，国家の最重要課題の一つであり，災害（防災）報道は，その改善に大きな影響を及ぼす。

表14-1　東日本大震災の災害報道で指摘された課題の一例

1) 素早く災害の全体像を知らせるには（災害規模の扱い）
    ・死者，行方不明者の扱い（確定情報と推定情報）
    ・災害イマジネーションの向上が鍵（現象の先取りのために）
2) 適切な災害報道／災害情報の提供のために
    ・どのチャンネルも同じ放送のみでいいのか
    ・いつ，だれに，どんな情報を，どのように伝えるのか
      （マスメディア，SNS，…）
3) どんな報道が求められるのか
    ・被災地の人々の困難を効果的に軽減する報道は？
    ・希望や生きがいを与える報道は？
    ・適切な後方支援を可能とする報道は？
    ・国益を失することのない報道は？
    ・防災上あまり役に立つとは思えない報道は？
    ・防災行動を誘導する報道は？

（2）報道の集中の問題

　東日本大震災では，甚大な津波災害をはじめ，地震動による構造物の被害，さらに火災や原子力事故等の「複合災害」を引き起こした。この地震による被害は，東北地方を中心に北海道から関東までの「広域的な災害」であり，被害の種類も，揺れや津波による構造物の直接被害から経済活動の停滞等の間接被害まで多種多様であった。

　この複合的かつ広域的な災害に対し，その全容をつかむことは容易ではなく，テレビ，ラジオ，インターネットなど，様々な媒体を使った情報収集が行われた。特に従来にはなかったTwitterやFacebookなどの新しい情報共有ツールが機能し，被害状況，安否確認情報，ニュース速報，自治体からの情報等を得る手段として使われた。また，動画中継サイト（ニコニコ動画やユーストリームなど）は，NHKと民放の報道番組を無料で放送し，インターネットでもテレビを視聴することができた。

さらに、テレビは、ワンセグ放送を受信することで屋外でも見ることができた。

「東北地方太平洋沖地震に伴うメディア接触動向に関する調査[3]」によると、震災に関する情報提供で、重視しているメディア・情報源は「テレビ報道（NHK）の情報」が80.5％、「テレビ放送（民放）の情報」が56.9％となり、テレビが1位と2位を占めている。その次が「インターネットのポータルサイトの情報」、「新聞の情報」が続いた。また、「東日本大震災に関する情報収集方法」に関するアンケート調査[4]によると、「あなたは、2011年3月に起きた東日本大震災に関して、どのように情報収集をしましたか？」という質問に対しては、テレビが93.5％で最も多く、続いて新聞（全国紙、専門紙、スポーツ紙など）が44.9％、ニュースサイトは44.8％、ポータルサイト・検索サイト（Yahooなど）は42.8％、ラジオは31.1％であり、多くの方がテレビを使った情報収集を行っていたことがわかる。

放送法第108条によると、「基幹放送事業者は、国内基幹放送等を行うに当たり、暴風、豪雨、洪水、地震、大規模な火事その他による災害が発生し、又は発生するおそれがある場合には、その発生を予防し、又はその被害を軽減するために役立つ放送をするようにしなければならない」。また、1961年制定の「災害対策基本法」では、一部の報道機関は防災のための公共機関として指定されるなど、報道機関を「防災機関」と位置づける見方が浸透し[5]、さらに、東日本大震災において、総務省は「安否情報や生活関連情報の提供等、災害に係る正確かつきめ細かな情報を国民に迅速に提供」するように、NHK及び日本民間放送連盟に要請している[6]。

このことから、テレビ報道は、「防災機関」として、被害状況の報道だけではなく、被災者や災害対応を行う組織等に対し、被害の拡大の防

止等，適切な対応に資する情報提供を行うことが期待されている。

しかし，2011年東日本大震災において，取材者がアクセスしやすい地域，早い時期にインパクトの高い被害状況の取材に成功した地域など，特定の市町村の被害に関する報道の集中や，社会的に関心の高い原発事故に対する報道の集中があった。これは，1993年の北海道南西沖地震，1994年の北海道東方沖地震，1995年の兵庫県南部地震等，過去の災害でも指摘されている問題[7]であったにもかかわらず，2011年の東日本大震災でも繰り返された。東日本大震災のように広域的な災害の場合，ある特定の地域や内容に集中した報道は，災害の全体像を明らかにしたものとは言えず，「人々の意思決定や評価を左右するという大きな役割と責任[8]」を果たしたとは言えない。

この「報道の集中」は，「報道の過集中」とも呼ばれ，この結果として，支援物資，義援金など「支援の過集中」という問題を発生させる[5]。また，「東日本大震災における報道に関する関東地方の住民の評価（対象：20歳以上の男女300名，2011年6月末実施）[8]」によると，「報道が少ない地域では，支援や対応に影響が出て，不公平を生んだ（51.0％）」，「取材の対象になっている地域が偏っているように思う（51.0％）」が上位を占め，報道の偏りや不公平感に関する回答が多く，ここでも「報道の集中」による問題が指摘されている。この原因については，報道する側の体制，人・機材等の資源の制約，取材できる（現地に入ることができる）地域の限定[8]，また，ジャーナリズムの面からは，「センセーショナリズムの三段階」の中の「ステレオタイピング（イメージの固定化）」[5]の問題であると考えられる。

（3）災害報道の連携とデータベース化

今後の災害報道のあり方としては，以下のような改善策[9]が考えられ

る。

　発災直後の時間帯には，取材者の人的資源が制約される中で，以下のことが重要である。
　1）適切に災害の全体像を把握する。
　2）視聴者のニーズに対応する情報を配信する。
　3）目的の情報へのアクセスを容易にする。

　そして報道の自由を尊重したうえで，取材地域や項目について報道のバラツキがないように各局が連携して報道することが必要となる。

　これを実現するためには，〔図14-5〕に示すように多様なメディアに対して，時空間的な報道量の把握，時系列的な報道内容の把握，災害対応フェーズの中における報道内容の位置づけの理解等，時々刻々と変化する災害状況をリアルタイムに可視化することが求められる。一方で，

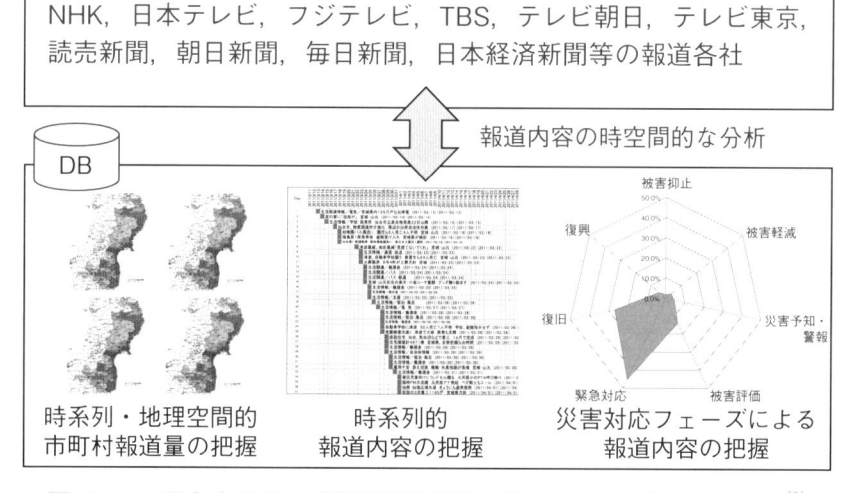

図14-5　現象先取り・減災誘導型報道のデータベース化のイメージ[9]

過去の災害対応の分析や報道内容から災害状況の正確な理解のもとで，限られた情報から時間先取りで状況を正確に予測し，最適な災害対応を実施するための情報配信を実現することも必要である．

5. リスク・コミュニケーションと情報公開

　リスクを管理するうえでの重要な要素の一つにリスク・コミュニケーションがある．リスク・コミュニケーションとは，リスクに関する情報の交流を意味するが，都市防災的な視点から述べると地域の危険性を把握した後に，それらの情報を共有し，各立場からの災害対策に活かすための手段である．地域のリスクを把握するための方法として，被害想定や地域危険度測定などがある．リスク・コミュニケーションは，それらの結果もしくはその作成過程で明らかになった関連情報を，ハザードマップ，防災マップ，地域危険度マップ，犯罪マップ，揺れやすさマップなどという形態を用いて視覚的に表現し，住民に公開することにより，行われる．

　このように地域の危険性を公開し，住民の防災意識を高め，防災意識の向上に努めることは重要であるが，その一方で「危険な地域を明記するとその地域の不動産価格が下がる」とか，「個々の建物や土地を特定する情報を流すべきではない」などの反対意見もある．しかし，阪神・淡路大震災での惨状を二度と繰り返すべきではないという意見や，情報公開に関して肯定する社会になってきたという理由により，1990年代以降，地域の危険性情報はハザードマップ等により広く公開されるようになってきた．

　高度情報化の進んだ現代において，個人情報の取り扱いなど，これまで以上に情報管理が重要になってきた．その一方で，適切な情報をうま

く災害管理に活かすことにより減災を進めることも重要である。

引用文献

（1） 気象庁地震火山部管理課：「緊急地震速報をご存知ですか？」2006年
（2） Hoshi, T., Murao, O., Yoshino, K., Yamazaki, F., and Estrada, M.："Post-Disaster Urban Recovery Monitoring in Pisco After the 2007 Peru Earthquake Using Satellite Image," Journal of Disaster Research, Vol.9, No.6, 1059-1068, 2014.12
（3） 株式会社野村総合研究所：震災に伴うメディア接触動向に関する調査, http://www.nri.co.jp/news/2011/110329.html, 2011.3.29閲覧
（4） マイボイスコム株式会社：「東日本大震災に関する情報収集方法」に関するアンケート調査結果, http://www.myvoice.co.jp/biz/surveys/15417/index.html, 2011.5.30閲覧
（5） 田中淳・吉井博明『災害情報論入門』弘文堂, 2008, pp.164-165, 218-227, 2008
（6） 総務省：東北地方太平洋沖地震による災害に係る情報提供に関する日本放送協会及び社団法人日本民間放送連盟に対する要請, http://www.soumu.go.jp/menu_news/s-news/01ryutsu07_01000018.html, 2011.4.1閲覧
（7） 中森広道：「阪神・淡路大震災」と情報, 阪神間都市を中心とした初動情報と地域・詳細情報に関する問題と課題, 地域安全学会論文報告集（5）, pp.21-28, 1995
（8） 中森広道：「東日本大震災」におけるマス・メディアと報道の課題, 都市問題, Vol.102, pp.4-9, 2011
（9） 目黒公郎・沼田宗純：「現象先取り・減災行動誘導型報道」を実現する方法, 特集 進化する災害報道～東日本大震災から3年・メディア多様化時代の防災情報～放送メディア研究, No.11, pp.71-110, 2014

15 | 災害文化とこれからの都市防災

村尾　修・目黒公郎

《本章の学習目標＆ポイント》　都市災害は都市の成長，社会の成長とともに進化する。21世紀を迎えた今，我々をとりまく防災に関する状況を学ぶとともに，現在の東京の姿を見つめ直し，これから考慮しておかなければいけない新たな災害とその対応について考える。また全15回にわたって行われた講義を総括する。

《キーワード》　東京，木造密集地帯，帝都復興計画，耐震技術，テロ，ゆっくり起こる災害，地球温暖化，異常気象，海面上昇による影響，自然災害の障害と恵み，災害文化

1. 災害文化と都市

　本講義の最後となる本章では，21世紀の都市防災について考えるとともに，江戸時代からおよそ400年の年月をかけて変化を続けてきた東京を臨みながら，長い年月をかけて培われてきた災害文化と21世紀の都市防災について考えてみたい。

(1) 自然からの恵みと災害
　我々のつくってきた地域社会は，ある時代に先祖達がそこに拠点を置き，住み始めることにより生まれた。世界中には様々な地域があり，固有の自然と風土がある。先祖達は，地域固有の自然からの恩恵を授かり，生活の糧としてきた。

太平洋に浮かぶ世界的リゾート，ハワイ諸島は，ホットスポットによる火山形成と太平洋プレートの移動によって成立した。観光産業を牽引する美しい地形やキラウェアの溶岩流は，火山島であるが故の自然の恩恵である。また日本の温泉観光地も，火山列島である日本だからこそ生まれたものである。

　三陸海岸の海の幸と景観も人々を惹きつけてきた。その複雑な海岸線と四季折々の見晴らしを求め，観光客はその地を訪れ，漁業と観光業により生計を立ててきた地元の人々はそれを誇りに生きてきた。海という自然からの恩恵を享受してきたのである。

　日本国内で雨の降らない地域はないが，そうした雨も生物の生存にとって貴重な水源であり，特に人間にとっては淡水供給源となり，地球上における水循環の一過程としても重要な役割を担っている。

　しかし，こうした恩恵を様々な形で我々に授けてくれる自然は，時としてハザードとなり，自然災害という負の側面を人間社会に突きつけてくる。我々は自然災害を経験した直後には，こうした自然を敵として見做してしまい，ただそのリスクを回避したがる傾向（ゼロリスク指向）にある。

　しかしながら，この世にゼロリスクは存在しない。その恩恵を授かりながら今日の繁栄を築いてきたことを認識しつつ，負の側面，すなわち自然災害をどのように軽減できるのかを考えていくべきである。

（2）災害文化

　我々は地域固有の災害を克服するために，対策を立て，重要な情報を伝承し，それがやがて地域や時代固有の災害文化を形成してきた。そして，過去の自然災害あるいは産業災害からの教訓を将来に活かすべく，防災対策を施してきた。そうした対策はやがて，防災を第一義の目的と

した直接的な行動の範疇を超え，生活の一部，文化の一部となっていった。鯰絵，「火事と喧嘩は江戸の華」，賑わいの場となった火除地，「卯建が上がらない」など，我々の日常生活を彩ってきたこうしたもの，言葉，場所，行為はまさに災害大国日本で培われてきた文化であった。そうした防災活動を通して培われてきた様々な下町文化，都市空間，あるいは都市景観を現代の東京に見ることができる。

（3）東京を俯瞰する

　東京で最も高い構造物は2012年に開業した東京スカイツリーである（2015年10月現在，世界で2番目に高い構造物）。江戸以降の時間の中で根付いた墨田区の下町文化と国際都市 TOKYO の混在する新たな名所である。このタワーは，水害，延焼火災，地震による建物倒壊など防災上の課題を多く抱えてきた江東デルタ地帯の中でも，区画整理の進んだ南部と狭隘道路がひしめく木造密集地帯の境界に立地する。

　この展望台からは，東京が一望できる〔写真15-1〕。晴れていれば，富士山も見える。東京が過密都市であることは一目瞭然だ。東京の都市リスクの高さの原因の一つは，この過密さである。ここから見える建築物，人口，そして産業の集積が，江戸時代から続くメトロポリス東京の魅力でもあり，今日の繁栄を築いてきた。その裏で，延焼火災や大地震という災害のリスクと闘ってきた。

　我々日本人は，紙と木の建築文化を持つ。小さな木造建築に囲まれた路地裏での風情は下町に欠かせない。そうした地域の文化と災害に強い都市づくりは，時としてトレードオフの関係にある。しかし，墨田区には「路地尊」と呼ばれる地域住民の手でつくられたストリートファニチャーがあり，災害時の水の供給や災害関連の伝言板として機能している。ハード以上にソフト防災に力を入れることで，地域の防災力を向上させ

てきた。

　江東デルタの北東部には白鬚東防災拠点の都営高層住宅群が木造密集住宅地からの延焼火災を遮る防火壁（ファイアーウォール）として，そびえている。その壁の長さはおよそ1.2kmにわたる。1980年代に事業が完了したこの防災拠点は1960年代から検討されてきた再開発によるものであり，その目的はこの地域の安全性の向上であった。ハード防災の代表とも言える白鬚東防災拠点は，時として防災に対する費用対効果に疑問が持たれることもある。これは，いつ見舞われるかわからない巨大災害に備えて物的環境を整えることの難しさを示している。東日本大震災からの復興に関して，「150年に一度，あるいは1000年に一度の津波に備えて」防潮堤を建設することの意義とも無関係ではない。

　江東デルタ地帯は，隅田川と荒川に挟まれた墨田区と江東区を指す。しかし，江戸時代から今の荒川の川筋であったわけではない。この周辺は，江戸時代からたびたび洪水に襲われていたが，1910年8月の関東大水害を契機として，国は根本的な水害対策に乗り出し，荒川放水路が建設された。こうして水害対策の結果として，現在の荒川の本流が生まれたのである。

　スカイツリーから隅田川も見下ろせる。川沿いには色とりどりの橋梁がかかっている。この橋梁も，1923年関東大震災後の最先端技術を用いて建設されたものである。賑わっている浅草の東側とその対面には隅田公園がある。また錦糸町の方に目を向けると錦糸公園がある。この両公園は，浜町公園とならび，震災復興三大公園と呼ばれている。関東大震災で多くの人々が延焼火災から逃げられず，亡くなった。こうした経験を教訓として，政府は帝都復興事業の中で避難のできる大公園を建設した。こうした公園が今でも，都会のオアシスとして，あるいは花見の名所として人々に愛されている。こうした戦前の避難公園の考え方は，広

域避難場所として現在も展開されている。

　墨田区の南の方に目を向けると国技館や江戸東京博物館のある両国地区がある。現在の横網町公園にはかつて陸軍被服廠があったが，1923年の関東地震の際に，ここに逃げ込んだ多くの人々が火災旋風により焼け死んでしまった。犠牲者は東京大空襲による犠牲者とともに，ここに建設された東京慰霊堂に眠っている。またこの地には，同震災に関する記録を残すための復興記念館も設置されている。

　両国と災害の関係はさらに時代をさかのぼる。もう少し南に行き，両国駅を越えたところに回向院や両国橋がある。1657年明暦の大火の後，火除地という延焼火災防止のためのオープンスペースが生まれた。両国の広小路もこうした公共空間の一つであった。広小路は平常時には，人が集まる賑わいの場として栄えるようになり，同火災の犠牲者を祀っていた回向院周辺では相撲興行も盛んに行われるようになった。そして，

写真15-1　東京スカイツリーから見る眺め

隅田川花火大会を見る名所へと発展したのである。この時間の流れが現在の両国周辺のアイデンティティへとつながっている。

　ここで取り上げた事例はほんの一部であるが，災害の経験が（時には復興過程を通して）防災対策を発展させ，それがやがて日常に溶け込み，人々の防災意識の変化を伴いつつ，地域の文化へと昇華してきた様子を窺い知ることができるであろう。

2. 21世紀の都市防災

（1）災害は進化する

　わが国を含め，防災に関する技術や取り組みは年々向上しているが，それらは過去の災害を教訓として研究開発等が進められてきた結果である。しかし，社会も時代とともに変化をしており，都市に対する脅威も変わってきている。すなわち，2章で述べたように「災害は進化する」のである。今，我々が生きている21世紀には，過去に経験してこなかった災害も起こり得る。そうした新たな災害に対応するためには，従来の都市防災の手法を踏まえつつも，さらに進化していかなくてはならない。ここでは，現在，私たちの社会が直面している問題，あるいは将来的な課題について見ていきたい。

（2）今後懸念される地震災害

　1995年の兵庫県南部地震の後，全国の総合的な地震防災対策を推進するため，地震防災対策特別措置法が制定され，政府の特別機関として，地震調査研究推進本部という組織が設置された。この地震調査研究推進本部は，当面推進すべき地震調査研究の主要な課題として，「全国を概観した地震動予測地図」を作成し，平成17年3月以来，毎年改訂をしな

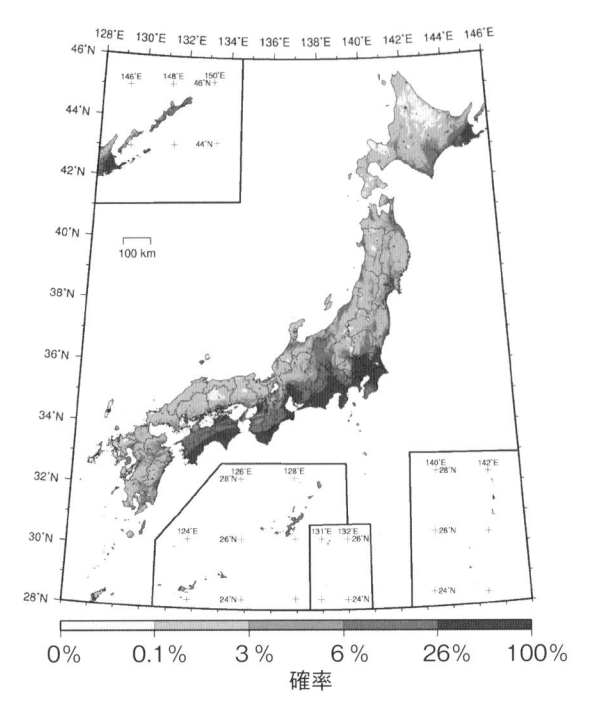

図15-1　今後30年間に震度6弱以上の揺れに見舞われる確率の分布[1]
（2014年版）

から公表している。

　その中で，「今後30年以内に震度6弱（6−）以上の揺れに見舞われる可能性が高い地域」が示されており，2014年に公表された最新の地図〔図15-1〕によると，関東から四国南部までの太平洋側で26％以上の地域に広がっている。このあたりは東海・東南海・南海地震の発生が危惧されているところである。Mw9.0の地震に端を発する東日本大震災が発生した後，南海トラフで発生する巨大地震が注目を浴びている。これらの地域はもちろんのこと，日本国内の他の地域においても，巨大地震

が発生する可能性は大いにある。国，県，市町村を挙げての総合的な取り組みが求められている。

（3）テロに対する取り組み

2001年9月11日に，アメリカ合衆国のニューヨークとワシントンDC等で同時多発テロが発生した。テロリズムとは，一般に恐怖心を引き起こすことにより，特定の政治的目的を達成しようとする組織的暴力行為やその手段を指すが，その危害が一般市民に及ぶことも少なくない。このようなテロ行為を阻止するため，合衆国では同時多発テロが発生した翌年の2002年に国土安全保障省（Department of Homeland Security）が設立された。それ以前は，自然災害への対応を主な業務としていた連邦緊急事態管理庁（FEMA）もこの国土安全保障省の一部となり，テロ行為の阻止も主要な業務として担うようになった。その結果，空港でのセキュリティチェックも強化され，我々の生活に影響を与えている。このようなテロに対する危機管理対策も，サイバーセキュリティとともに，国や自治体等で今後ますます重要なものになっていくであろう。

（4）ゆっくり起こる災害

この講義で扱ってきた地震や津波災害のように，ある時に巨大なエネルギーや物質が放出されて引き起こされる災害を「突発性災害」と呼ぶ。それと対比して，人間が気づかないような速度で徐々に社会に影響を与える災害を「ゆっくり起こる災害」と呼ぶことがある。「ゆっくり起こる災害」とは「人間の経済活動の結果起こる森林伐採，砂漠化，海岸侵食，オゾン層の破壊，温暖化，海面上昇のように進行過程中に危機感を持ちにくい災害[2]」と定義づけられており，現象が進行するのに時間がかかり，因果関係が曖昧で地球規模の広がりを持って人類を脅かすが突

然に死者が出るわけではない。

「ゆっくり起こる災害」の代表的なものとして地球の温暖化が挙げられる。近年は気温の高い状態が続いており，20世紀半ば以降に観測された長期的な気温の上昇傾向の大部分は，人為的な活動によってもたらされた温室効果ガス濃度の増大が原因であろうとされている。

これらは経年的な平均的な変化であるが，近年さらに問題になっているのが，時間的に集中したり局所的に極度に大きく変化したりする異常気象とも呼ばれる気象現象である。極端な集中豪雨，熱波や寒波などがその代表であり，このような気象変動を原因とした災害が深刻な問題になっている。

現在，地球温暖化による影響が世界各地で観察されている。アメリカでは2005年8月にハリケーン・カトリーナが上陸し，ルイジアナ州で甚大な被害をもたらした。その後も毎年のように巨大ハリケーンが発生している。2013年にはフィリピンを台風ハイエンが通過した。2010年の夏には，高気圧に覆われたロシア西部では異常高温と異常少雨となった。そして熱波と干ばつによる森林火災で，40人以上が死亡した。オーストラリアでも干ばつによる被害が出ている。2006年後半と2007年の夏から秋にかけて，南東部の大部分で年間降水量が平年の60%未満となり，農作物に大きな被害が生じた。ヨーロッパでも異常高温が頻繁に報告されるようになり，アジア地域では，強風の他に大雨・洪水も頻発している。

また温暖化により，南極大陸などの氷やヒマラヤの氷河などが溶けると，それらは海面に流れ込んでいき，地球上の海面上昇を引き起こす。バングラデシュやパキスタンなどの巨大なデルタ地帯やアジア諸国の沿岸地帯では，サイクロンや大雨とともに，さらなる脅威に晒されることになる。

地球温暖化については各地で懸念されているが，それらは自然災害を

増大させるだけではなく，養殖の海産物を死滅させたり，イエシロアリなどの害虫を増大させたりする危険性も高い。様々な事象に対し，都市として対応するのは困難が予想されるが，基本的に我々ひとりひとりが，地球規模でものごとを考え，目の前にある生活を見直す必要があろう。

（5）新興感染症（Emerging Infectious Disease）

「ゆっくり起こる災害」の他に，現代の社会で考えていかなくてはならない脅威として，新興感染症（Emerging Infectious Disease）が挙げられる。新興感染症とはWHOによると，「かつては知られていなかった，1970年以降に新しく認識された感染症で，局地的に，あるいは国際的に公衆衛生上の問題となる感染症」と定義されている。現代のように交通網や流通網が世界的に広がると，ある感染源が思わぬルートから入り込み，動植物や人々に感染する可能性がある。また従来はそこに存在しなかった動植物や微生物が新しい環境に入り込み，環境系を破壊することもある。

新興感染症の例として，1977年にサハラ以南の熱帯諸国で発症したエボラ出血熱，1983年以降全世界で広まっているエイズ，1990年代に蚊を介してヒトに感染し，ヨーロッパ・アメリカで流行したウエストナイル熱，1997年に香港で流行したインフルエンザ，そして2002年に中国の広東省で発生し，2003年7月までの間に8,069人が感染し，775人が死亡したSARS（重症急性呼吸器症候群）などがある。また，2009年春から2010年3月にかけて，A型，H1N1亜型のインフルエンザウィルスによる流行性感冒が世界的に流行した。これは豚の間で流行していたウィルスが人間に感染したものである。

新興感染症の病原体には，ウィルス，細菌，スピロヘータ，寄生虫などがあるが，新しい感染症が出てきても，治療方法が確立していないた

めに診断や治療が困難である。また新たな感染症はヒトが免疫を獲得していないために大流行を引き起こす危険性が高くなる。

14世紀のヨーロッパでは，黒死病と呼ばれたペストが大流行し，全人口の3割が命を落としたと言われている。また1918年から19年にかけて大流行したスペインかぜ（インフルエンザの一種）は，6億人が感染し，死者は4,000万から5,000万人に上ったとされている。

現在大きな問題となっている鳥インフルエンザを防ぐためには，流行地域に出かけない。また出かけなくてはいけない場合は，出先で「鳥に近づかない，さわらない」というのが基本である。しかし，鳥インフルエンザ以外にもまだ知られていない感染症があり，現代の地球規模の時代に，今後どのような感染症が発生し，都市機能にどのような影響を与えていくのかわからないことが多い。これらは，地域や都市の衛生管理状況と関連しているが，今後，検討していかなくてはいけない課題の一つである。

（6）超高層ビル群

2001年9月の同時多発テロでは，ニューヨークの世界貿易センターに飛行機が突っ込み，3,000人以上が犠牲となった。110階建ての400mを超えるツインタワーの80数階と90数階に航空機が自爆突撃し，結局はその鳥かごのような構造により，建物自体が崩壊してしまったが，それまでの1～2時間は建物内にいた人々の脱出活動と消防隊員による救出活動が続けられていた。エレベーターの使えなくなった超高層建物内での自力脱出や，消火・救出活動の難しさが改めて浮き彫りになる事件であった。

また，2009年には北京の新たなランドマークとして注目されていた中央電視台電視文化センターが，建設中に火災した。原因は旧正月を祝う

ための花火であった。計54台もの消防車が消火にあたったが，火は6時間にわたって燃え続け，建物はほぼ全焼した。

　これら二つの出来事は，テロと火災であり，その原因は違うが，超高層建築における緊急時対応の困難さという点で共通している。90年代，超高層建築の建設は，マレーシア，上海，台北など，アジアを中心として広がっていった。そして21世紀を迎え，その流れはドバイなど中東の都市へと広がっている。建築の高さは，かつての数十メートル単位から，数百メートル単位を競う時代へと変化してきたが，そういった流れは，単体としての建築を超え，都市全体へも影響を与える。しかしながら，災害時の対応力はまだ追いついていないように見える。首都圏の超高層マンションでは，数階ごとにブロックに分け，備蓄を行う取り組みも行われてきているが，まだ見えない課題が出てくるであろう。

3．今後，我々が求められること

　現在わが国は，切迫する首都直下地震や南海トラフの巨大地震をはじめ，地球温暖化に伴う局所的集中豪雨の増加や台風の巨大化による風水害や土砂災害の危険性も高い。さらにMw9クラスの東北地方太平洋沖地震の影響による東日本の火山噴火の危険性も高まっている。特に地震災害は被害総額がGDPの4〜6割にもなる可能性があり，これは事後対応では復旧・復興できない規模で，事前の被害抑止対策で発災時の被害を復旧・復興可能な規模まで減らすことが不可欠だ。ところが，わが国の財政は少子高齢人口減少で今後ますます厳しくなり，「公助」による防災も他の行政サービスと同様に縮小化せざるを得ない。今後30年程度で，多数の自治体が消滅する危険性を指摘する報告もある[4]。このような中では，「自助」と「共助（NPOやNGOを含む）」による防災が

これまで以上に重要になり，これを進めていくための重要なポイントの一つに，防災対策に対する「コスト（出費）からバリュウ（価値）へ」の認識変換がある。「コスト」を考える防災対策では継続性や更新性は低いが，組織や地域の「バリュウ」の向上，つまり信頼性やブランド力を高める方策として防災対策を認識すれば，継続や更新が意味を持ち，防災への意識は大きく変わる。また防災対策がハザード発生時のみに意味を持つのではなく，平時から価値を生む術として位置づけられる。さらに大きなマイナスを小さなマイナスに減らすという防災に対するネガティブな印象を，地域や組織の信頼性を高めるというポジティブなものに変化させることで，環境対策や防犯対策など，他の対策との調和性も高まり協働しやすくなる。

ところで災害は，被災地が発災前から抱え，将来的により深刻になっていく様々な課題を，時間を短縮するとともに，より甚だしく顕在化させる性質がある。この点を踏まえると，事前には災害リスク（発生頻度と発災時の被害規模）の高いエリアから低いエリアへの人口誘導，事後には従来型の災害前に戻す復旧ではなく，その地域が抱える課題を改善・解決する機会と位置づけた地域再建が重要になる。その際，前者ではわが国の人口減少社会は有利に作用する。後者では今後の財政状況を考えると，中山間地における新潟県中越地震後の旧山古志村の復興事業（人口約2,200人の村に2,000億円を投じて全村帰村した復興，ただし人口は10年で半減）や南海トラフの巨大地震時の東日本大震災後と同様の復興事業は望めない。

成熟化した社会，あるいは少子化の進む社会に生きる我々は，地域と都市が抱えている様々な課題を適切に捉え，自然の持つ豊かさの恩恵に授かりながら，災害を知恵と努力によって克服していかなくてはならない。

4. まとめ

　第 1 章から第15章までを通じて最も重要なポイントを再度確認しておく。防災の基本は，発災時の様々な状況を踏まえたうえで，時間経過に伴って，自分の周辺でどんなことが起こり得るかを具体的にイメージできる人を増やしていくことである。人間はイメージできない状況に対して適切に準備したり対応したりすることは絶対にできない。適切な防災対策は，災害イマジネーションに基づいた現状の課題の把握，そして発災までの時間を活用したその課題を解決する努力，そしてその努力によって実現する発災直後の被害の抑止，発災時の条件に基づいた災害イマジネーションによる直面する状況の時間先取りの認識と，その状況を改善するためのその時々の適切な対応によって実現する。このような努力を重ねていくほど強く認識されるのは，災害時には，代替の利かないもの，補償の対象にならない生命などの最も大切なものは自分で守る以外にないこと，その時ハードの重要性が非常に高いことである。ソフトはハードの機能が確保されて初めてうまく機能する。

　正確な災害状況のイメージには，各種の災害の発生メカニズムとその対策の理解，法制度をはじめとする災害を取りまく環境の理解が不可欠である。また災害の舞台となる都市の特徴の理解が必要で，その生い立ちや変遷の理解が大切になるので，本講義ではこれらのことを学んだ。

　自然現象であるハザードは避けられない。しかし，災害抑止力（Damage Mitigation）の強化，被害軽減のための事前準備（Preparedness）の充実，適切な災害対応（Disaster Response）計画と訓練（Drill），最適な復旧・復興（Recovery／Reconstruction）計画の立案をバランスよく実施しておくことによって，「事前」「最中（直後）」「事後」のそれぞれのフェーズで適切な方策をとり，その障害や影響で

ある被害や災害を軽減させることは可能である。

　同じことを繰り返さないために，また手遅れにならないように，自分のまわりを見渡してみよう。足元をもう一度確認してみよう。大丈夫ですか？

引用文献

（1）地震調査研究推進本部地震調査委員会：全国地震動予測地図2014年版〜全国の地震動ハザードを概観して〜，2014，http://www.jishin.go.jp/main/chousa/14_yosokuchizu/index.html
（2）日本自然災害学会『防災事典』築地書館，2002
（3）環境省：STOP THE 温暖化2012，2012
（4）増田寛也『地方消滅【東京一極集中が招く人口急減】』中央公論新社，2014

参考文献

・遠藤靖典，村尾修編著，伊藤誠，掛谷英紀，岡島敬一，宮本定明共著『リスク工学との出会い―リスク工学シリーズ1』コロナ社，2008
・目黒公郎『間違いだらけの地震対策』旬報社，2007

索引

●配列はアルファベット，五十音順。＊は人名を示す。

●自然災害・大火他

1666年ロンドン大火　239
1755年リスボン大地震　239
1871年シカゴ大火　239
1872年銀座大火　239
1891年濃尾地震　116, 185, 194
1896年明治三陸地震津波　112, 135, 146, 253
1923年大正関東地震（関東大震災）　51, 112, 114, 116, 154, 161, 186
1933年昭和三陸地震津波　134, 146, 253
1946年昭和南海地震　58, 136
1959年伊勢湾台風　48, 58, 61, 72, 223
1960年チリ地震津波　136, 146
1968年十勝沖地震　136, 195
1976年酒田の大火　53, 159, 163
1983年日本海中部地震　116, 122, 137, 143
1993年北海道南西沖地震　117, 122, 137, 143
1995年兵庫県南部地震　48, 57, 60, 72, 112, 118, 123
2001年同時多発テロ　283
2004年新潟県中越地震　57, 60, 118, 121, 263
2011年東北地方太平洋沖地震　14, 57, 61, 112, 118, 122, 138

●欧文関係

Build Back Better　68, 253
BCM（事業継続マネジメント）　231
BCP（事業継続計画）　231
FEMA（アメリカ合衆国緊急事態管理庁）　224, 283
PDCAサイクル　227
PP－バンド工法　184

●あ 行

アイソレーター　202
一時避難場所　168
液状化　116, 121
江戸三大大火　52
エネルギー吸収能　172, 184
延焼火災　48, 116, 162, 279
延焼遮断帯　53, 157, 160, 163
鉛直震度　189
応答スペクトル　182
応答変位法　191

●か 行

外水氾濫　92, 99
がけ崩れ　105, 106, 121
火災旋風　161
風荷重　172
釜石の奇跡　236
共助　76, 287
共振現象　175
享保の改革　51, 53
許容応力　189
緊急地震速報　28, 29, 67, 265
銀座大火　53
激甚災害　69
減災　75, 76
建築基準法　241
広域避難場所　167, 168, 280
公助　76, 287
洪水災害　91
ゴールデン・セブンティーツー・アワーズ　126
ゴールデン・トゥエンティーフォー・アワーズ　126
国連防災世界会議　253
コスト（出費）からバリュウ（価値）へ　288
固定荷重（死荷重）　171
後藤新平　240

●さ 行

災害イマジネーション　15, 17, 26, 28, 231, 289
災害救助法　58, 119
災害時緊急対応　82, 261
災害図上訓練　DIG　233
災害対応の循環体系　16, 79
災害対策基本法　33, 39, 48, 58, 60, 62, 72
災害の連鎖　48
災害は進化する　43, 281
災害文化　116, 155, 277
サイクロン　96
佐野利器　186
砂防堰堤　110
産業災害　56
支援の過集中　272
事故災害　39, 41
自助　76, 287
地震荷重　172
地震保険　60, 191
地すべり　93, 105, 106

自然災害　39, 41
自然の脅威　41, 42
事前復興計画　256
地盤災害　121
斜面崩壊　93, 105
修正震度法　190
住宅性能表示制度　196
消火対策　162
白髭東防災拠点　279
震災復興公園　54, 242
振動モード　175
震度法　188
水平震度　189
スーパー堤防　101
積載荷重（活荷重）　171
積層ゴム　202
ゼロリスク　151, 277
仙台防災枠組み2015-2030　68, 253
総合的災害管理マトリクス　76
ソフト防災　82, 148, 225, 237

●た　行
耐震改修促進法　60
耐震等級　197
台風　94
高潮災害　91, 93
田邊平學　154, 197
ダンパー　202, 203, 214
地域　32, 33
地域防災計画　33, 223, 224
地水三法　58
津波避難の三原則　236
帝都復興計画　240, 241
寺田寅彦　210, 220
天井川　92, 99
東京スカイツリー　217, 278
東京大空襲　51, 54
都市　34, 35
都市災害　41, 46
土砂崩れ　121
土石流　93, 105, 108

●な　行
内水氾濫　92, 99
内陸型（直下型）地震　121
鯰絵　116, 278
燃焼の条件　159

●は　行
ハード防災　82, 148, 225, 237
ハザード　16, 41, 42, 43, 77, 79
ハザードマップ　110, 274
バルネラビティ（脆弱性）　16, 79
被害軽減事前準備のサイクル　226
被害軽減のための事前準備　17, 82, 84, 148, 223, 224, 260
被害想定　67, 186
被害の連鎖　122
被害評価　260
被害抑止　16, 82, 83, 148, 170, 224, 260
東日本大震災　14, 72, 118
東日本大震災復興基本法　61
被災者生活再建支援法　60
避難所　HUG　235
表面波　177
火除地　53, 157, 278, 280
広小路　53, 157
風害　91, 93
復旧　76, 82, 241, 252, 261
復興　82, 241, 253, 261
復興都市　239
復興モニタリング　244
変形能　172, 184
防災訓練　235, 236
防災マニュアル　230
防災士　232, 234
放水路　101
防潮堤　119, 146, 279

●ま　行
町火消　51
明暦の大火　51, 52, 53, 154
明和の大火　52, 154
目黒巻　29
目黒メソッド　18-29
免震構造　195

●や　行
ゆっくり起こる災害　283
より良い復興　68, 253

●ら　行
リスク　79
レジリエンス　43, 253

分担執筆者紹介

和田　章（わだ・あきら）
執筆章→10・11

1970年	東京工業大学　大学院理工学研究科修士課程　修了
1970年	株式会社　日建設計（構造設計，構造解析に携わる）
1981年	工学博士（東京工業大学）
1982年	東京工業大学　助教授
1989年	東京工業大学　教授
1991年	マサチューセッツ工科大学　土木工学科　客員教授
1997年	東京工業大学　教授　建築物理研究センター長
2011年	東京工業大学　名誉教授
2011年	日本建築学会会長（2011年6月～2013年5月）
2011年	日本学術会議会員（2011年10月～2016年1月）
現在	東京工業大学名誉教授
	日本学術会議連携会員
専門分野	建築構造学・耐震工学・構造設計・免震構造・制振構造
主な受賞歴	日本建築学会賞・論文（1995年）
	日本建築学会賞・技術（2003年）　共同受賞
	Fazlur R. Khan Lifetime Achievement Medal, CTBUH (2011年)．他
主な著書	『建築の構造設計　そのあるべき姿』（監修），日本建築学会
	『建築物の損傷制御設計』（分著），丸善株式会社
	『構造工学ハンドブック』（分著），丸善株式会社
	『免震構造設計指針―改訂版（第2次）―』（分著），日本建築学会
	『建築用語辞典，建築用語辞典編集委員会編』（分著），技報堂出版
	『免震構造入門』（編著），日本免震構造協会，オーム社出版局
	『地震荷重と建築構造の耐震性』，（分著），日本建築学会
	『Earthquake Engineering from Engineering Seismology to Performance-based Engineering』（共著），CRC Press
	（その他，著書・論文，社会活動歴多数）

編著者紹介

目黒　公郎（めぐろ・きみろう）

・執筆章→1・2・3・4・5・6・7・8・9・12・14・15

1991年	東京大学大学院工学系研究科博士課程修了（工学博士）
1995年	同大学助教授
2004年	同大学教授
2006年	東京工業大学特任教授兼務（平成21年度まで）
2007年	東京大学　都市基盤安全工学国際研究センター長
2008年	放送大学客員教授（兼任）
2010年	東京大学大学院　情報学環教授（兼務）
2013年	UNU（国際連合大学）Adjunct Professor
現在	東京大学教授 生産技術研究所都市基盤安全工学国際研究センター長 東京大学大学院情報学環　総合防災情報研究センター教授 内閣府本府参与，日本学術会議連携会員
専門分野	都市震災軽減工学，防災戦略論，防災制度設計，国際防災支援，構造物の動的破壊シミュレーション，防災情報システム，災害時避難行動モデル
主な受賞歴	日刊工業新聞技術・科学文化図書賞（大賞）（1993年） 土木学会出版文化賞（1995年） 地域安全学会論文賞（2002年） 文部科学大臣表彰（科学技術賞）（2010年），他
主な著書	『被害から学ぶ地震工学，―現象を素直に見つめて―』（共著）鹿島出版会 『地震のことはなそう（絵本）』（監修）自由国民社 『東京直下大地震生き残り地図』（監修）旬報社 『ぼくの街に地震が来た（コミック）』（監修）ポプラ社 『じしんのえほん（絵本）』（監修）ポプラ社 『大地震　死んではいけない！』（監修）アスコム 『緊急地震速報』（監修）東京法令出版 『間違いだらけの地震対策』（単著）旬報社 『都市と防災』（共著）放送大学教育振興会 『目で見る自然災害サバイバルハンドブック』（監修）法研 『巨大地震・巨大津波―東日本大震災の検証―』（共著）朝倉出版 『首都大地震　揺れやすさマップ』（監修）旬報社 （その他，著書・論文，社会活動歴多数）

村尾　修 (むらお・おさむ)

・執筆章→1・2・3・4・7・8・11・12・13・14・15

1995年	横浜国立大学大学院工学研究科（博士課程後期）単位取得後退学
	（株）防災都市計画研究所
1996年	東京大学生産技術研究所助手
1999年	博士（工学）取得（東京大学）
2000年	筑波大学社会工学系講師
2005年	筑波大学大学院システム情報工学研究科助教授
	台湾大学建築興城郷研究所客員研究員
2006年	ジョージ・ワシントン大学客員研究員
2007年	筑波大学大学院システム情報工学研究科准教授
2009年	フルブライト研究員2009-2010（ハーバード大学，ハワイ大学）
2013年	東北大学災害科学国際研究所教授
現在	東北大学教授，東北大学災害科学国際研究所所長補佐
専門分野	防災都市計画，都市復興計画，都市・建築空間論，国際防災戦略
主な受賞歴	日本建築学会奨励賞（2002年）
	こども環境学会　子どもが元気に育つまちづくり　東日本大震災復興プラン国際提案競技　優秀賞（2011年）
	日本建築学会賞（2014年），他
主な著書	『リスク工学との出会い　リスク工学シリーズ1』（共監修）コロナ社
	『都市と防災』（共著）放送大学教育振興会
	『リスク工学の基礎 リスク工学シリーズ3』（分著）コロナ社
	『社会工学が面白い　学際学問への招待』（分著）開成出版
	『都市のリスクとマネジメント　リスク工学シリーズ9』（分著）コロナ社
	『建築・空間・災害 リスク工学シリーズ10』（単著）コロナ社
	『Recovery from the Indian Ocean Tsunami：A Ten Years Journey』（分著）Springer
	『Tohoku Recovery：Challenges, Potentials and Future』（分著）Springer
	『東日本大震災合同調査報告　建築編5　津波の特性と被害』（分著）日本建築学会
	（その他，著書・論文，社会活動歴多数）

放送大学教材　1639404-1-1611（テレビ）

地域と都市の防災

発　行　　2016年3月20日　第1刷
　　　　　2018年1月20日　第2刷
編著者　　目黒公郎・村尾　修
発行所　　一般財団法人　放送大学教育振興会
　　　　　〒105-0001　東京都港区虎ノ門1-14-1　郵政福祉琴平ビル
　　　　　電話　03（3502）2750

市販用は放送大学教材と同じ内容です。定価はカバーに表示してあります。
落丁本・乱丁本はお取り替えいたします。

Printed in Japan　ISBN978-4-595-31630-2　C1336